Eugene H. Peterson

„Nimm und iss ..."

Da ging ich zu dem Engel und bat ihn um das kleine Buch. Er antwortete mir: „Nimm das Büchlein, und iss es auf! Es schmeckt süß wie Honig, aber du wirst Magenschmerzen davon bekommen." So nahm ich das kleine Buch aus seiner Hand und aß es. Es schmeckte wirklich süß wie Honig; aber dann lag es mir schwer im Magen.

OFFENBARUNG 10,9

Eugene H. Peterson

„Nimm und iss …"

Die Bibel als Lebensmittel

Aus dem Amerikanischen
übersetzt von Evelyn Sternad

Aus dem Amerikanischen übersetzt von Evelyn Sternad, Freising

Die amerikanische Originalausgabe dieses Buches erschien unter dem Titel *Eat This Book – A Conversation in the Art of Spiritual Reading* bei Wm. B. Eerdmans Publishing Co., Michigan/USA

Author is represented by the literary agency of Alive Communications, Inc., 7680 Goddard Street, Suite 200, Colorado Springs, CO 80920, U.S.A. www.alivecom.com

Dieses Buch ist auch als E-Book erhältlich:
ISBN 978-3-86256-746-1, Bestell-Nummer 590 045E

Die Deutsche Bibliothek verzeichnet diese Publikation in der Deutschen Nationalbibliografie; detaillierte bibliografische Daten sind im Internet über www.d-nb.de abrufbar

Lektorat: Lukas Baumann
Umschlaggestaltung: spoon design, Olaf Johannson
Umschlagbilder: Maglara, Liv Friis Larsen/Shutterstock.com
Satz: Neufeld Media, Weißenburg in Bayern
Herstellung: freiburger graphische Betriebe GmbH & Co. KG, Freiburg

ISBN 978-3-86256-045-5, Bestell-Nummer 590 045

www.neufeld-verlag.de / www.neufeld-verlag.ch

Bleiben Sie auf dem Laufenden:
newsletter.neufeld-verlag.de
www.facebook.com/NeufeldVerlag
www.neufeld-verlag.de/blog

NEUFELD VERLAG

Jon und Cheryl Stine gewidmet,
treuen Begleitern im Weinberg des Textes

Danksagung

Frühe, mittlerweile stark überarbeitete Fassungen dieses Textes sind in den Zeitschriften *Crux* und *Theology Today* erschienen. Teile des Manuskripts wurden als Vorlesungen am Regent College, Vancouver (Kanada), im Rahmen der Glenhoe Lectures am Louisville Seminary (USA) und auf Schloss Mittersill (Österreich) gehalten. Einzelne Abschnitte zum Thema Metapher in Kapitel sieben sind dem Buch *Where Your Treasure Is* (Eerdmans, 1993) entnommen.

Meine beiden Kollegen am Regent College, Professor Iain Provain und Professor Sven Soderlund, haben das Manuskript sorgfältig gegengelesen. Ihre Hilfe war von unschätzbarem Wert und hat dazu beigetragen, den Text in einem Maße aufzuwerten, wie es mir selbst nicht möglich gewesen wäre. Jon und Cheryl Stine sind und waren meine anpackenden, verlässlichen Begleiter, wenn es darum geht, Gerichte zuzubereiten, deren Hauptgang das Wort Gottes ist. *Nimm und iss* ist ihnen gewidmet.

Inhalt

Vorwort

An einem Samstag im Oktober holte meine Frau unseren 7-jährigen Enkel von der Holy Nativity Church ab. Hans hatte dort den Unterricht zur Vorbereitung auf seine Erstkommunion besucht. Sie stiegen ins Auto und machten sich auf den Weg zu einem Museum in der Nähe, wo gerade eine Ausstellung für Kinder zum Thema Edelsteine gezeigt wurde. Unterwegs hielten sie an, um in einem kleinen Park zu essen. Während sie auf der Bank saßen und ihre Brote verspeisten, plapperte Hans ohne Unterlass – so ging das bereits, seitdem sie das Kirchengebäude verlassen hatten.

Nachdem alles aufgegessen war – im Fall von Hans ein Brot mit Salat und Mayonnaise, von ihm selbst belegt („Ich versuche mich gesund zu ernähren, Oma") –, rückte er etwas von seiner Großmutter ab, blickte in den Park hinaus, holte ein Neues Testament aus seinem Rucksack, das er gerade erst vom Gemeindepfarrer bekommen hatte, öffnete es, hielt es sich vor die Augen und fing an zu lesen. Dabei bewegten sich seine Augen in andächtiger, aber für ihn untypischer Stille über die Seiten. Nach einer langen Minute machte er das Buch zu und steckte es wieder in den Rucksack. „Okay, Oma. Ich bin fertig – auf ins Museum."

Seine Großmutter war beeindruckt und belustigt zugleich, denn Hans kann noch nicht lesen. Er will lesen können. Seine Schwester kann lesen. Und sogar einige seiner Freunde können es, aber Hans kann nicht lesen. Er weiß auch, dass er nicht lesen kann. Und manchmal weist er uns sogar darauf hin: „Ich kann nicht lesen." Es scheint dann, als wollte er uns in aller Deutlichkeit sagen, was ihm entgeht.

Wie also „las" er an diesem Herbstsamstag im Park sein Neues Testament?

Als meine Frau mir später diese Geschichte erzählte, war ich genau wie sie beeindruckt und belustigt zugleich. Aber einige Tage später war diese Geschichte in meiner Vorstellung zu einer Parabel geworden. Ich steckte damals mitten in der Arbeit an diesem Buch, einer intensiven Beschäftigung mit dem geistlichen Lesen, und es fiel mir schwer, mir meine zukünftigen Leser vorzustellen. Vor meinem inneren Auge verschwammen sie zu einer gesichtslosen Masse aus Bibellesern und Nicht-Bibel-Lesern, Bibellehrern und Bibelpredigern. Gibt es ein Hindernis, das uns allen im Weg steht, sobald wir unsere Bibeln in die Hand nehmen und sie öffnen? Ja, meiner Meinung nach schon. Hans hatte es mir gezeigt.

Als ich ungefähr so alt war wie Hans, bin ich ins Bibel-Lese-Geschäft eingestiegen. Zwanzig Jahre später wurde ich Pastor und Professor. Nun beschäftige ich mich seit mehr als fünfzig Jahren beruflich damit, den biblischen Text in die Köpfe und Herzen, Arme und Beine, Ohren und Münder von Männern und Frauen zu befördern. Und es fällt mir nicht leicht. Warum ist das nicht leicht?

Die Erklärung ist einfach. Wenn es um den biblischen Text geht, gibt es eine ganz besondere Herausforderung, nämlich sicherzustellen, dass er gelesen wird. Und zwar zu seinen eigenen Bedingungen: als göttliche Offenbarung. Oberflächlich betrachtet scheint das die einfachste Aufgabe der Welt zu sein. Nach fünf oder sechs Jahren Unterricht, der durch den finanziellen Beitrag von uns allen möglich wird, können die meisten von uns lesen, was in der Bibel steht. Besitzt man selbst keine Bibel und kann man sich auch keine leisten, dann hat man die Möglichkeit, sich in nahezu jedem Hotel des Landes eine zu stehlen. Dabei muss man nicht einmal mit einer Anklage rechnen. Wer wurde in diesem gerechten Land jemals wegen des Diebstahls einer Bibel festgenommen?

Doch scheinbar gibt es inmitten der geschäftigen Betriebsamkeit eines christlichen Lebens viele Aspekte, die vernachlässigt werden. Einer scheint davon aber ganz besonders betroffen zu sein, und er hat mit der Frage zu tun, *wie* die Bibel gelesen wird. Das heißt nicht, dass Christen keine Bibeln haben oder nicht darin lesen. Auch nicht, dass Christen bezweifeln, dass ihre Bibeln Gottes Wort sind. Was vielmehr zu kurz kommt, ist das *prägende* Bibellesen. Lesen, um zu leben.

Hans sitzt auf seiner Parkbank. Seine Augen bewegen sich über die Seiten seiner Bibel, er „liest" und liest doch nicht, er ist ehrfürchtig und andächtig, doch er versteht nichts. Auf eine höchst liebevolle Art gibt er diesem Buch die Ehre, doch ohne das Bewusstsein, dass es irgendetwas zu tun hat mit dem Salat-Mayonnaise-Sandwich, das er gerade gegessen hat oder dem Museum, das er besuchen wird, oder der Gegenwart seiner Großmutter neben ihm. Hans „liest" seine Bibel. Eine Parabel.

Eine Parabel darüber, wie die Bibel zu einem Objekt entpersönlicht wird, dem man die Ehre erweist; die Bibel, abgekoppelt von Ursache und Wirkung, von Mittagessen und Museum; die Bibel in einem Park, weit entfernt vom Alltag der Straße, ein Text auf einem Podest, abgeschirmt vom Lärm und Dieselgestank der 40-Tonner durch eine weitläufige, gepflegte Rasenfläche.

Es ist das Werk des Teufels, wenn er fortsetzt, was jetzt noch reizend und unschuldig an Hans ist. Hans bleibt dann sein Leben lang ein andächtiger, aber gleichgültiger Leser.

Dem Teufel entgegenzuwirken heißt, meine ich, die Bibel angemessen und sorgfältig zu lesen. Und das bedeutet, dass wir sie gleichzeitig auch leben. Sie zu leben ist dabei nicht die Bedingung für das Lesen und auch nicht dessen Folge. Vielmehr leben wir die Bibel, *während* wir sie lesen, erleben die Wechselwirkung zwischen Leben und Lesen, Körpersprache und gesprochenem Wort, das Geben und Nehmen, welches das Lesen zum Leben und das Leben zum Lesen macht. Die Bibel lesen und das Wort leben lassen sich nicht voneinander trennen. Vielmehr ist das Lesen ein fester Bestandteil des Lebens. Das bedeutet, dass wir einem anderen ein Mitspracherecht einräumen bei allem, was wir sagen und tun. So einfach ist das. Und so schwer.

KAPITEL 1

„Die unerhörte Gewohnheit des geistlichen Lesens“

Vor vielen Jahren besaß ich einen Hund, der eine Vorliebe für große Knochen hatte. Zu seinem Glück lebten wir damals im bewaldeten Hügelvorland von Montana. Auf seinen Streifzügen durch den Wald fand er oft die Überreste von Weißwedelhirschen, die von Kojoten gerissen worden waren. Wenig später erschien er dann auf unserer Steinterrasse am Seeufer und zog seine Trophäe hinter sich her, für gewöhnlich ein Schenkel oder ein Rippenstück. Er war ein kleiner Hund und der Knochen war manchmal fast so lang wie er selbst. Jeder Hundebesitzer weiß, was jetzt kommt: Mit seiner Beute tänzelte er verspielt vor uns herum und wedelte mit dem Schwanz. Er war stolz auf seinen Fund und er bettelte um unsere Anerkennung. Und natürlich zeigten wir sie ihm: Wir überschütteten ihn mit Lob, sagten ihm, was er doch für ein guter Hund sei. Kurz darauf, nachdem er unseren Applaus ausgekostet hatte, zog er sich mit seinem Knochen an einen privateren Ort zurück, für gewöhnlich in den Schatten eines etwa 20 Meter entfernten, moosbewachsenen Steinbrockens. Dort bearbeitete er seinen Knochen. Der Knochen hatte keine soziale Bedeutung mehr für ihn. Nun widmete er sich ganz seinem privaten Vergnügen. Er nagte an dem Knochen, drehte ihn hin und her, leckte daran, jagte ihm Angst ein. Manchmal hörten wir ein leises Grollen und Knurren.

Bei einer Katze würde man Schnurren sagen. Er hatte offensichtlich seinen Spaß und sah keinen Grund zur Eile. Nach ein paar vergnüglichen Stunden vergrub er den Knochen und buddelte ihn dann am nächsten Tag wieder aus. Ein durchschnittlicher Knochen hielt ungefähr eine Woche.

Das Vergnügen meines Hundes war auch mein Vergnügen. Ich freute mich an seinem spielerischen Ernst, seiner kindlichen Spontaneität, die geprägt war vom „Wichtig ist nur eins!". Stellen Sie sich aber meine noch größere Freude vor, als ich eines Tages auf eine Stelle in Jesaja stieß, in der der Dichter-Prophet etwas beobachtete, das dem ähnelte, was ich an meinem Hund so mochte. Der einzige Unterschied ist, dass es bei Jesaja ein Löwe war und kein Hund: „Ein junger Löwe verteidigt knurrend seine Beute" (Jes. 31,4). „Knurren" ist das Wort, das meine Aufmerksamkeit erregte und mir diesen besonderen freudigen Kick versetzte. Was mein Hund da von sich gab, während er an seiner Errungenschaft nagte, sich daran freute und sie genoss, das tat Jesajas Löwe mit seiner Beute. Zum wahren Kern meiner Freude drang ich vor, als ich feststellte, dass das hebräische Wort, das hier als „knurren" (*hagah*) übersetzt wird, normalerweise mit „nachdenken" oder „sinnen" übersetzt wird, so wie in Psalm 1, wo glücklich ist, „wer Freude hat am Gesetz des Herrn und darüber nachdenkt – Tag und Nacht" (V. 2). Genauso in Psalm 63: „Wenn ich mich zu Bette lege, so denke ich an dich, wenn ich wach liege, sinne ich über dich nach" (V. 7; *Luther 1984*). Doch Jesaja verwendet dieses Wort, um einen Löwen zu beschreiben, der sich knurrend über seine Beute duckt, genauso wie mein Hund es mit seinem Knochen tat.

Hagah ist ein Wort, das unsere hebräischen Vorfahren häufig für das Lesen von Texten verwendeten, in denen es um die Seele geht. Allerdings ist „Nachdenken" viel zu schwach, um die wahre Bedeutung wiederzugeben. „Nachdenken" oder „meditieren" scheinen das zu beschreiben, was man kniend in einer stillen Kapelle tut, während auf dem Altar eine Kerze brennt. Oder was meine Frau tut, wenn Sie in einem Rosengarten sitzt, die Bibel aufgeschlagen auf dem Schoß. Wenn allerdings Jesajas Löwe und mein Hund meditierten, dann nagten sie und schluckten, benutzten Zähne und Zunge, Magen und Darm: Jesajas Löwe meditiert über seiner Ziege (sofern es das war); mein Hund meditiert über seinem Knochen. Es gibt eine Art zu schreiben, die eine bestimmte Art des Lesens fordert: sanftes Schnurren, leises Knurren, während wir sie schmecken und genießen, erahnen und aufnehmen, die süßen, würzigen, verführerischen und die Seele stärkenden Wortbissen – „Schmecket und sehet, wie freundlich der Herr ist" (Ps. 34,9; *Luther 1984*). Nur wenige Seiten später verwendet Jesaja das gleiche Wort (*hagah*) für das Gurren einer Taube (38,14). Ein besonders aufmerksamer Leser dieses Textes erfasste genau den Geist hinter diesen Worten, als er sagte, dass *hagah* beschreibt, wie ein Mensch „sich in seine Religion verliert".[1] Genau so ging es meinem Hund mit seinem Knochen. Baron Friedrich von Hügel verglich diese Art des Lesens mit dem „langsamen, kaum wahrnehmbaren Zerschmelzen eines Bonbons im Mund."[2]

***

Ich möchte diese Art des Lesens fördern. Meiner Meinung nach ist es die einzige Art zu lesen, die zu dem Text der Heiligen Schrift passt und genauso auch zu anderer Literatur, die dazu gedacht ist, unser Leben zu verändern und nicht nur unsere Gehirnzellen mit Futter zu versorgen. Ernsthafte und gute Literatur setzt genau dieses Lesen voraus – gedankenvoll und gemächlich, eine Tändelei mit Worten, nicht Informationenfraß in Höchstgeschwindigkeit. Für unsere kanonischen Schreiber, die sich darum mühten, Gottes Offenbarung in hebräische, aramäische und griechische Sätze zu verpacken – Mose und Jesaja, Hesekiel und Jeremia, Markus und Paulus, Lukas und Johannes, Matthäus und David, zusammen mit ihren zahlreichen bekannten und unbekannten Brüdern und Schwestern durch alle Jahrhunderte hindurch – ist sie unabdingbar. Diese Autoren wurden vom Heiligen Geist eingesetzt, um uns die

1 A. Negoită, „הָגָה *hāgāh*, 3. Meditation im A.T.", in: G. Johannes Botterweck/Helmer Ringgren (Hrsg.): *Theologisches Wörterbuch zum Alten Testament*, Bd. II, W. Kohlhammer, Stuttgart 1977, Sp. 345.

2 Baron Friedrich von Hügel, *Selected Letters*, E. P. Dutton, New York 1927, S. 229.

Heilige Schrift zu übermitteln, um uns in Kontakt mit der Wirklichkeit zu bringen und uns zu befähigen, auf sie zu reagieren, sei sie sichtbar oder unsichtbar: Gottes Wirklichkeit, Gottes Gegenwart. Sie alle zeichnen sich aus durch ein tiefes Vertrauen in die „Macht der Worte" (Coleridge), die uns in die Gegenwart Gottes bringen und unser Leben verändern können. Wenn wir die Nähe zu den Autoren der Heiligen Schrift suchen, dann lernen wir eine Art des Lesens und Schreibens kennen, die von großem Respekt geprägt ist – mehr noch als Respekt, ehrfürchtiger Verehrung – für die offenbarende und verändernde Macht der Worte. Die erste Seite des christlichen Lebenstextes, der Bibel, erzählt uns, dass der gesamte Kosmos und jede lebende Kreatur durch Worte ins Leben gerufen wurden. Johannes wählt den Begriff „Wort", um ein für alle Mal zu beschreiben, was Jesus am stärksten auszeichnet, die Person im offenbarten und offenbarenden Mittelpunkt der Geschichte des Christentums. Gesprochene und geschriebene Sprache ist das Mittel der Wahl, um uns klar vor Augen zu führen, was *ist*, wer Gott ist und was er tut. Allerdings ist es eine ganz besondere Art von Sprache, die nicht aus Worten besteht, die unserem Leben fremd sind, sondern vielmehr aus solchen, wie sie auf Einkaufslisten stehen, in Gebrauchsanweisungen, in französischen Grammatiken und in Basketballregeln.

Diese manchmal provozierenden, manchmal indirekten Worte sind dazu gedacht, in uns einzudringen, auf unsere Seelen zu wirken, ein Leben zu formen, das sich deckt mit der Welt, die Gott geschaffen hat, mit der Rettung, die er ermöglicht hat und der Gemeinde, die er versammelt hat. Solche Literatur setzt eine bestimmte Art zu lesen voraus und baut darauf auf. Man könnte sagen, man liest sie wie ein Hund am Knochen.

Autoren anderer Glaubensrichtungen und auch solche, die nicht glauben – Atheisten, Agnostiker, säkulare Schriftsteller – haben natürlich genauso Zugang zu dieser Schreibtradition und ihnen kommt die Unterweisung in der Heiligkeit der Worte sehr zugute. Doch das Adjektiv „geistlich" kennzeichnet den Sprachgebrauch der biblischen Schreiber, die das Ziel hatten, „die

Gedanken Christi" in ihre Leser zu legen. Das Adjektiv ist auch heute noch hilfreich, um die nachbiblischen Männer und Frauen zu beschreiben, die journalistische Texte, Kommentare, Studien und Betrachtungen, Geschichten und Gedichte für uns verfassen, während wir weiterhin unsere Vorstellungskraft der formenden Syntax und Wortwahl unserer biblischen Meister unterwerfen. Allerdings ist die Heilige Schrift der Quelltext, der entscheidende Zeichensatz, das Werk des Geistes und damit die Messlatte für wahres geistliches Leben.

Ich möchte betonen, dass geistliches Schreiben – Schreiben aus dem *Geist* – auch geistliches Lesen voraussetzt. Also eine Art zu lesen, die Worte als heilig anerkennt, als Grundsubstanz, aus denen sich das verzweigte Netz der Beziehungen zwischen Gott und den Menschen spinnt, zwischen allen sichtbaren und unsichtbaren Dingen.

Es gibt nur eine Art zu lesen, die unserer Heiligen Schrift gerecht wird, einem Buch, das auf die Macht der Worte vertraut, ihnen zutraut, in unser Leben einzudringen und Wahrheit, Schönheit und Güte zu schaffen, einem Buch, das Leser braucht, wie Rainer Maria Rilke sie beschreibt: „Er bleibt nicht immer über die Blätter gebeugt, er lehnt sich oft zurück, er schließt die Augen über einer wiedergelesenen Zeile, und ihr Sinn verteilt sich in seinem Blut".[3]

Diese Art zu lesen haben unsere Vorfahren als *Lectio Divina* bezeichnet. Heute wird sie auch „geistliches Lesen" genannt, Lektüre, die unsere Seele füllt, wie Essen unseren Magen, die unseren Blutkreislauf durchzieht und zu Heiligkeit, Liebe und Weisheit wird.

***

Im Jahr 1916 hielt der junge Schweizer Pfarrer Karl Barth im Nachbardorf Leutwil, wo sein Freund Eduard Thurneysen Pfarrer war, eine Ansprache. Barth war 30 Jahre alt, seit fünf Jahren Pfarrer in Safenwil und begann gerade erst die Bibel zu entdecken. Nur

3 Rilke, Rainer Maria: *Die Aufzeichnungen des Malte Laurids Brigge*, Reclam, Stuttgart 1997 (Erstauflage 1910).

wenige Kilometer entfernt stand der Rest Europas in Flammen, ausgelöst durch einen Krieg, der vor Lügen und Blutvergießen strotzte und der, wie Karl Kraus es ausdrückte, „die letzten Tage der Menschheit“ markierte, „die nicht wieder rückgängig zu machende Beendigung dessen, was in der abendländischen Zivilisation human war“.[4] Jedes folgende Jahrzehnt dieses Jahrhunderts lieferte weitere Details – politische, kulturelle und geistliche Offenbarungen – dass die Welt unaufhaltsam zu dem wird, was T. S. Eliot in seinem Gedicht „Das wüste Land“ bereits vorausgesehen hatte.

Während in den Nachbarstaaten Deutschland und Frankreich das Morden und Lügen seinen Höhepunkt erreichte, entdeckte dieser junge Pfarrer in der neutralen Schweiz die Bibel, als hätte er sie nie zuvor gelesen. Er entdeckte ein absolut einzigartiges Buch, etwas, das es vorher noch nie gegeben hatte. Die Seele und der Körper Europas und schließlich der ganzen Welt standen unter Beschuss. Auf jedem Kontinent lauschten Millionen Menschen den Frontberichten und den Reden der Staatsoberhäupter. Zur gleichen Zeit schrieb Barth in seinem kleinen abgeschiedenen Dorf auf, was er entdeckt hatte: die Wahrheit stiftende, Gott bezeugende, Kultur herausfordernde Wirklichkeit in diesem Buch, der Bibel. Ein paar Jahre später veröffentlichte er seine Entdeckungen in seinem Kommentar „Der Römerbrief“. Diesem Buch folgten weitere, die in den folgenden Jahren viele Christen davon überzeugen sollten, dass die Bibel ein echteres, stimmigeres Bild von dem zeichnet, was in ihrer scheinbar einstürzenden Welt passiert, als es ihnen die Politiker und Journalisten darstellten. Zur gleichen Zeit beschloss Barth, die Fähigkeit der Christen wiederzubeleben, das Buch empfänglich zu *lesen*, ganz wie es seinem ursprünglichen verändernden Charakter entsprach. Barth holte die Bibel aus der akademischen Mottenkiste, in der sie für so viele so lange gelegen hatte. Er verdeutlichte, wie lebendig sie ist und wie sehr sie sich von anderen Büchern

4 „Die letzten Tage…“: So das gleichnamige Werk von Karl Kraus. Zitat: Steiner, George: *Grammatik der Schöpfung*, Hanser, München/Wien 2001, S. 276 (Originalausgabe: Steiner, George: *Grammars of Creation*, Yale University Press, New Haven 2001, S. 222).

unterscheidet, die man „benutzen" kann – zerlegen und analysieren, um sie dann für jedweden Zweck einzusetzen. Er zeigte deutlich und überzeugend, dass diese „andere" Art des Schreibens (offenbarend und vertraut anstatt informativ und unpersönlich) auch anders gelesen werden muss (empfänglich und gemächlich anstatt reserviert und effizient). Er verwies auch immer wieder auf Autoren, die sich diesen Schreibstil angeeignet hatten, auch jetzt noch im biblischen Stil schrieben und damit uns als Leser dazu herausfordern, unser Leben zu ändern, wie beispielsweise Dostojewski. Der Russe übernahm in seinen Romanen von der Genesis die radikale Umkehr der menschlichen Urteilsgewohnheiten und gestaltete seine Charaktere gemäß des göttlichen „dennoch" und nicht des göttlichen „deshalb".

Barth veröffentlichte später seine Leutwiler Ansprache unter dem Titel „Die neue Welt in der Bibel."[5] In einer Zeit und Kultur, in der die Bibel von Generationen von Totengräber-Theologen einbalsamiert und begraben worden war, bestand er leidenschaftlich und unnachgiebig darauf: „Das Mädchen ist nicht tot, es schläft nur"; nahm sie bei der Hand und sagte „Steh auf". Über die nächsten fünfzig Jahre offenbarte Barth die unglaubliche Lebenskraft und Energie, die aus den Sätzen und Geschichten der Bibel strömt und er zeigte uns, wie man sie liest.

***

Barth besteht darauf, dass wir dieses Buch und die von ihm geprägten nachfolgenden Schriften nicht lesen, um herauszufinden, wie wir Gott in unser Leben bekommen und um ihn dazu zu bringen, Teil unseres Lebens zu sein. Nein. Wir schlagen dieses Buch auf und stellen fest, dass es uns auf jeder Seite überrumpelt und überrascht und uns in *seine* Realität hineinnimmt, uns hinzieht zur Gemeinschaft mit Gott, zu *seinen* Bedingungen.

Er hat dies mit einem berühmten Bild verdeutlicht. Ich benutze den Kern seiner Anekdote und gestalte ihn mit meinen eigenen

---

5 In: Barth, Karl: *Das Wort Gottes und die Theologie. Gesammelte Vorträge*, Chr. Kaiser Verlag, München 1925.

Details und mit der Hilfe von Walker Percy[6] aus. Stellen Sie sich eine Gruppe von Männern und Frauen in einem großen Lagerhaus vor. Alle wurden in diesem Lagerhaus geboren, sind darin aufgewachsen und alles, was sie zum Leben benötigen, finden sie dort. Dieses Gebäude hat zwar keine Ausgänge, dafür aber Fenster. Doch die Fenster sind dick mit Staub überzogen, sie werden nie gereinigt und darum macht sich niemand die Mühe hinauszusehen. Wieso auch? Sie kennen nur das Lagerhaus, und dort gibt es alles, was sie brauchen. Doch eines Tages zieht ein Kind eine Trittleiter zu einem der Fenster, kratzt den Dreck weg und schaut hinaus. Es sieht Menschen auf der Straße gehen. Es ruft seine Freunde herbei. Sie drängeln sich um das Fenster – sie hatten ja keine Ahnung, dass es außerhalb dieses Lagerhauses eine ganze Welt gibt. Und dann sehen sie auf der Straße jemanden, der nach oben schaut und hinaufzeigt. Bald hat sich eine kleine Gruppe gebildet, die hinaufschaut und aufgeregt durcheinanderredet. Die Kinder schauen nach oben, doch alles, was sie sehen, ist das Dach ihres Lagerhauses. Schließlich wird es ihnen langweilig, diesen verrückten Leuten auf der Straße zuzusehen, die ständig nach oben ins Leere zeigen und darüber ganz aufgeregt werden. Weshalb sollte man ohne Grund stehen bleiben, ins Leere deuten und sich wegen nichts verrückt machen?

Die Leute auf der Straße hatten allerdings ein Flugzeug (oder Wildgänse oder einen riesigen Berg Kumuluswolken) gesehen. Die Leute auf der Straße sehen nach oben und sehen den Himmel und alles, was dort unterwegs ist. Die Lagerhaus-Menschen haben keinen Himmel über sich, nur ein Dach.

Was würde allerdings passieren, wenn plötzlich eines der Kinder eine Tür in die Wand des Lagerhauses bricht, seine Freunde dazu überredet mitzukommen und die Gruppe draußen den riesigen Himmel über ihren Köpfen entdeckt, den großartigen Horizont in der Ferne? Genau das passiert, wenn wir die Bibel öffnen, meint

6 Siehe: Walker Percy, *The Message in the Bottle*, Farrar, Straus and Giroux, New York 1975, S. 119–149.

Barth. Wir betreten die völlig unbekannte Welt Gottes, eine Welt voller Schöpfungskraft und Erlösung, die sich über und neben uns endlos ausbreitet. Das Leben im Lagerhaus hat uns darauf nicht vorbereitet.

Die Erwachsenen im Lagerhaus spotten über die Geschichten, die die Kinder von draußen mitbringen. Schließlich haben sie die Kontrolle über das Leben im Lagerhaus, nicht über die Welt da draußen. Und sie wollen, dass es so bleibt.

***

Paulus war für Barth dieses kleine Kind, das als erstes den Schmutz von der Scheibe kratzte, eine Tür aufbrach und ihn dazu überredete, mit nach draußen zu kommen, in die große „fremdartige" Welt, von der uns die biblischen Schreiber Zeugnis geben. Unter Anleitung dieser Schreiber, zuerst war es nur Paulus, doch bald schon die ganze Fakultät des Heiligen Geistes, wurde Barth zu einem christlichen *Leser*. Er las Worte, um sich vom Wort formen zu lassen. Erst dann wurde er ein christlicher *Schriftsteller*. Barth veröffentlichte seine Darstellung der Ereignisse später in „Das Wort Gottes und die Theologie". Der Romanautor John Updike sagte über dieses Buch, es habe ihm „so etwas wie eine Philosophie, auf deren Grundlage ich leben und arbeiten konnte" gegeben, „und insofern [hat es] mein Leben verändert". Bei der Überreichung der Campion Medaille im Jahr 1997 gab Updike den christlichen Glauben, wie ihn Barth in seiner Wiederentdeckung der Bibel offenbarte, als Grund dafür an, dass er als Schriftsteller erkannt hatte: „... dass die Wahrheit heilig ist und das Verkünden der Wahrheit eine edle und nützliche Tätigkeit, dass die Wirklichkeit um uns herum geschaffen und würdig ist, gefeiert zu werden, dass Männer und Frauen radikal unvollkommen und radikal wertvoll sind."[7]

***

Die ersten Metaphern über das Schreiben und Lesen, die wirklich mein Interesse weckten, kamen von Kafka: „Wenn das Buch,

7 In: Updike, John: *Updike und ich. Essays*, Rowohlt, Reinbek bei Hamburg 2002, S. 536 u. 553 (Originalausgabe: John Updike, *More Matter*, Alfred A. Knopf, New York 1999, S. 843, 851).

das wir lesen, uns nicht mit einem Faustschlag auf den Schädel weckt, wozu lesen wir dann das Buch? … Ein Buch muss wie die Axt sein für das gefrorene Meer in uns."[8] Zu dieser Zeit war ich Pastor und setzte mich deshalb beruflich damit auseinander, Menschen zum Bibellesen zu motivieren. Es erschreckte mich, dass sie die Bibel nicht anders lasen als den Sportteil oder einen Comic oder die Kleinanzeigen. Ich wollte die Menschen aufwecken und sie verändern. Ich wollte, dass sie die Bibel als einen Faustschlag sahen, einen Eispickel. Im Rückblick muss ich eingestehen, dass meine Strategie in erster Linie darin bestand, manchmal etwas lauter zu werden. Ich erkannte nicht, wie gewalttätig diese Metaphern waren. Ich wollte einfach etwas anstoßen. Doch dann brachte mich eine Frage von Wendell Berry zum Stutzen: „Bist du endlich fertig damit, alle umzubringen, die keinen Frieden wollten?"[9] Mir wurde klar, dass die Gewalt, die diese Metaphern unterstellten, nicht wirklich meinem Vorhaben dienlich waren, nämlich Christen anzuleiten, die Heilige Schrift als Nahrung für ihre Seelen wahrzunehmen. Zwangsernährung ist vermutlich nicht der beste Weg, um die Einzigartigkeit des Bibellesens, des geistlichen Lesens, zu vermitteln.

Schließlich stellte ich fest, dass das eindringlichste biblische Bild für das Lesen das von Johannes ist, der ein Buch isst:

> Dann ging zu dem Engel und bat ihn um das kleine Buch. Er antwortete mir: „Nimm das Büchlein, und iss es auf! Es schmeckt süß wie Honig, aber du wirst Magenschmerzen davon bekommen." So nahm ich das kleine Buch aus seiner Hand und aß es. Es schmeckte wirklich süß wie Honig; aber dann lag es mir schwer im Magen (Offb 10,9–10).

Vor ihm hatten schon Jeremia und Hesekiel Bücher gegessen – scheinbar gute Nahrung für all jene, denen es wichtig ist, einen Text richtig zu verstehen.

---

8 Franz Kafka an Oskar Pollak, 27. Januar 1904, in: Kafka, Franz: *Briefe 1902 - 1924*, S. Fischer, 1998, S. 27f.

9 Berry, Wendell: *Collected Poems 1957 - 1982*, North Point, San Francisco 1985, S. 121.

Damit erregt man allemal so viel Aufsehen wie mit Kafka, doch als Bild ist es weitaus besser. Johannes, dieser endlos faszinierende frühkirchliche Apostel, Pastor und Schriftsteller, geht zu dem Engel und sagt: „Gib mir das Buch." Der Engel gibt es ihm: „Da hast du es. Iss es auf, iss das Buch auf." Johannes tut es. Er isst das Buch – er liest es nicht nur – es gelangte in seine Nervenzellen, seine Reflexe, seine Einbildungskraft. Er hatte die Heilige Schrift gegessen. Das Buch wurde Teil seiner Anbetung und seiner Gebete, seiner Vorstellungen und seines Schreibens. Das Buch, das er gegessen hatte, wurde zu dem Buch, das er verfasste, das erste große Gedicht in der christlichen Tradition und das letzte Buch der Bibel, die Offenbarung.

***

Austin Farrer, Dozent an der Universität Oxford, sprach in einer seiner Bampton-Vorlesungen von der „unerhörten Gewohnheit des geistlichen Lesens",[10] mit der gewöhnliche Menschen schon immer an diesen Seelen-verändernden Text herangegangen waren. Unerhört deshalb, weil wir unser ganzes Leben in den Leseprozess einbringen und nicht nur die Synapsen unseres Gehirns. Unerhört deshalb, weil wir so erfindungsreich sind, wenn es darum geht, das Risiko des Glaubens an Gott zu umgehen. Unerhört deshalb, weil wir unser „spirituelles" Halbwissen unermüdlich dazu einsetzen, uns selbst zu Gott zu machen. Unerhört deshalb, weil wir zwar gelernt haben, die Wörter auf den Seiten zu lesen und zu verstehen, doch erkennen müssen, dass wir trotzdem noch ganz am Anfang stehen. Unerhört deshalb, weil wir als ganzer Mensch gefordert sind, mit unseren Muskeln und Bändern, unseren Augen und Ohren, unserem Gehorsam und unserer Anbetung, unserer Einbildungskraft und unserem Gebet. Unsere Vorfahren stellten diese „unerhörte Gewohnheit" (sie nannten es *Lectio Divina*)[11] in das Zentrum des Lehrplans der Schule des Heiligen Geistes,

10 Austin Farrer, *The Glass of Vision*, Dacre, Westminster 1948, S. 36.

11 Worum es bei diesem „Unerhörten" tatsächlich geht, wird in Teil II, *Lectio Divina* genauer erläutert.

der anspruchsvollsten aller Schulen. Jesus gründete sie, als er zu seinen Jüngern sagte: „Wenn aber der Geist der Wahrheit kommt, hilft er euch dabei, die Wahrheit vollständig zu erfassen ... alles, was er euch zeigt, kommt von mir" (Joh 16,13–15; auch 14,16; 15,26; 16,7–8). Alles, was gemäß dieses Lehrplans verfasst wurde und wird, setzt folgende Art zu lesen voraus: teilhabendes Lesen, bei dem wir die Worte aufnehmen, sodass sie Teil unseres Lebens werden, bei dem die Rhythmen und Bilder zu unseren Gebeten werden, zu gehorsamem Handeln, gelebter Liebe.

Worte, die mit dem Bild des Essens zu uns gesprochen oder geschrieben werden, Worte, die wir unbelastet zu uns nehmen, schmecken, kauen, genießen, schlucken und verdauen, haben eine andere Wirkung auf uns als Worte, die von außen auf uns einwirken, sei es in Form von Propaganda oder Information. Propaganda zwingt uns die Meinung anderer auf, manipuliert uns zu einer Handlung oder einem Glauben. Insoweit wir das zulassen, werden wir kleiner, werden wir zur Puppe eines sprechenden und schreibenden Puppenspielers. Eine Puppe hat weder eine Würde noch eine Seele. Information macht Worte zu Waren, die wir ganz nach Wunsch verwenden können. Die Worte werden ihrem moralischen Ursprung und dem Bereich der persönlichen Beziehungen entzogen und werden zu Werkzeugen oder Waffen. Eine derartige Nutzbarmachung der Sprache macht sowohl Sprecher als auch Zuhörer zu Waren.

Lesen zu können ist ein großes Geschenk, wenn die Worte einen Platz in unserer Seele finden – wenn sie gegessen werden, an ihnen genagt wird, sie geruhsam und freudig aufgenommen werden. Die Worte von lang verstorbenen oder durch Entfernung und/oder Jahre von uns getrennten Männern und Frauen erheben sich von den Seiten und kommen frisch und geradewegs in unser Leben und vermitteln Wahrheit, Schönheit und Güte; Worte, die Gottes Geist dazu verwendet, um unseren Seelen frisches Leben einzuhauchen. Unser Zugang zur Wirklichkeit vertieft sich über Jahrhunderte und Kontinente hinweg. Allerdings birgt solches Lesen auch subtile Gefahren. Leidenschaftliche Worte, die Männer oder Frauen mit großer Begeisterung gesprochen haben, sterben, sobald sie zu Papier gebracht werden, einen langsamen Tod und werden von lieblosen Augen zerlegt. Ungebändigte Worte, entstanden aus entsetzlichem Leiden, können als Museumsstück enden, gehäutet und ausgestopft, aufgehängt und beschriftet. Jedes Lesen birgt die Gefahr, dass Worte zu Propaganda verdreht oder auf Information reduziert werden und nur mehr Werkzeuge und Daten sind. Wir bringen die lebendige Stimme zum Schweigen und reduzieren Worte auf das, was angenehm und gewinnbringend ist. Ein Psalmist spottet über seine Zeitgenossen, die den lebendigen, sprechenden und hörenden Gott auf einen goldenen oder silbernen Waren-Gott reduzierten, der ihnen zu Nutzen war:

> Die solche Götzen machen, sind ihnen gleich, alle, die auf sie hoffen! (Ps 115,8)

Diese Warnung gilt auch für uns heute, wenn wir täglich mit der unglaublichen Explosion der Informationstechnologien und Werbetechniken konfrontiert werden. Wir müssen diese Worte retten.

I

Iss dieses Buch

„Ich selbst bin das Brot, das euch dieses Leben gibt! Eure Vorfahren haben in der Wüste das Manna, das Brot vom Himmel, gegessen und sind doch alle gestorben. Aber hier ist das wahre Brot, das vom Himmel kommt. Wer davon isst, wird nicht sterben."

JOHANNES 6,48–50

„Viel zu wissen und nichts zu schmecken – wozu soll das gut sein?"

BONAVENTURA

KAPITEL 2

Die Heilige Gemeinschaft am Tisch mit der Heiligen Schrift

Der biblische Text ist die Grundlage für das geistliche Leben eines Christen. Dieses geistliche Leben ist vollkommen im biblischen Text verwurzelt und durch ihn geprägt. Wir schaffen uns nicht unser persönliches geistliches Leben aus einer zufälligen Ansammlung von Lieblingstexten, kombiniert mit unseren persönlichen Lebensumständen. Wir werden vom Heiligen Geist in Übereinstimmung mit dem Text der Heiligen Schrift geformt. Gott beauftragt uns nicht damit, unsere eigene persönliche Spiritualität zu schaffen. Wir wachsen in Übereinstimmung mit dem offenbarten Wort, das uns durch den Geist eingepflanzt wird.

Die einzigartige Position der Heiligen Schrift als der prägende Text für Christen wurde immer wieder in Frage gestellt. Durch alle Jahrhunderte hindurch haben Menschen sich für andere Wege entschieden, auf denen sie sich Richtung und Führung für ihr Leben als Christ erhofften. Doch die Kirchengemeinschaft hat diese Wege immer wieder abgelehnt und hält an der Bibel fest, der Bibel als verbindliche Grundlage.

Beispielsweise lehnen wir es ab, wenn Menschen sich in schwärmerische Ekstasen hineinsteigern, um dadurch Verbindung zu Gott aufzunehmen. Extreme Gefühlszustände sind sehr anziehend, besonders für Heranwachsende. Sie bieten eine aufregende

Unmittelbarkeit. Es fühlt sich so, na ja, so *authentisch*, so lebendig an. Dieser Seelenzustand läuft mittlerweile unter den Sammelbegriff „Enthusiasmus" und hat schon viele erfasst, sie auf Irrwege der Selbsterfüllung und in ausweglose Abhängigkeit geführt. Unsere klügsten Gelehrten warnen uns nach wie vor vor ihnen.[12] Wir sagen „Nein" zu moralischen Herkulestaten, mit denen wir unser göttliches Potenzial abrufen und zur Schau stellen. Heldenhafte Herausforderungen, besonders der moralischen Art, pumpen Adrenalin in unseren Blutkreislauf und befreien uns vom alltäglichen Klein-Klein, das uns im Sumpf des Gewöhnlichen gefangen hält. Wir sagen „Nein" dazu, sich in eine Berghöhle zurückzuziehen und sich von allen Gedanken, Gefühlen und Wünschen zu befreien, bis nichts mehr übrig ist, was uns den direkten Zugang zur Wirklichkeit verstellt. Das hat so etwas Reines, Einfaches, Ordentliches. Der Zen Koan ersetzt den biblischen Text.

Allerdings ist der beliebteste „Text" in Amerika im Augenblick der des unabhängigen Ich. Vor Kurzem erzählte mir ein Freund von einem Bekannten, der sein Leben lang die Bibel gelesen hatte und eines Tages feststellte, dass sein Leben sich nicht so entwickelte, wie es ihm die Bibel seiner Ansicht nach vorausgesagt hatte. Er entschloss sich dann sofort dazu, „seinem Leben die Autorität zu übergeben und nicht der Bibel." Der Großteil unserer Kultur, sowohl der säkulare als auch der religiöse Teil, unterstützt die Entscheidung dieses Mannes. Es ist charakteristisch für die aufkeimende, vielfältige Spiritualität von heute, das souveräne Ich als Lebenstext zu etablieren. Die Ergebnisse machen allerdings wenig Mut: Das plötzlich so große Interesse an spirituellen Dingen zu Beginn dieses Jahrtausends scheint kein größeres Engagement für Gerechtigkeit und treue Liebe zu produzieren, was ja zwei der sichtbareren Begleiterscheinungen eines guten, geheiligten Christenlebens sind. Tatsächlich sind wir an einem Punkt angekommen, wo „Spiritualität" eher das Bild eines Möchtegern-Gurus für Trans-

12 Siehe: Knox, Ronald A., *Christliches Schwärmertum. Ein Beitrag zur Religionsgeschichte*, Jakob Hegner, Köln/Olten 1957 (Originalausgabe: Ronald Knox, *Enthusiasm*, Collins Liturgical Publishing, London 1950).

zendenz heraufbeschwört als das von einem Leben in Strenge, großer Freude, Güte und Gerechtigkeit – was genau die Art von Leben ist, mit dem der Begriff ursprünglich verknüpft war.

Christen kommen nicht darum herum, sich der Beliebtheit dieser selbstherrlichen Spiritualitäten bewusst zu werden, manchmal sogar von dem einen oder anderen spirituellen Feuerwerk beeindruckt zu sein, hin und wieder sogar ein erstauntes „Oh" und „Ah" nicht unterdrücken zu können. Doch bei genauerer Betrachtung ist es nicht empfehlenswert, ihnen nachzurennen. Ganz im Gegensatz zu diesen eigennützigen und glamourösen Spiritualitäten, ist die unsere ein Fußmarsch. Wir sind wortwörtlich Fußgänger: Wir setzen einen Fuß vor den anderen, während wir Jesus folgen. Und um zu erfahren, wer er ist, wohin er geht und wie wir seinen Schritten folgen können, greifen wir zu einem Buch, *dem* Buch und lesen es.

***

Ich will der weit verbreiteten Praxis entgegenwirken, eigene Erfahrungen als Maßstab für unser Leben zu nehmen und nicht die Heilige Schrift. Ich möchte die Bibel, die in unseren zeitgenössischen Vorstellungen durch ihre glamourösen Konkurrenten so rüde an den Rand gedrängt wurde, wieder ins Zentrum zurückholen, als den Lebenstext für ein tiefes und gutes Leben als Christ. Ich möchte aufdecken, wie die Autorität der Bibel durch die Autorität des Ich ersetzt wurde, und dem entgegentreten. Ich will persönliche Erfahrungen unter die Autorität der Bibel stellen und nicht über sie. Ich möchte uns die Bibel als den Text vor Augen führen, nach dessen Anleitung wir leben, diesen Text, der in so scharfem Kontrast steht zur bunten Mischung aus religiöser Psychologie, Selbstentfaltung, mystischen Experimenten und frommem Dilettantismus, die mittlerweile vieles charakterisieren, was sich unter dem Schirm der „Spiritualität" sammelt.

Es besteht heutzutage großes Interesse an der Seele. In der Kirche zeigt sich dieses Interesse in einer Wiederbelebung von Dingen wie geistlicher Theologie, geistlicher Leiterschaft, geistlicher Führung und geistlicher Entwicklung. Allerdings geht dies nicht Hand in Hand mit einem wiederbelebten Interesse an der Heiligen Schrift. Für geistliche Theologie, geistliche Leiterschaft, geistliche Führung und geistliche Entwicklung müssen wir dem Werk des Heiligen Geistes Raum geben in unseren persönlichen und geschäftlichen, öffentlichen und politischen Lebensbereichen. Doch jene, die sich für dieses Werk interessieren, sind häufig, man kann fast sagen normalerweise, nicht an der Heiligen Schrift interessiert, dem Buch, das uns vom Heiligen Geist gegeben wurde. Es ist dringend nötig, dass das Interesse an unserer Seele Hand in Hand geht mit einem Interesse an der Bibel – und genauso gilt: beide, Bibel und Seele, sind das Haupteinsatzgebiet des Heiligen Geistes. Ein Interesse an der Seele ohne Interesse an der Bibel entzieht uns den Grundtext, der diese Seele formt. Genauso ist es umgekehrt: ein Interesse an der Bibel ohne Interesse an der Seele entzieht uns das Material, mit dem wir am Text arbeiten können.

Im Großen und Ganzen akzeptieren Christen die Position, dass die Bibel der maßgebende Text ist, durch den Gott sich uns offenbart. Ich will das hier auch nicht in Frage stellen. Unsere Theologen und Bibelgelehrten haben dies umfassend erforscht und dargelegt. Meine Aufgabe ist es, die andere Seite der Medaille ins Bewusstsein und ins Zentrum zu rücken: dass uns dieser Bibeltext, indem er uns Gott offenbart, mit in die Offenbarung hineinnimmt und uns als Teilnehmer willkommen heißt. Ich will deutlich machen, dass die Bibel, die ganze Bibel, *lebbar* ist; sie ist *der* Text, mit dem wir unser Leben leben. Sie offenbart eine von Gott geschaffene, von Gott angeordnete, von Gott gesegnete Welt, in der wir uns zu Hause und unversehrt fühlen können.

Ich möchte mit dem Bild beginnen: *Iss dieses Buch*. Ich will dieses Bild zurückholen, zusammen mit allen seinen Auswirkungen auf die Gemeinschaft der Christen, in der ich lebe. Ich will diesem Gebot zu einem Platz in der Vorstellungskraft der christlichen Generation verhelfen, von der ich ein Teil bin. Inmitten der großen biblischen Gebote, die sich in der christlichen Wahrnehmung im Vordergrund tummeln, soll es einen Ehrenplatz erhalten. Die meisten von uns tragen eine Handvoll von Geboten mit sich herum, die uns auf Kurs halten: „Liebe den Herrn, deinen Gott, von ganzem Herzen … Liebe deinen Nächsten … Ehre Vater und Mutter … Tut Buße und glaubt … Ehrt den Sabbat … Fürchte dich nicht … Seid reichlich dankbar … Betet ohne Unterlass … Folgt mir nach … Gehet hin in alle Welt … Nehmt euer Kreuz auf euch…“ Fügen Sie noch das folgende Ihrem Repertoire hinzu: Iss dieses Buch. Nicht bloß „Lies deine Bibel“, sondern *Iss dieses Buch.*

***

Christen zehren von der Bibel. Die Heilige Schrift ernährt die heilige Gemeinschaft genauso, wie Nahrung unseren Körper ernährt. Christen erlernen, studieren oder verwenden die Bibel nicht nur. Wir verleiben sie uns ein, wir nehmen sie mit in unser Leben hinein. Sie wird verarbeitet zu Liebestaten, Bechern voll kühlen Wassers, Aussendungen in die Welt, Heilung, Evangelisation und Gerechtigkeit im Namen Jesu. Sie wird zu Händen, die sich in Anbetung des Vaters erheben, Füßen, die gemeinsam mit dem Sohn gewaschen werden.

Diese bildhafte Aufforderung kommt zu uns mit Rückendeckung durch Johannes, den Theologen (in der King James Bibel „der Gottbegnadete“).

> Da ging ich zu dem Engel und bat ihn um das kleine Buch. Er antwortete mir: „Nimm das Büchlein, und iss es auf! Es schmeckt süß wie Honig, aber du wirst Magenschmerzen davon bekommen.“ So nahm ich das kleine Buch aus seiner Hand und aß es. Es schmeckte wirklich süß wie Honig; aber dann lag es mir schwer im Magen“ (Offb 10:9–10).

Rüttelt uns das wach? Johannes ist eine beeindruckende Figur. Er war Pastor einer Gruppe an den Rand gedrängter, politisch und wirtschaftlich machtloser Christen. Sie lebten in einer Gesellschaft, in der ihr Entschluss, Christus nachzufolgen, sie zu Staatsverbrechern machte. Es war seine Aufgabe, sie auf ihrem Weg zu bestärken, ihnen zu helfen, ein geisterfülltes Leben zu leben und begeisterte Jünger zu bleiben, ihre Hoffnung aufrecht zu erhalten im Angesicht riesiger Widerstände – mit dem lebenden, sprechenden und handelnden *Jesus* als Zentrum ihres äußeren und inneren Lebens. Er gab sich nicht mit bloßem Überleben zufrieden, indem er ihnen eine Schiffsplanke zuwarf, an die sie sich während des Sturms klammern konnten. Er wollte, dass sie leben, wirklich leben – alle überleben. Das ist es, was Propheten, Pastoren und Schriftsteller tun und es ist nie einfach. Es ist heute nicht leichter, als es damals für Johannes war.

Es passierte im Verlauf der fantastischen Dichtung der Apokalypse, für die Johannes so bekannt ist – diese ungestüm wilde und feierliche Vision, die er auf der Gefängnisinsel Patmos während seiner Anbetung an einem Sonntagmorgen hatte. Er näherte sich gerade dem Mittelteil einer Reihe von visionären Botschaften, als er einen riesigen Engel sah, der mit einem Fuß im Ozean stand und mit dem anderen auf dem Festland und ein Buch in seiner Hand hielt. Von dieser riesigen, Land und Meer überspannenden Kanzel aus, predigte der Engel aus dem Buch. Die Predigt war explosiv, donnernd. Diese Predigt konnte niemand verschlafen! Johannes begann aufzuschreiben, was er hörte – er hatte noch nie eine solche Predigt gehört – doch dann wurde ihm gesagt, er solle aufhören. Eine Stimme befahl ihm, das Buch von diesem riesigen Engel entgegenzunehmen, diesem Gottesboten, der aus seiner weltumspannenden Kanzel predigte. Und das tat er. Er ging auf den Engel zu und sagte: „Gib mir das Buch". Der Engel gab es ihm, sagte aber dann: „Da hast du es; iss es. Iss dieses Buch auf. Mach dir nicht nur Notizen von meiner Predigt. Iss das Buch auf." Und John tat genau das. Er steckte Stift und Block weg und nahm Messer und Gabel zur Hand. Er aß das Buch.

Die Bildhaftigkeit ist, wie alle Bilder in der Offenbarung des Johannes, komplex, eine Verschmelzung von Bildern ausgehend von Mose und den Propheten bis hin zu Jesus. Diese Vision vom predigenden Engel ist angefüllt mit dem Widerhall des Vertrauten. Doch was unmittelbar und offensichtlich auffällt, ist, dass der mächtige Engel aus der Bibel predigt, der Heiligen Schrift. Das Buch, das Johannes aß, war die Bibel oder der Teil, der damals bereits aufgeschrieben war. Das Wort „Buch" (griechisch *biblion*, was bei uns zu „Bibel" wurde), macht deutlich, dass die Botschaft Gottes an uns Bedeutung hat, Handlung und Absicht. Ein Buch schreiben bedeutet Wörter auf sinnvolle Weise anzuordnen. Diese Worte haben einen Sinn. Unser Weg zu Gott basiert nicht auf Vermutungen: Gott offenbart sich. Diese Worte der Bibel offenbaren das Wort, das Himmel und Erde geschaffen hat; sie offenbaren das Wort, das Mensch wurde, Jesus, zu unserer Erlösung. Gottes Wort wurde für uns aufgeschrieben, weitergegeben und übersetzt, sodass wir Teil der Handlung werden. Wir halten diese Bibel in Händen und lesen sie, damit wir die erschaffenden und rettenden Worte hören können, auf sie reagieren können und direkt teilhaben am Prozess der Erschaffung und Erlösung.

Das Buch zu essen bedeutet, dass hier das Lesen nicht nur eine objektive Handlung ist, nicht nur ein Erkennen von Wörtern und deren Bedeutung. Ein Buch zu essen steht im Widerspruch zu dem, wie die meisten von uns Lesen gelernt haben – eine distanzierte Objektivität entwickeln und dadurch wissenschaftliche oder theologische Wahrheiten erhalten und zu diesem Zweck so weit als möglich jede persönliche Anteilnahme vermeiden, die die Aussage des Textes verdrehen könnte. Doch niemand von uns liest zu Beginn wirklich so. Ich habe eine Enkelin, die im Moment Bücher isst. Wenn ich ihrem Bruder ein Buch vorlese, dann nimmt sie sich ein anderes vom Stapel und kaut darauf herum. Sie versucht, das Buch in sich hineinzubekommen und zwar auf dem schnellsten ihr bekannten Weg, nicht durch die Ohren, sondern durch den Mund. Sie macht nicht wirklich einen Unterschied zwischen Ohr und Mund – jede Körperöffnung ist ihr willkommen, um das Buch hineinzukriegen. Bald wird sie aber zur Schule gehen und sie wird lernen, dass dies nicht der richtige Weg ist. Man wird ihr beibringen, mithilfe des Buches Fragen zu beantworten. Sie wird lernen Bücher zu lesen, um dann Prüfungen zu bestehen, und sobald sie bestanden hat, das Buch ins Regal zu stellen und ein neues zu kaufen.

So, wie Johannes zum Lesen angeleitet wird, bestehen wir nicht bloß Prüfungen. Ein Buch essen bedeutet alles aufnehmen, es zum Teil des Gewebes unseres Lebens zu machen. Leser werden zu dem, was sie lesen. Sofern die Heilige Schrift etwas anderes beinhaltet als triviales Gerede über Gott, dann müssen wir sie verinnerlichen. Die meisten von uns haben eine Meinung über Gott, mit der wir für gewöhnlich nicht hinter dem Berg halten. Doch nur weil eine Unterhaltung (oder Predigt oder Vorlesung) das Wort „Gott" beinhaltet, heißt das noch lange nicht, dass sie auch wahr ist. Der Engel weist Johannes nicht an, Informationen über Gott weiterzugeben. Er befiehlt ihm, das Wort Gottes aufzunehmen, sodass es sich ganz natürlich in seiner Syntax entfaltet, ganz so wie Nahrung, die wir essen, unbewusst in unsere Nerven und Muskeln eingeht und so zu Sprache und Bewegung wird.

Worte – gesprochen und gehört, geschrieben und gelesen – sollen *in* uns etwas bewirken, Gesundheit und Vollkommenheit, Lebensfreude und Heiligkeit, Weisheit und Hoffnung. Ja, *iss* dieses Buch.

Ich sagte bereits an früherer Stelle, dass Johannes nicht der erste biblische Prophet war, der ein Buch aß, als wäre es ein Marmeladenbrot. Sechshundert Jahre zuvor überreichte man Hesekiel ein Buch und befahl ihm, es zu essen (Hes 2,8–3,3). Hesekiels Zeitgenosse Jeremia aß ebenfalls Gottes Offenbarung, seine Version der Heiligen Schrift (Jer 15,16). Hesekiel und Jeremia lebten, genauso wie Johannes, zu einer Zeit, in der der Druck groß war, einem ganz anderen Text zu folgen als dem von Gott in seiner Heiligen Schrift offenbarten. Diese spezielle Bibel-Diät fand bei allen Dreien ihren Niederschlag in Sätzen von maximaler Kraft, Bildern voll flammender Klarheit und einem prophetischen Leben voll mutigem Leiden. Wenn wir in Gefahr sind (was wir selbstverständlich sind), dem allgemeinen Trend nachzugeben und die Heilige Schrift beiseitezulegen und sie durch den Text unserer eigenen Erfahrung zu ersetzen – unsere Bedürfnisse, Wünsche und Gefühle – dann sollten uns diese drei raubeinigen Propheten – Johannes, Hesekiel, Jeremia –, die verantwortlich waren für die geistliche Erneuerung von Gottes Volk während seiner schlimmsten Zeit (Babylonisches Exil und Verfolgung durch die Römer) verbindliche Wegweisung durch unser alltägliches Leben sein und uns von dem überzeugen, was ihnen ein ureigenes Bedürfnis war: Ja, iss dieses Buch.

Christen haben eine beträchtliche Menge an Energie, Intelligenz und Gebet investiert, um zu lernen, wie man dieses Buch isst, und zwar genau so wie Johannes auf Patmos, Jeremia in Jerusalem und Hesekiel in Babylon.[13] Wir müssen all das nicht in- und auswendig kennen, um am Tisch Platz zu nehmen. Allerdings hilft es, wenigstens ein wenig davon zu kennen, besonders weil dieses Buch für so viele unserer Zeitgenossen nur eine Vorspeise ist. Der Befehl des starken Engels ist auch eine Einladung. Komm zu Tisch und iss dieses Buch, denn jedes Wort in diesem Buch soll in unseren Seelen und Körpern etwas bewirken, Gesundheit und Vollkommenheit, Lebensfreude und Heiligkeit, Weisheit und Hoffnung.

13 James Houston schreibt über diese „Energie, Intelligenz und Gebet" in Elmer Dyck (Hrsg.): *The Act of Bible Reading*, InterVarsity, Downers Grove, Ill. 1996, S. 148–73.

KAPITEL 3

Die Heilige Schrift als Text: Gottes Offenbarung kennenlernen

Unser Leben, also alles, was wir erfahren – was wir brauchen, wollen und fühlen – ist wichtig für die Entfaltung des Lebens Christi in uns. Schließlich ist es unser Leben, das geformt werden soll. Doch es setzt seine Entwicklung nicht selbst in Gang. Neben vielen anderen Dingen bedeutet geistlich leben auch, uns selbst ernst zu nehmen. Es bedeutet, sich gegen den gesellschaftlichen Trend zu stellen, der uns unablässig auf unseren Status als Erzeuger und Leistende reduziert, so dass wir hinter den Siegeln unserer Abschlüsse und Gehälter nicht mehr als Mensch wahrgenommen werden. Wir sind doch so viel mehr als die Summe unserer Nützlichkeit und unseres guten Rufes, aller Orte, die wir besucht haben und der Menschen, die wir kennen. Es gibt ein einzigartiges, nicht kopierbares ewiges Ich, geschaffen im Ebenbild Gottes. Ein energisches Beharren auf der persönlichen Würde ist die Grundlage für geistliches Leben.

In gewisser Weise können wir uns gar nicht zu ernst nehmen. Wir sind „wunderbar und einzigartig gemacht“ (Ps. 139,14). Doch schnell können wir ein zu enges Maß an uns anlegen, denn wir sind viel mehr als unsere Gene und Hormone, unsere Gefühle und Ziele, unsere Arbeit und unsere Ideale. Da ist Gott. Das meiste, wenn nicht sogar alles, was uns ausmacht, hat mit Gott zu tun.

Sobald wir versuchen, uns aus uns selbst heraus zu verstehen und zu entwickeln, lassen wir einen Großteil unseres Wesens außer Acht.

Deshalb besteht die Gemeinschaft der Christen seit jeher darauf, dass die Heilige Schrift, die offenbart, wie Gott sich uns nähert, notwendig und grundlegend für unsere Formung als Menschen ist. Während wir dieses Buch lesen, wird uns deutlich: Was wir brauchen ist nicht so sehr Information über Gott und uns selbst, sondern die Formung unseres Charakters hin zu unserem wahren Wesen.

Die tiefste Eigenschaft der Sprache ist es zu formen, weniger zu informieren. Wenn Sprache persönlich wird, und in ihrer Bestform ist sie das, dann offenbart sie; und Offenbarung ist immer auch Weiterentwicklung, Gestaltung – wir wissen nicht mehr, wir werden mehr. Die wahren Sprachkünstler, Dichter und Liebende, Kinder und Heilige, benutzen Worte, um etwas zu schaffen – Nähe, Charakter, Schönheit, Güte, Wahrheit.

Der offenbarende und offenbarte Gott

Beginnen wir am Anfang. Wir nennen dieses Buch „Offenbarung". Gott offenbart sich und sein Verhalten uns gegenüber. Er erzählt uns nicht etwas, er *zeigt* sich selbst. Bücher haben Autoren. Wie auch immer wir uns die Inspiration vorstellen, die christliche Kirche geht davon aus, dass Gott auf die eine oder andere Weise für dieses Buch zuständig ist und zwar offenbarend, nicht nur informativ. Die Autorität der Bibel ergibt sich direkt aus der Autorschaft Gottes. Anders ausgedrückt handelt es sich hier nicht um eine unpersönliche Autorität, eine Ansammlung von Fakten oder Wahrheiten. Es ist keine papierene Autorität, wie wir sie in Gesetzestexten in unseren Rechtsbibliotheken finden oder die faktische Autorität eines Mathematikbuches. Dies ist eine Offenbarung, von einer Person offenbart – wir erhalten Einblick, wir erfahren von Angesicht zu Angesicht, was es heißt, unser Leben als Mann oder Frau zu leben, die wir im Ebenbild Gottes geschaffen sind.

Die frühen Christen bekamen eine gebrauchsfertige Bibel, das, was wir heute das Alte Testament nennen, die Thora und die Propheten und weitere Schriften, die für die Hebräer maßgebend waren. Für die erste Generation waren diese hebräischen Schriftrollen die christliche Bibel. Doch dann zirkulierten die Schriften von Paulus und anderen Leitern der frühen christlichen Kirche. Außerdem wurden die Geschichten über Jesus niedergeschrieben, die Inhalt für die gute Nachricht, das Evangelium lieferten, das mit viel Freude und Nachdruck gepredigt und gelehrt wurde. Man erkannte, dass diese Schriften eine Fortsetzung der Heiligen Schrift waren, die jene Christen ja in Ehren hielten, an die sie glaubten, aus der sie predigten und lehrten. Nach und nach wurde ihnen klar, dass beides zusammenpasste, dass es eine gemeinsame Autorschaft gab zwischen den hebräischen Schriften, die schon so lange Teil ihrer Tradition waren, und diesem neuen Evangelium sowie den Briefen der Gott lobenden und bezeugenden Christen. Es dauerte eine Weile, bis diese Erkenntnis sich etabliert hatte. Es passierte nicht von heute auf morgen. Schließlich musste man sich erst an die Vorstellung gewöhnen, dass ein dünnes Buch, geschrieben von Markus, zusammengefasst wurde mit dem gewaltigen, fünf Bände umfassenden Wort Gottes, das Mose zugeschrieben wurde. Es war ziemlich viel verlangt, die Briefe von Paulus an neu gegründete und unerfahrene Gruppen neu bekehrter Christen in eine Reihe mit den seit Jahrhunderten bewährten Psalmen und dem Ehrfurcht gebietenden Jesaja zu stellen. Auch wenn Paulus‘ Briefe brillant geschrieben waren, schien es nicht sehr wahrscheinlich, dass dies eintreten würde. Und doch passierte es. Die heilige Gemeinschaft fasste diese beiden Teile schließlich zusammen. Es entstanden die zwei „Testamente“, aus denen ein Buch wurde, unsere Heilige Schrift. Innerhalb von ungefähr einhundert Jahren besaßen die frühen Christen im Grunde die gleiche Heilige Schrift, wie wir sie heute haben.

Nicht alle waren damit einverstanden, was da gemacht wurde: Das Ergebnis blieb nicht unangefochten. Es gab Gruppen, die mit den alten hebräischen Schriftrollen nichts zu tun haben wollten.

Sie wandten ein, dass der Gott, der sich in diesen alten Büchern zeigte, nicht im Entferntesten etwas mit dem Gott zu tun hatte, den Jesus offenbart hatte und von dem er gepredigt hatte. Dann gab es Splittergruppen (unterschiedlich gnostisch geprägt), die sich ins andere Extrem verstiegen – sie wollten alles einschließen, was innerhalb der großen Gruppe erbaulicher Texte gut schien, was offenbar exklusive Einsichten vermittelte. „Exklusive" und „erbauliche" geistliche Impulse waren damals so beliebt wie heute. Doch Schritt für Schritt entlarvte die Gemeinschaft der Christen alles Törichte und Sensationelle und wagte es, ihren Konsens als Gottes Wort zu bezeichnen.

Die Dreieinigkeit: Es bleibt persönlich

Um ein Verständnis dafür zu entwickeln, wie man diesen Text liest, ist es ist für uns heute ausgesprochen wichtig zu erkennen, wie diese beiden Texte zusammengesetzt wurden. Man fing mit den Schriften an, die für Gottes Volk Israel die normative Basis darstellten. Bald erhielt man diese neuen Evangelien und Briefe, die innerhalb der neu entstehenden christlichen Gemeinschaften geschrieben wurden. Man musste die Kontinuität erklären, die man in diesen sehr unterschiedlichen Büchern festgestellt hatte.

Während man sich darüber austauschte, wurde deutlich, dass innerhalb der Unterschiede und Vielfältigkeit eine einzige Stimme zu hören war, und dass diese Stimme zu einer Person gehörte: die Stimme Gottes, der sich selbst offenbart. Diese personale, offenbarende Eigenschaft wurde in dem zusammengefasst, was wir heute die Dreieinigkeit nennen. Dreieinigkeit ist ein gedankliches Konzept, das es uns ermöglicht, die Einheit hinter der Verschiedenheit der Offenbarung zu erkennen. Hier ist nicht der Raum, um ausführlich auf die Dreieinigkeit einzugehen. Was ich sagen will ist, dass unsere Vorfahren dieses Konzept „Dreieinigkeit" entwarfen, während sie die gleiche Bibel lasen, die wir heute lesen und sie damit inmitten all der Stimmen eine einzige, persönliche Stimme hörbar machten.

Im vierten und fünften Jahrhundert konzentrierten sich die besten Denker der Kirche schließlich darauf, diese Bibel zu lesen und dadurch zu verstehen, auf welche Weise Gott seine Souveränität persönlich und einzigartig unter uns ausübt. Ihre Formulierung der Dreieinigkeit ist ein geniales Werk, das groß und detailliert genug ist, um alles einzuschließen, was Gott ist, was er getan hat, tut und tun wird. Gleichzeitig zeigt es, dass wir alle, egal wer wir sind, was wir tun oder wo wir herkommen, eingeschlossen sind. Sie arbeiteten mit viel Einsatz und lange daran. Es gab Konzile, Bücher wurden geschrieben, man diskutierte, predigte, man beeinflusste und ja, man stritt auch. Es war wichtig, hier keinen Fehler zu machen und das wussten sie. Sie wussten, dass sie diese Arbeit nicht gelehrten Theologen in ihren Bibliotheken überlassen durften – hier ging es um Dinge, die den Alltag der Menschen betrafen. Es ging darum, richtig zu *leben*, nicht nur richtig zu denken, und darum in dieser Bibel alles persönlich und lebbar zu erhalten.

Ihr Ergebnis lässt sich wie folgt zusammenfassen: Beim Lesen der Bibel stellen wir fest, dass Gott eine dauerhafte und schlüssige Identität besitzt: Gott ist eins. Gott offenbart sich auf verschiedene Art und Weise und auf den ersten Blick scheint das nicht zusammenzupassen. Es sind drei Arten ersichtlich, auf die Gott am Werk ist und sich offenbart: der Vater (die gesamte Schöpfung steht hier im Vordergrund), der Sohn (hier geht es um das Chaos der Welt, in das Jesus Christus einbricht und um sein Erlösungswerk) und der Geist (wir erleben, wie unser Leben in Gottes Leben hineingezogen wird). Es ist immer der gleiche Gott, doch die „Person" oder das „Gesicht" oder die „Stimme" ändern sich, je nachdem, auf welchem Weg wir die Offenbarung erhalten.[14]

Erstaunlich ist aber: Jeder Aspekt der Offenbarung, jede ihrer Ausprägungen ist personal – der Kern des Wesens Gottes ist Beziehung – und deshalb ist alles, was gesagt wird, alles, was

14 Karl Barth bevorzugt den Begriff „Seinsweisen": „Gott ist Einer in drei Seinsweisen, Vater, Sohn und Heiliger Geist" (Barth, Karl: *Kirchliche Dogmatik I,1: Die Lehre vom Wort Gottes. Prolegomena zur Kirchlichen Dogmatik, Evangelischer Verlag, Zollikon/Zürich 1955, S. 379).*

offenbart wird, alles, was empfangen wird auch personal und steht in Beziehung. Es gibt nichts unpersönliches, nichts, was einfach nur funktional wäre. Alles, vom Anfang bis zum Ende und alles dazwischen, ist personal. Gott ist von Natur aus und umfassend personal.

Die logische Konsequenz ist, dass ich als Person auch persönlich an der Offenbarung beteiligt bin. Jedes Wort, das ich höre, alles, was ich mir im Verlauf dieser Geschichte vorstelle, nimmt mich in eine Beziehung hinein, zieht mich mit in die Teilnahme, hat *Bedeutung* für meine innerste Identität, hat Auswirkungen darauf, wer ich bin und was ich tue.

Was ich damit betonen will ist, dass das trinitarische Denken sich über einen Zeitraum von zwei- oder dreihundert Jahren entwickelte, während der unsere Mütter und Väter diese beiden Testamente geduldig, betend, überlegt lasen und dabei nach und nach erkannten, dass die Unterschiede gar nicht so groß sind. Während sie die Sätze von Jesaja und Paulus, Moses und Markus, David und Johannes lasen und hörten, bemerkten sie, dass sie genau jene Stimme hörten, die sie das Wort Gottes nannten. Und während sie hörten und zuhörten, hörten sie auch, dass sie selbst *angesprochen* wurden – angesprochen als Personen mit Würde, Sinn und Freiheit, Personen, die fähig sind zu glauben, zu lieben und zu gehorchen.

Das Verständnis, dass die Bibel einen Autor hat, definiert es als personal – in den Personen Vater, Sohn und Heiliger Geist. Weil es personal ist, ist es auch beziehungsrelevant, was bedeutete, dass für jedes Lesen/Hören der Heiligen Schrift auch personales, in Beziehung stehendes, teilhabendes Lesen/Hören nötig ist. Zugleich kam man zu der Erkenntnis, dass diese Heilige Schrift, in der Gott alles offenbarte, was Gott ist, auch alles einschloss, was uns ausmacht: Auf beiden Seiten, bei Autor und Leser, geht es um die ganze Person und um persönliche Teilnahme.

Möglicherweise ist dies der wichtigste Aspekt, den es zu erfassen gilt, wenn wir die Heilige Schrift lesen, studieren, ihr glauben: diesen mächtigen, lebendigen, sich selbst offenbarenden Gott, wie wir ihn in Vater, Sohn und Heiligem Geist erleben, der uns persönlich anspricht, egal in welcher Situation wir uns befinden, wie alt wir sind, wie es uns geht – ich, du, wir. Christliches Lesen ist teilnehmendes Lesen. Wir nehmen die Worte auf, sodass sie in unser Leben eingehen, dass Rhythmus und Bilder Teil unseres Gebets werden, zu Taten des Gehorsams, zu einem Lebensstil der Liebe.

Wir dürfen nicht für einen Moment annehmen, dass die Dreieinigkeit etwas ist, dass sich Theologen ausgedacht haben, um eine Erklärung für abgehobene Mysterien zu finden, die nichts mit dem täglichen Leben von Menschen wie uns zu tun haben, die Kinder großziehen und ihren Lebensunterhalt verdienen müssen. Nein, es ist das Ergebnis der Arbeit von Christen wie uns (vielleicht waren ein paar von ihnen etwas schlauer als wir!), die lernten und sich gegenseitig lehrten, wie man die Bibel so umfassend und aufmerksam und personal und erwidernd liest, wie es ihnen möglich war. Sie wollten so lesen, dass ihr Leben mit dem Text übereinstimmte. Sie waren davon überzeugt, dass dieser Text die beste Quelle für ein gutes Leben heute und in Ewigkeit ist. Sie wollten alles und sie wollten keinen Fehler machen.

Dem Text die Persönlichkeit nehmen

Allerdings liest nicht jeder die Bibel auf diese Weise und viele wollen es auch gar nicht. Viele finden Sie aus anderen Gründen interessant oder haben andere Verwendung für sie. Die Bibel hat sich über die Jahrhunderte als Autorität etabliert und man betrachtet sie auf vielerlei Weise als nützlich oder interessant oder hilfreich und sieht sie nicht notwendigerweise als Text, der uns in die Offenbarung Gottes hineinnimmt.

Es gibt beispielsweise schon immer eine große Zahl von Menschen, die von den intellektuellen Herausforderungen der Bibel fasziniert ist. Wer über einen neugierigen Geist verfügt und die Herausforderung sucht, der kann fast nichts Besseres tun, als Bibelgelehrter zu werden. Gehen Sie in eine theologische Bibliothek und wandern Sie durch die Gänge mit säuberlich katalogisierten Büchern, die über die Bibel und ihre verschiedenen Teile geschrieben wurden, und Sie werden erstaunt sein. Nehmen Sie irgendeines der Bücher heraus und sie werden mit großer Sicherheit das Ergebnis eines großartigen Geistes in Händen halten, der diese Sätze auf der Suche nach Wahrheit durchstöbert hat und mit höchst beeindruckenden und interessanten Ergebnissen aufwarten kann. Sprache, Geschichte, Kultur, Ideen, Geografie, Dichtung – suchen Sie sich ein Gebiet aus, die Bibel liefert es Ihnen. Ein Mensch kann sein ganzes Leben mit der Bibel verbringen – sie lesen, studieren, lehren und darüber schreiben – und nie zum Ende kommen.

Dann gibt es wiederum andere, die mit eher praktischen Absichten zur Bibel kommen. Sie wollen ein gutes Leben führen und wünschen sich das auch für ihre Kinder und Nachbarn. Sie wissen, dass die Bibel vernünftige Ratschläge bereithält und eine zuverlässige Richtung vorgibt, um in der Welt voranzukommen, was im Allgemeinen ja bedeutet, gesund, reich und weise zu werden. Die Bibel steht in dem Ruf, einen guten Kurs für persönliches und soziales Verhalten vorzugeben, und genau davon wollen diese Menschen profitieren. Generell ist man der Ansicht: Menschen sind ein störrischer Haufen, der dazu tendiert, sich in Schwierigkeiten zu bringen. Diese Bibel bewahrt uns vor Fallstricken und leitet uns auf einem geraden, schmalen Weg.

Und dann gibt es natürlich noch die große Zahl von Menschen, die die Bibel zu ihrer sogenannten Inspiration lesen. Es gibt so viele schöne und tröstliche Passagen in der Bibel. Wenn wir einsam sind oder trauern oder auf der Suche nach Worten sind, die uns dem alltäglichen Stumpfsinn entreißen, was gibt es Besseres als die Bibel? Die bewegenden Geschichten von Elia, der großartige Rhythmus der Psalmen, der kunstvolle Donner in Jesajas Predigten, die charmanten Parabeln von Jesus, die geladene Energie in der Lehre von Paulus. Wenn es dir um andächtige, behagliche Bibellektüre geht, dann musst du dir nur den passenden Abschnitt heraussuchen – es gibt in der Bibel große Passagen, die dich entweder einschläfern oder die ganze Nacht wachhalten. Allerdings gibt es in den meisten christlichen Buchläden kleine Spickzettel, die dir genau vorgeben, welche Abschnitte der Bibel du lesen musst, wenn du Trost suchst oder Beistand – oder was auch immer du im Augenblick gerade brauchst.

Ich will über keine dieser Gruppen von Bibellesern ein zu hartes Urteil fällen, insbesondere weil ich selbst viel Zeit in jeder dieser Gruppen zugebracht habe, aber ich will auf die augenfällige Tatsache hinweisen, dass, egal in welcher Gruppe du dich befindest, du die Bibel für *deine eigenen* Zwecke *verwendest* und dazu musst du unter Umständen keine Beziehung eingehen. Die Wahrscheinlichkeit ist hoch, dass man offen und ehrlich an die Bibel herangeht, sich auf ihre intellektuellen Herausforderungen oder ihre moralische Führung einlässt oder die geistliche Ermutigung, die man erhält, und sich nicht einen Moment mit dem sich selbst offenbarenden Gott auseinandersetzt, der einen Plan für mich hat.

Oder um es in den Worten zu sagen, mit denen wir begonnen haben: Man kann die Bibel aus vielen verschiedenen Blickwinkeln lesen und aus mancherlei Gründen, ohne sich mit Gott, wie er sich selbst offenbart hat, auseinanderzusetzen, ohne sich unter die Autorität des Vaters, des Sohnes und des Heiligen Geistes zu stellen, der in allem, was wir sind und tun, lebendig und gegenwärtig ist.

Um es deutlich auszudrücken: Nicht jeder, der sich für die Bibel interessiert oder sich sogar dafür begeistert, will auch wirklich etwas mit Gott zu tun haben.

Doch es ist Gott, um den es in diesem Buch geht. In seinem letzten Buch schrieb C. S. Lewis von zwei Arten des Lesens: das Lesen, bei dem wir das Buch für unsere eigenen Zwecke verwenden und das Lesen, bei dem wir die Absicht des Schriftstellers aufnehmen. Das erste führt nur zu schlechtem Lesen. Das zweite hat das Potenzial zu gutem Lesen:

> Wenn wir es „aufnehmen", bemühen wir unsere Sinne und unsere Vorstellungskraft und verschiedene andere Kräfte entsprechend einem vom Künstler erdachten Muster. Wenn wir es

> „gebrauchen", behandeln wir es als Hilfe für unsere eigenen Betätigungen. ... „Gebrauchen" ist dem „Aufnehmen" unterlegen, weil die Kunst, wenn sie gebraucht, statt aufgenommen wird, unser Leben nur erleichtert, aufhellt, entspannt oder beschönigt, aber nicht bereichert."[15]

Aus diesem Grund ist es bei der Annäherung an dieses Buch, die Bibel, so wichtig, dass wir erkennen, was die Kirche als Dreieinigkeit formuliert hat. Wir lesen, um Anteil zu haben an der Offenbarung Gottes, der so nachdrücklich *personal* ist. Wir lesen die Bibel so, wie sie auf uns zukommt, und nicht, wie wir auf sie zukommen. Wir unterwerfen uns den unterschiedlichen und sich ergänzenden Handlungen Gottes des Vaters, Gottes des Sohnes und Gottes des Heiligen Geistes. Wir empfangen diese Worte, um jetzt und für alle Ewigkeit zur Ehre Gottes gestaltet zu werden.

Die Ersatz-Dreieinigkeit

Es gibt heutzutage eine neue Tendenz, die Bibel ohne Bezug zur Dreieinigkeit zu lesen. Dieser Trend hat sich zu einer Epidemie ausgebreitet und sollte sorgfältig beobachtet werden. Die beste Beschreibung dafür ist, meiner Meinung nach, Ersatz-Dreieinigkeit. Ganz im Gegensatz zum beziehungslosen Lesen des Textes, das wir gerade kennengelernt haben (intellektuell, praktisch, erbaulich), ist diese Art des Lesens höchst personal und auch sehr trinitarisch, steht aber trotzdem im völligen Widerspruch zu dem, was man erreicht, wenn man unter der Führung der Heiligen Dreieinigkeit liest.

Nähert man sich der Heiligen Schrift mit trinitarischen Gedanken und Gebeten, dann entwickeln wir eine Haltung und innere Einstellung, mit der wir uns der vollkommenen Formung durch

15 Lewis, C. S.: *Über das Lesen von Büchern.* Aus dem Englischen von Hans Schmidthüs, Herder, Freiburg 1966, S. 82 (Originalausgabe: Lewis, C. S.: *An Experiment in Criticism*, Cambridge University Press, Cambridge 1961). Lewis gibt noch folgende Veranschaulichung: „[Aufnehmen ist] ... als ob wir auf eine Radfahrt mitgenommen würden von einem Mann, der Straßen kennt, die wir bis dahin nie erforscht haben. Das andere [Gebrauchen] ist, als ob wir unserm eigenen Fahrrad einen kleinen Hilfsmotor hinzufügten und auf eine der vertrauten Fahrten gingen."

Gott unterstellen, genau so, wie Gott sich vollkommen und personal in der Heiligen Schrift als Vater, Sohn und Heiliger Geist offenbart. Die Alternative ist, dass wir unsere Formung selbst in die Hand nehmen. Der beliebteste Weg zu dieser Selbstgestaltung ist es heutzutage, das Ich in einer Art Dreieinigkeit zu sehen. Diese Art des Selbstverständnisses hat nichts mit dem intellektuellen Interesse an Ideen oder der Suche nach einem moralisch guten Leben oder dem Streben der Seele nach individuellem Trost zu tun. Vielmehr steht das göttliche Ich im Mittelpunkt, das über das eigene Ich waltet. Und dieses göttliche Ich wird als Heilige Dreieinigkeit verstanden.

Es funktioniert folgendermaßen. Zunächst ist es wichtig zu erkennen, dass bei der Gestaltung dieser neuen Dreieinigkeit, die das eigene Ich als den unangefochtenen Lebenstext definiert, die Bibel weder ignoriert noch ausgeschlossen wird; vielmehr nimmt sie einen Ehrenplatz ein. Allerdings wird die dreieinige Person Vater, Sohn und Heiliger Geist durch eine sehr individualisierte personale Dreieinigkeit, bestehend aus meinen Heiligen Wünschen, meinen Heiligen Bedürfnissen und meinen Heiligen Gefühlen, ersetzt.

Wir leben in einer Zeit, in der wir von der Wiege an lernen, uns für das zu entscheiden, was für uns das Beste ist. Wir durchlaufen ein paar Ausbildungsjahre, doch dann schickt man uns alleine los. Das Training beginnt schon sehr früh. Sobald wir einen Löffel halten können, dürfen wir uns zwischen einem halben Dutzend verschiedener Frühstücksflocken, von Cheerios bis Cornflakes, entscheiden. Unser Stil, unsere Neigungen, unser Geschmack werden laufend abgefragt. Schon früh entscheiden wir, was wir anziehen und wie wir uns die Haare schneiden lassen. Die Auswahl wird immer größer: welchen Fernsehsender schalten wir ein, welche Fächer wählen wir in der Schule, auf welche Universität gehen wir, welche Kurse besuchen wir, welches Auto in welcher Farbe kaufen wir, welcher Gemeinde schließen wir uns an. Wir lernen früh und werden im Laufe der Jahre immer wieder darin bestärkt, dass wir ein Mitspracherecht bei der Gestaltung unseres Lebens haben, innerhalb bestimmter Grenzen sogar das alleinige Sagen. Sofern die Gesellschaft dies ordentlich erledigt – und scheinbar ist sie bei den meisten von uns äußerst effektiv – dann werden wir zu Erwachsenen, die davon ausgehen, dass unsere Bedürfnisse, Wünsche und Gefühle das göttliche Kontrollzentrum unseres Lebens darstellen.

Die neue Heilige Dreieinigkeit. Das unabhängige Ich drückt sich aus durch Heilige Bedürfnisse, Heilige Wünsche und Heilige Gefühle. Zeit und Verstand, die unsere Vorfahren darauf verwandten, die Souveränität zu verstehen, die sich in Vater, Sohn und Heiligem Geist offenbart, werden von unseren Zeitgenossen dazu eingesetzt, die Souveränität unserer Bedürfnisse, Wünsche und Gefühle zu bestätigen und für gültig zu erklären.

Meine Bedürfnisse sind nicht verhandelbar. Meine so genannten, selbst definierten Rechte, sind die Basis meiner Identität. Mein Bedürfnis nach Erfüllung, nach Meinungsäußerung, nach Bestätigung, nach sexueller Befriedigung, nach Respekt, mein Bedürfnis zu tun, was ich mag – all das ist Grundlage für die zentrale Position des Ich und schützt mich vor der Bedeutungslosigkeit.

Meine Wünsche sind Ausdruck meines wachsenden herrscherlichen Empfindens. Ich lerne groß zu denken, weil ich groß bin, wichtig, entscheidend. Ich bin größer als das Leben selbst und deshalb benötige ich immer mehr Güter und Dienstleistungen, mehr Dinge und mehr Macht. Konsum und Eigentum sind die neuen Früchte des Geistes.

Meine Gefühle drücken aus, wer ich wirklich bin. Jede Sache oder Person, die mir ein Hochgefühl verschafft, Aufregung, Freude, Impulse, spirituelle Verbindungen, bestätigt meine Unabhängigkeit. Natürlich muss dafür ein Heer an Therapeuten, Reisebüros, technischen Geräten und Maschinen, Freizeitaktivitäten und Unterhaltungsmöglichkeiten zur Verfügung stehen. Nur so können die Teufel der Langeweile, der Ungewissheit und der Unzufriedenheit vertrieben werden – allesamt Gefühle, die meine Selbstbestimmtheit untergraben oder infrage stellen.

Während der letzten zweihundert Jahre entstand eine riesige Literaturgattung, gelehrt und populärwissenschaftlich, die sich damit beschäftigt, die Heilige Dreieinigkeit der Bedürfnisse, Wünsche und Gefühle, die das unabhängige Ich ausmachen, zu verstehen. Eine ungeheure Menge an Wissen wurde hier angehäuft. Unsere neue Kaste geistlicher Meister setzt sich zusammen aus Wissenschaftlern und Wirtschaftsspezialisten, Ärzten und Psychologen, Erziehern und Politikern, Schriftstellern und Künstlern. Sie sind genauso intelligent und leidenschaftlich wie unsere frühen Kirchentheologen und genauso religiös und ernsthaft bei der Sache, denn sie wissen, dass das Ergebnis ihrer Überlegungen enorme Auswirkungen darauf hat, wie Alltag gelebt wird. Die Studien, die sie durchführen und die Anleitungen, die sie für den Dienst an unserem Selbst-Gott geben, die Gottheit, die sich aus unseren Heiligen Bedürfnissen, Heiligen Wünschen und Heiligen Gefühlen zusammensetzt, werden mit guten Absichten durchgeführt und sind sehr überzeugend. Es ist schwer, sich nicht vom Zeugnis all dieser Experten überzeugen zu lassen. Unter ihrer Anleitung werde ich mir ziemlich sicher, dass ich der bestimmende Text für mein Leben bin.

Man könnte meinen, dass die Predigt von dieser neuen Dreieinigkeits-Religion keine große Gefahr für Menschen darstellt, die im Namen der Dreieinigkeit getauft sind, die regelmäßig und andächtig das Apostolische und Nizänische Glaubensbekenntnis sprechen, die Gebete mit der Anrufung „Unser Vater…“ einleiten, die täglich aus dem Bett steigen, um Jesus als ihrem Herrn und Retter nachzufolgen und immer wieder singen „Jesus, meine Zuversicht…“

Allerdings ist diese konkurrierende Souveränität in derart geistliche Sprache verpackt und wir sind so leicht von unserer eigenen geistlichen Souveränität zu überzeugen, dass sie tatsächlich unsere Aufmerksamkeit erregt. Die neuen geistlichen Meister versichern uns, dass all unsere geistlichen Bedürfnisse in dieser neuen Dreieinigkeit verwirklicht sind: unsere Suche nach Sinn und Transzendenz, unser Wunsch nach einem größeren Leben, unsere

Ahnung von geistlicher Bedeutsamkeit – und, nicht zu vergessen – es gibt jede Menge Platz für Gott, ob viel oder wenig entscheidest du selbst. Die neue Dreieinigkeit schafft Gott oder die Bibel nicht ab. Sie stellt sie vielmehr in den Dienst unserer Bedürfnisse, Wünsche und Gefühle. Das ist uns ganz recht, denn wir sind unser ganzes Leben darauf abgerichtet worden, alles und jeden genau so zu behandeln. So ist das nun mal. Das ist das Vorrecht der Unabhängigkeit.

Heute zeichnet sich erschreckend deutlich ab, dass der Kern der christlichen Gemeinschaft, nämlich die Souveränität Gottes, der sich in drei Personen offenbart, von nahezu allem angefochten und untergraben wird, was wir in der Schule lernen, was uns in den Medien präsentiert wird, was an sozialen, beruflichen und politischen Erwartungen an uns herangetragen wird, weil die Experten uns versichern, dass das Ich souverän ist. Diese Stimmen scheinen genau auf unserer Wellenlänge zu liegen. Wenn sie uns zeigen, wie wir unserem souveränen Ich zum Leben verhelfen, dann sind sie so bestimmend und maßgeschneidert, dass wir kaum bemerken, wie wir unsere Heilige Bibel eintauschen gegen diesen neuen Text, das Heilige Ich. Gehen wir denn nicht nach wie vor zum Bibelkreis und lesen wir nicht täglich die geforderten Verse und Kapitel? Während wir unaufhörlich dazu ermutigt werden, auf unsere Bedürfnisse, Träume und Vorlieben zu hören, merken wir kaum, wie wir uns von dem Glauben entfernen, den wir so lange bekannten.

Es ist eine große und heimtückische Gefahr, wenn wir das Ich als den bestimmenden Lebenstext einführen und gleichzeitig der Heiligen Schrift die Ehre erweisen, indem wir ihr einen besonderen Platz im Regal zuweisen. Niemand von uns ist gegen diese Gefahr immun.

Aus diesem Grund ist es so wichtig, den Befehl des starken Engels an Johannes wiederzubeleben. Wenn wir unserer Identität treu bleiben wollen, wenn wir einen Lebenstext wollen, der uns in die Nähe von Gottes Volk führt, der uns vertraut hält mit seinem wahren Wesen und seinem Handeln, dann müssen wir dieses Buch einfach essen.

***

Es ist grausam, aber wahr, dass wir trotz all unserer Kultiviertheit, all unseres Wissens und unserer Selbsterkenntnis nicht schlau genug sind, die Herrschaft über unser Leben zu erlangen. Der bemitleidenswerte Zustand vieler Menschen, die ihren eigenen Erfahrungshorizont als Lebenstext heranziehen, ist ein verheerender Beweis gegen die anmaßende Hervorhebung des souveränen Ich. Wir brauchen einen Text, der uns offenbart, was wir auch dann nicht wissen können, wenn wir das gesammelte Wissen sämtlicher Jahrhunderte zusammenfassen. Das Buch, die Bibel, offenbart uns den sich selbst offenbarenden Gott und damit gibt sie uns Einblick in den Zustand der Welt, den Zustand unseres Lebens und unseren eigenen Zustand. Wir müssen uns dort auskennen, wo wir leben. Wir müssen die Zusammenhänge kennenlernen, in diesem Land der Dreieinigkeit, in der von Gott geschaffenen Welt, in seiner Rettung und seinem Segen.

Gott ist nicht so, wie wir gemeinhin vermuten. Das meiste, was uns von Gott und seinem Handeln erzählt wird, sei es von unseren Freunden auf der Straße, oder was wir in der Zeitung über ihn lesen oder im Fernsehen sehen oder uns selbst ausdenken, ist schlicht und ergreifend falsch. Vielleicht ist es nicht vollkommen falsch, doch falsch genug, um unser Leben durcheinanderzubringen. Und dieses Buch ist, um es ganz genau zu sagen, Offenbarung; eine Offenbarung dessen, was wir selbst nie herausgefunden hätten.

Ist dieser Text nicht fest im entscheidenden Zentrum unseres gemeinschaftlichen und persönlichen Lebens angesiedelt, gehen wir unter. Wir versinken in einem Sumpf voller wohlmeinender, doch halbherziger Menschen, die gnadenlos in ihre Bedürfnisse, Wünsche und Gefühle verstrickt sind.

Hoshia

Vor ein paar Jahren wurden meine Frau und ich während einer Israelreise zu einem Morgengebet in eine orthodoxe jüdische Synagoge eingeladen. Wir waren zu diesem Zeitpunkt in dem kleinen galiläischen Dorf Hoshia. Es war halb acht Uhr morgens. Anwesend waren vierzehn oder fünfzehn Jungen und junge Männer im Alter von etwa zwölf bis siebzehn Jahren und eine kleine Gruppe älterer Männer. Die Jungen lasen aus der Bibel – es handelte sich um eine große Schriftrolle, die zwei Jungen feierlich aus dem „Heiligen Schrein" holten, ehrfürchtig auf einen Lesetisch legten und bis zu der Stelle der heutigen Morgenlesung aufrollten. Sie behandelten sie so ehrfürchtig, so stolz. Dann begannen sie zu lesen, doch es sah nur so aus, als würden sie lesen, denn sie hatten sie auswendig gelernt, die gesamte Tora, die ersten fünf Bücher der Bibel. Später fanden wir heraus, dass alle Jungen sie komplett auswendig gelernt hatten – vom Anfang bis zum Ende. Dabei waren sie bei dem, was sie taten, so unbefangen, so jungenhaft, so zufrieden und so fröhlich.

Nach dem Ende des Gottesdienstes blieben ein paar Jungen da, um mit uns zu sprechen. Sie waren so stolz auf ihre Synagoge und ihre Schriftrollen, so erfreut, uns erklären zu können, was sie dort taten. Sie waren das völlige Gegenteil widerwilliger Schuljungen, die sich durch den Unterricht quälen, oder frommer Schuljungen, die versuchen, Gott durch ihre Andächtigkeit zu beeindrucken. Sie waren einfach nur Jungen, allerdings Jungen, die mit Freude entdeckt hatten, wie die Bibel in ihnen arbeitet, ihnen einen lebendigen Gott offenbart, der hilft zu leben, diese Bibel, die in ihnen verdaut wird, während sie jeden Morgen zusammenkommen, um dieses Buch zu essen.

Wir waren tief berührt von der freudigen Hingabe dieser Jungen an das, was Gott ihnen in dieser Schriftrolle offenbarte, davon, wie sie die zentrale Stellung und Autorität dieser Heiligen Schrift nicht aussprachen, sondern lebten. Und es berührte uns noch tiefer, als wir später darüber sprachen, wie viele Jungen und Mädchen, Männer und Frauen über die ganze Welt verteilt, hungrige Männer und Frauen, genau das Gleiche taten und wie glücklich wir sein konnten, dass wir schon mit so vielen von ihnen so gute Mahlzeiten eingenommen hatten – herzhafte Mahlzeiten, Mahlzeiten, die die Seele füllen.

KAPITEL 4

Die Heilige Schrift als Form: Jesus nacheifern

Der apokalyptische starke Engel, der sich den Kosmos zur Kanzel machte, mit einem Fuß im Ozean stand und mit dem anderen auf Land und die Bibel in der Hand hielt, predigte. Er predigte das Wort Gottes. Die Worte, die dort geschrieben standen, waren Donner in Johannes' Ohren.

Johannes (wie Sie sich erinnern) war beeindruckt, zückte Notizbuch und Stift und fing an aufzuschreiben, was er hörte. Eine Stimme vom Himmel sagte ihm, er solle nicht aufschreiben, was er gehört habe, sondern vielmehr das Buch nehmen und es essen. Die Worte des Buches waren gerade neu gesprochen worden. Sie waren von den Seiten gelöst worden und schwebten durch die Luft, von wo aus sie in Gehörgänge eindringen konnten. Gerade als Johannes die Botschaft aufnahm, die er gehört hatte, erschütterte der rollende Donner dieser Sätze Land und Meer und vom Aufschreiben wurde er abgehalten – weshalb? Den Worten würde der Wind aus den Segeln genommen und sie lägen leblos auf stummem Papier. Der predigende Engel hatte sie gerade erst den Seiten entrissen und nun wollte Johannes sie wieder dorthin zurückbringen. Nein, sagt die himmlische Stimme – Ich will, dass diese Worte freigesetzt werden, dass sie Schallwellen erzeugen, in Gehörgänge eindringen, in Leben eindringen. Ich will, dass diese Worte gepredigt werden, gesungen, gelehrt, gebetet – *gelebt*.

Dann sagt die Stimme, Johannes solle das Buch von dem Engel entgegennehmen. Er nimmt es und der Engel sagt zu ihm: „Iss dieses Buch": Mach es Teil deines Körpers, lass die Worte durch deinen Blutkreislauf zirkulieren, kaue sie gut durch und schlucke sie, damit sie zu Muskeln, Knorpeln und Knochen werden. Und das tat er; er aß das Buch.

***

Ich verwende das Bild „Iss dieses Buch", um damit zu betonen und klarzustellen, was es bedeutet, diese Heilige Schrift zu besitzen und wie die Gemeinschaft der Heiligen gelernt hat, sie zu essen, sie so zu empfangen, dass sie uns zu Christen macht, zu Männern und Frauen, geschaffen, gerettet und gesegnet von Gott Vater, Gott Sohn und Gott Heiliger Geist.

Das vorhergehende Kapitel, „Die Bibel als Text: Gottes Offenbarung kennenlernen", war eine erste Einführung in den personalen, offenbarenden Charakter der Heiligen Schrift. All diese Worte werden zwischen Personen ausgetauscht – der dreieinige Gott spricht uns, in unserer Eigenschaft als beziehungsfähige Wesen, persönlich an. Die Heilige Dreieinigkeit macht es uns möglich zu verstehen, wie unendlich personal dieser Text ist und wie sehr er auf Beziehung beruht und bestätigt, dass man diesem Text nur gerecht wird, wenn man ihn ebenso personal und in Beziehung liest.

In diesem Kapitel, „Die Heilige Schrift als Form: Jesus nacheifern", will ich untersuchen, wie diese persönlichen Worte in unser Leben kommen und wie die Art von Jesus sich mit der Art verbindet, wie wir heute diese Worte leben. Ich will herausarbeiten, wie die Form der Bibel auch die Form unseres Lebens ist.

***

Ich beginne mit einem Gedicht von Wendell Berry, einem der klügsten Vordenker unseres Jahrhunderts, in dem er seinen kleinen Bauernhof, auf dem er lebt und arbeitet, als Metapher für die Form als formende Kraft verwendet. Schon seit vierzig Jahren, und mit Hilfe einer ganzen Reihe von Romanen, Gedichten und Essays, ordnet Berry unsere christliche Vorstellungskraft neu an, um Ganzheitlichkeit hervorzubringen, damit wir das Leben als ein geistlich organisches Ganzes leben. In seinem Gedicht „From the Crest“ (übersetzt: Vom Gipfel) bearbeitet er sein Bild so, dass es dazu einlädt, die Form der Heiligen Schrift als formgebend für ein christliches Leben zu verstehen.

I am trying to teach my mind
to bear the long, slow growth
of the fields, and to sing
of its passing while it waits.
The farm must be made a form,
endlessly bringing together
heaven and earth, light
and rain building, dissolving,
building back again
the shapes and actions of the ground.[16]

(*Ich versuche meinen Verstand zu lehren,*
das lange, langsame Wachstum
der Felder zu ertragen, und zu singen
vom Vergehen, während er wartet.
Die Farm muss zur Form werden,
endloses Zusammenführen
Himmel und Erde, Licht
und Regen, der aufbaut und auflöst,
um sie wieder aufzubauen
die Gebilde und Bewegungen des Bodens.)

Die Form, die Berry in seinem Bauernhof erkennt, sehe ich als Form in der Bibel. Stellen Sie sich den Bauernhof als ein organisches Ganzes vor, doch mit Begrenzungen, die die wechselseitigen Beziehungen offenbar werden lassen: das Haus und der Schuppen, die Pferde und die Hühner, das Wetter mit Sonne und Regen, das Essen, das im Haus zubereitet wird und die Arbeit, die auf den

16 Wendell Berry, *Collected Poems*, North Point, San Francisco 1985, S. 190–191.

Feldern getan wird, die Maschinen und die Werkzeuge, die Jahreszeiten. In allem gibt es einen stetigen, ruhigen Rhythmus.

Ich bin nicht auf einem Bauernhof aufgewachsen, allerdings in einer landwirtschaftlichen Gegend und ich war oft auf Bauernhöfen unterwegs. Mein Vater war Metzger und deshalb waren wir oft bei Bauern, um Rinder, Schweine und Lämmer zu kaufen und zu schlachten. Es gab sicher Ausnahmen, doch wenn ich meine Kindheitserinnerungen auf diesen Bauernhöfen durchgehe, kann ich mich an keinen Bauern erinnern, der jemals in Eile gewesen wäre. Bauern arbeiten hart, doch es ist einfach zu viel Arbeit da, um in Eile zu geraten. Auf einem Bauernhof hängt alles zusammen, sowohl örtlich als auch zeitlich. Es wird nichts getan, was nicht verbunden wäre mit etwas anderem. Gerät man in Eile, zerbricht man den Rhythmus des Bodens, der Jahreszeiten und des Wetters, dann funktioniert es nicht mehr – man steht dem im Weg, was letzte Woche oder letzten Monat angestoßen wurde. Ein Bauernhof ist nicht ordentlich – es passiert dort einfach zu viel, als dass man es alles unter Kontrolle halten könnte. Bauernhöfe helfen uns Geduld und Aufmerksamkeit zu lernen: „Ich versuche meinen Verstand zu lehren, / das lange, langsame Wachstum / der Felder zu ertragen, und zu singen / vom Vergehen, während er wartet."

Wenn Dinge oder Menschen nicht im Zusammenhang gesehen werden, sondern isoliert, als einfache Sache, losgelöst von den Jahreszeiten, dem Wetter, den Bodenverhältnissen oder dem Zustand der Maschinen oder Menschen, dann tut man ihnen Gewalt an: „Die Farm muss zur Form werden, / endloses Zusammenführen / Himmel und Erde, Licht / und Regen, der aufbaut und auflöst, / um sie wieder aufzubauen / die Gebilde und Bewegungen des Bodens."

Die Heilige Schrift ist so eine Form: eine umzäunte Anbaufläche von Worten und Sätzen von unterschiedlicher Art und Sorte, doch alle ein fester Bestandteil der Arbeit, die getan wird, in einem langen stetigen Rhythmus, an dem wir, die Leser, teilnehmen, aber nicht die Kontrolle haben. Meditativ betreten wir diese Welt von Worten und geben gehorsam und froh unsere Zustimmung. Wir unterwerfen unser Leben diesem Text und seinem „endlose[n] Zusammenführen [von] Himmel und Erde…"

Die Erzählung

Der Text für das christliche Leben und damit auch für geistliche Theologie – gestellt in den weiten Rahmen dieses Jesus-empfangenden, im Geist verankerten, durch Gott vorgegebenen und von der Dreieinigkeit begrenzten Umfelds – ist die Bibel, unsere Heilige Schrift. Die Bibel ist eine große, umfassende Erzählung, eine Meta-Erzählung. Ein christliches Leben spielt sich unter erzählerischen Bedingungen ab. Die Bibel ist im Großen und Ganzen ein erzählender Text – ein riesiger, ausgedehnter, umfassender erzählender Text.

Die Erzählform ist das hauptsächliche sprachliche Mittel, um uns Gottes Wort nahezubringen. Wir können dafür dankbar sein, denn Erzählung ist die am leichtesten zugängliche Sprachform. Egal ob alt oder jung, alle lieben Geschichten. Belesene und wenig belesene Menschen erzählen und hören gerne Geschichten. Weder Dummheit noch Kultiviertheit können uns von der Anziehungskraft einer Erzählung trennen. Der einzige ernstzunehmende Konkurrent, wenn es um den leichten Zugang geht, sind Lieder – und auch davon gibt es jede Menge in der Bibel.

Doch es gibt noch einen weiteren Grund dafür, dass die Erzählung die angemessene Form ist, um uns Gottes Wort zu überbringen. Eine Erzählung sagt uns nicht einfach etwas und belässt es dabei; sie lädt uns zur Teilnahme ein. Ein guter Erzähler nimmt uns mit in die Geschichte hinein. Wir fühlen die Emotionen, fiebern mit, identifizieren uns mit den Charakteren, schauen in die Ecken und Winkel des Lebens, die wir übersehen hatten, stellen fest, dass zum Menschsein noch viel mehr gehört, als wir bisher erkannt hatten. Ist es ein guter Erzähler, dann öffnen sich Türen und Fenster. Unsere biblischen Erzähler, sowohl die hebräischen als auch die griechischen, haben, was Moral und Ästhetik betreffen, diesem Ideal entsprochen.

Ehrliche Erzählungen achten unsere Freiheit; sie manipulieren uns nicht, zwingen uns nicht, lenken uns nicht vom Leben ab. Sie führen uns in eine geräumige Welt, in der Gott erschafft und rettet und segnet. Sie bieten uns, zunächst durch unsere Vorstellungskraft und dann durch unseren Glauben – die beiden sind hier eng verwandt –, einen Platz in der Erzählung an, bitten uns herein in diese große Erzählung, die sich unter dem weiten Himmel der Ziele Gottes abspielt und sie bilden einen Gegensatz zu den geschwätzigen Anekdoten, die wir uns auf heißer Platte im stickigen Kabuff unseres Ichs zusammenbrauen.

Natürlich sind nicht alle Erzählungen ehrlich. Es gibt sentimentale Erzählungen, die uns zur Lebensflucht verführen. Es gibt propagandistische Erzählungen, die versuchen, uns für eine Sache zu gewinnen oder eine stereotype Reaktion von uns fordern. Es gibt triviale Erzählungen, die das Leben in erster Linie als nett und kurzweilig beschreiben.

Für das christliche Leben brauchen wir eine Form, die ihrem Inhalt entspricht. Eine Form, die in der christlichen Offenbarung zu Hause ist und die Würde und Freiheit eines jedes Menschen achtet und die viel Raum lässt für unsere Schrullen und Besonderheiten. Eine Erzählung bietet genau diese Form. Die biblische Erzählung nimmt uns hinein als Teilnehmer an etwas, das größer ist als unsere von Sünde bestimmten Bedürfnisse, in etwas, das wahrer ist als unser vom Zeitgeist verkrüppeltes Bestreben. Wir treten in diese Erzählungen ein und stellen fest, dass wir freiwillig oder unfreiwillig zu Teilnehmern im Leben Gottes werden.

Unglücklicherweise leben wir in einer Zeit, in der die Erzählung von ihrer biblischen Spitzenposition auf die Ersatzbank verdrängt und zu einer „Veranschaulichung" oder einem „Zeugnis" oder einer „Inspiration" degradiert wurde. Unsere zeitgenössischen unbiblischen Vorlieben, sowohl innerhalb, als auch außerhalb der Kirche, schätzen Information höher als Erzählung. Typischerweise sammeln wir unpersönliche (anmaßend als „wissenschaftlich" oder „theologisch" bezeichnete) Informationen, seien sie dogmatischer, philosophischer oder historischer Natur, um dann die Dinge in unsere eigenen Hände zu nehmen und die Kontrolle über unser Leben zu erlangen. Im Allgemeinen suchen wir den Rat von Experten, die Informationen für uns interpretieren. Allerdings leben wir nicht durch Informationen. Wir leben unser Leben in Beziehungen, im Kontext eines personalen Gottes, der sich nicht auf eine Formel oder eine Definition reduzieren lässt, der zu unserer Gerechtigkeit und Errettung etwas mit uns vorhat. Und wir leben sie in einer großen Gemeinschaft mit Männern und Frauen, von denen jeder ein kompliziertes Bündel aus Erfahrungen, Motiven und Wünschen ist. Wenn wir für unser Leben einen Text wählen, der sich durch zusammengesuchte Informationen und Expertenwissen auszeichnet, dann lassen wir alles vor der Türe stehen, was *uns* wirklich ausmacht – unsere persönlichen Geschichten und Beziehungen, unsere Sünde und Schuld, unsere moralische Einstellung und unseren gläubigen Gehorsam Gott gegenüber. Geschichten hören und erzählen ist der ursprüngliche Weg, um das Leben, wie wir es in unserer tagtäglichen Realität leben, in Sprache umzusetzen. In einer Erzählung bleibt nichts (oder nur wenig) unkonkret. Eine Erzählung ist unmittelbar, konkret, durchdacht, voller Beziehungen und personal. Wenn wir also die Verbindung zu unserem Leben verlieren, zu unserer *Seele* – unserem moralischen, geistlichen, dem Gott-in-uns Leben – dann ist die Erzählung der beste sprachliche Weg, um die Verbindung wieder aufzubauen. Und aus diesem Grund ist uns das Wort Gottes zum größten Teil in der Form einer Erzählung gegeben, dieser weiten, überragenden, alles einschließenden Erzählung, dieser Meta-Erzählung.

***

Ein charakteristisches Merkmal der biblischen Erzähler ist eine gewisse Schweigsamkeit. Ihre Erzählungen haben eine strenge, sparsame Qualität. Sie erzählen uns nicht zu viel. Sie lassen vieles in der Geschichte offen – eine stillschweigende Einladung an uns, so wie wir sind, in die Erzählung einzusteigen und herauszufinden, wie wir hineinpassen. „Die Geschichten der Heiligen Schrift werben nicht, wie die Homers, um unsere Gunst, sie schmeicheln uns nicht, um uns zu gefallen und zu bezaubern – sie wollen uns unterwerfen, und wenn wir es verweigern, so sind wir Rebellen.“ [17]

Die Form der Sprache ist genauso wichtig wie ihr Inhalt. Wenn wir uns in der Form irren, dann werden wir mit großer Wahrscheinlichkeit falsch auf den Inhalt reagieren. Wenn wir das Rezept für ein Gemüsegulasch für eine Schatzkarte halten, mit deren Hilfe man verborgene Schätze aufspüren kann, dann ist es ganz egal, wie genau wir lesen. Wir werden danach noch genauso arm sein und obendrein noch hungriger. Wenn wir ein Verkehrsschild mit der Aufschrift „100 km“ für ein zufällig aufgestelltes Informationsschild halten, anstatt für die ernst gemeinte Anweisung „Fahren Sie hier nicht schneller als 100 km/h“, dann müssen wir damit rechnen, dass ein Polizist uns an den Straßenrand winkt und uns einen kurzen, aber teuren Kurs in Hermeneutik (Auslegungskunde) gibt. Für gewöhnlich lernen wir diese Unterscheidungen früh und gründlich und geben deshalb bei der Sprachdeutung Form und Inhalt das gleiche Gewicht.

Wenn es allerdings um die Bibel geht, sind wir weniger gründlich. Vielleicht liegt es daran, dass die Bibel so viel Autorität ausstrahlt – *Gottes Wort!* –, dass wir denken, wir können uns nur unterwerfen und gehorsam sein. Unterwerfung und Gehorsam spielen eine große Rolle, doch zuerst müssen wir zuhören. Und Zuhören heißt hören, *wie* etwas gesagt wird (Form) und auch *was* gesagt wird (Inhalt).

Erzählungen laufen Gefahr, falsch interpretiert zu werden, wenn wir sie nicht einfach als Erzählungen annehmen. Wir sind überrumpelt, wenn göttliche Offenbarung in solch gewöhnlicher Bekleidung auftritt und glauben irrtümlicherweise, dass wir sie in die neueste Pariser-Seide-Theologie oder in einen strapazierfähigen dreiteiligen Ethik-Anzug stecken müssen, bevor wir uns ihr überhaupt nähern können. Die schlichte, oder auch nicht so schlichte, Erzählung ist rasch derart mit moralischen Ermahnungen, theologischen Konstruktionen und gelehrten Debatten

[17] Auerbach, Erich: *Mimesis*, Francke Verlag, Bern ²1959 (Ersterscheinung 1946), S. 17.

überfrachtet, dass sie sich kaum mehr bewegen kann, ähnlich wie David in Sauls Rüstung. Natürlich gibt es in den Erzählungen immer moralische, theologische, historische Elemente, die genau auf ihren Wahrheitsgehalt untersucht werden müssen. Das darf allerdings nie auf Kosten oder unter Missachtung der Geschichte passieren, die gerade erzählt wird.

Es hat angenehme Folgen, wenn wir lernen, unser Leben in den Leben von Abraham und Sarah, Mose und Miriam, Hanna und Samuel, Ruth und David, Jesaja und Ester, Maria und Martha, Petrus und Paulus zu „lesen". Eine davon ist das Gefühl von Bestätigung und Freiheit: Wir müssen nicht in vorgefertigte moralische, geistige oder religiöse Kisten passen, um dann erst zur Gemeinschaft mit Gott zugelassen zu werden. Wir werden ernst genommen, so wie wir sind und wir bekommen unseren Platz in dieser Erzählung, denn es ist schließlich *seine* Erzählung; keiner von uns ist die Hauptperson in der Erzählung unseres Lebens.

Geistliche Theologie, die die Bibel als Leittext verwendet, gibt uns keinen moralischen Code vor und sagt: „Erfüll' erst mal das hier". Genauso wenig präsentiert sie uns eine Doktrin und sagt: „Wenn du so denkst, wirst du ein gutes Leben führen." Der biblische Weg ist es, eine Geschichte zu erzählen und während des Erzählens einzuladen: „Wachse *hinein* – so sieht wahres Menschsein in dieser Gott-gemachten und Gott-gelenkten Welt aus; das sind die Dinge, die nötig sind, um Mensch zu werden und darin zu reifen." Wir tun der biblischen Offenbarung Gewalt an, wenn wir sie für unsere Zwecke „benutzen" und es nur darum geht, wie wir mit ihrer Hilfe vorankommen oder unserem ansonsten langweiligen Leben etwas Farbe und Würze verschaffen. Das Ergebnis ist immer eine Art „Schmuck-Spiritualität" – Gott als Erweiterung. Christen geht es nicht darum; wir sind etwas viel Größerem auf der Spur. Wenn wir unser Leben dem unterwerfen, was wir in der Bibel lesen, dann stellen wir fest, dass es nicht darum geht in unserer Geschichte Gott zu entdecken, sondern vielmehr unsere Geschichte in den

Erzählungen Gottes. Gott ist Kontext und Handlung, in denen unsere Erzählungen sich wiederfinden.

***

Wir brauchen eine Form, die groß und widerstandsfähig genug ist, dass sie unser Menschwerden nicht behindert, sodass wir nicht zu etwas gezwungen werden, das gar nicht *uns* entspricht. Wir wollen nicht in unserer Entwicklung gehemmt werden, während wir in Christus wachsen, wir wollen nicht zu etwas gezwungen werden, dass unsere Einzigartigkeit als Gottes Ebenbild aufs Spiel setzt.

Riskieren wir aber nicht genau diese Art der Deformierung, wenn wir uns auf ein einziges Buch, die Bibel, beschränken? Besteht nicht die Gefahr, dass dieses Buch uns irgendwann nichts Neues mehr bieten kann? Besteht nicht die Gefahr, dass dieses uralte Buch uns einen Lebensstil aufzwingt, der uns fremd und manipulativ vorkommt? Sollten wir nicht vorsorglich noch andere Texte zu Rate ziehen? Es gibt viele Menschen, die die Bibel als den bestimmenden Leittext für unser Leben ablehnen. Als Grund führen sie an, dass sie zu begrenzt, einengend sei und uns eine patriarchalische Weltsicht aufzwingt, die wir längst überwunden haben.

Wir wünschen uns eine Spiritualität, die die ganze Welt umschließt, alle Erfahrungen abdeckt. Wir empfinden das Leben als riesig – wir kennen Asiaten, Afrikaner und Slawen, Indianer und Südamerikaner. Wir erhalten Einblick in die bemerkenswerte Spiritualität der australischen Urbevölkerung und der Menschen in der südafrikanischen Kalahari. Wie können wir damit zufrieden sein, nur einem Buch zu folgen?

Stellen wir die Frage vielleicht falsch? Möglicherweise sollten wir uns fragen, was wir tun müssen, um ein großes Leben zu leben: Reisen wir um die Welt und sammeln uns Material und Souvenirs, um dann zu Hause ein Museum oder eine Werkstatt zusammenzustellen, wo wir mit so vielen Mitbringseln wie möglich in Augen- und Körperkontakt stehen? Oder gibt es einen anderen Weg?

Erreichen wir Weite, indem wir aus allen Winkeln der Erde Dinge heranschaffen oder indem wir vertiefen, was vor unseren Füßen liegt? Schaffen wir uns einen geistlichen Lebenstext, wenn wir uns so verhalten wie multinationale Konzerne, die sich durch Aufkäufe und Übernahmen verewigen, die Kontrolle ausüben, aber lokale Kultur und Familienbande ignorieren, um dann alles, was ihnen in die Finger kommt, in die ultimativ entpersönlichte Abstraktion zu verwandeln: Geld? Oder nehmen wir das, was direkt vor uns steht, in unserem eigenen Hinterhof und versenken wir unser Leben in das, was uns bereits gegeben ist, lassen uns auf die Feinheiten ein, die endlosen organischen Beziehungen, die unsere Welt ausmachen und in dieser Welt lebendig sind? Henry David Thoreau, einer der ganz großen amerikanischen Weisen, schrieb, dass er „in Concord viel herumgekommen" sei (Concord ist das kleine Dorf in Neuengland, in dem er sein ganzes Leben verbrachte).[18] Mündlich überliefert ist eine Aussage des gefeierten Harvard-Biologen und Professors Louis Agassiz, der seinen Studenten nach den Sommerferien erklärte, dass er den ganzen Sommer mit Reisen verbracht habe und dabei immerhin die Hälfte seines Gartens überquert habe. Ich möchte eine Lanze für ausgedehnte Reisen in die Heilige Schrift brechen. Die Bibel offenbart eine weite Welt, viel größer, als die sündhafte, selbstbeschränkte Welt, die wir uns aus einer Ansammlung von Flohmarkttexten schaffen.

Doch diese Größe, dieser weite Raum, entsteht nicht durch die Anhäufung von Details, die wir uns im Laufe eines akribischen Bibelstudiums aneignen, sondern aus der Erkenntnis ihrer Form. Hans Urs von Balthasar, der herausragende Theologe christlicher Spiritualität im zwanzigsten Jahrhundert, bestand darauf, dass beim geistlichen Leben die formende Kraft aus der Form kommt.

18 Thoreau, Henry D.: *Walden oder Hüttenleben im Walde.* Aus dem Amerikanischen von Fritz Güttinger, Manesse, Zürich 2005, S. 6–7.

> Der Gehalt liegt nicht hinter der Gestalt, sondern in ihr. Wer die Gestalt nicht zu sehen und zu lesen vermag, der verfehlt eben damit auch den Gehalt. Wem die Gestalt nicht einleuchtet, dem wird auch der Gehalt kein Licht werden.[19]

***

Die Erzählung der Bibel ist, allgemein gesagt, die Erzählung von der Nachfolge Jesu. Die Gemeinschaft der Christen hat diese Erzählung nie als eine unter vielen gelesen, sondern immer als eine Meta-Erzählung, die alle anderen Erzählungen einschließt oder einschließen kann. Wenn wir die Weite dieser Form nicht erkennen, dann werden wir schließlich mit großer Sicherheit unseren biblischen Text anekdotenhaft als „Inspiration" benutzen oder streitsüchtig als Polemik.

Die weite, alles umschließende Welt der Offenbarung, für die unser geistlicher Text Zeugnis gibt, ist eine Erzählform, der wir nicht gerecht werden, wenn wir sie zerteilen oder zu unserem Privatvergnügen machen. Wir verschleiern die Form, wenn wir die Bibel in Einzelteile zerlegen, sie wie ein Prüfstück im Labor analysieren. Jedes Detail der Bibel ist es wert, dass man ihm auf den Grund geht; keine einzige Minute gelehrter Aufmerksamkeit, die man diesem Text schenkt, ist jemals verschwendet. Wenn allerdings die unpersönliche Objektivität eines Labortechnikers die bewundernde Tändelei eines Liebhabers ersetzt, dann bleibt nichts weiter übrig, als eine Schublade voller Informationen, die nach unseren Bedürfnissen sortiert ist und bei Bedarf zum Einsatz gebracht werden kann. Der Text ist für uns keine Offenbarung mehr. Viel zu viele zeitgenössische spirituelle Methoden sind besessen von Technik, wie es unserem technologischen Zeitalter entspricht. Wenn der biblische Text nur wie ein weiteres Werkzeug zur Erbauung behandelt wird oder wie ein Tor zum Wissen, das Macht verspricht, dann haben wir Frevel begangen. Wir verschleiern die Form auch dann, wenn wir die Bibel privatisieren, wenn wir sie für das verwenden, was wir gewöhnlich als „erbaulich" bezeich-

19 Von Balthasar, Hans Urs: *Herrlichkeit. Eine theologische Ästhetik.* Band 1: Schau der Gestalt, Johannes Verlag, Trier ^{3}1988 (Ersterscheinung 1961), S. 144.

nen. Unsere Heilige Schrift ist natürlich vor allem persönlich. Wir werden persönlich befehligt und gesegnet, zurechtgewiesen und getröstet, gewarnt und angeleitet. Doch persönlich ist nicht das Gleiche wie privat. Privatsphäre ist besitzergreifend und isolierend. Das Private wird dem Allgemeinen entzogen und der eigenen Kontrolle, dem eigenen Gebrauch oder Vergnügen unterstellt; es ist Diebstahl. Wenn wir die Bibel privatisieren, dann unterschlagen wir die allgemeine Zugänglichkeit von Gottes Offenbarung. So ist die Bibel aber nicht – die Offenbarung lockt uns heraus, heraus aus der scharf bewachten Individualität, hinein in die Welt der Verantwortung, Gemeinschaft und Erlösung – Gottes Souveränität. „Königreich" ist das ursprüngliche biblische Bild dafür.

Und so besteht die Gemeinde der Christen auch weiterhin darauf, diese Erzählform zu wahren, die so machtvoll und nachhaltig formt. Manchmal wird uns gesagt, dass die Bibel eine Bibliothek ist, die sich aus vielen Literaturgattungen zusammensetzt: Gedichte und Lieder, Predigten und Briefe, Visionen und Träume, Abstammungslisten und historische Chroniken, moralische Unterweisung und Ermahnung und Sprüche. Und, natürlich, Erzählung. Doch so ist es gar nicht. *Alles* ist in eine Erzählung eingebettet. Von Balthasar drückt es so aus: „Die alten Betrachter der Schrift besaßen eben die Kunst, die Gesamtgestalt in den Einzelgestalten zu sehen und sie daraus zu erwecken. Das setzt freilich voraus, dass der Begriff des Ganzen geistlich und nicht literarisch-philologisch sei ..."[20]

Ohne die Form erfahren wir nichts. Die Bibel, und zwar die gesamte Bibel, ist „unerbittlich erzählend".[21] Wir können die Form nicht verändern oder über Bord werfen, ohne den Inhalt zu verändern und zu verzerren. Diese biblische Erzählung fasst alles zusammen. Sie liefert uns einen Anfang und ein Ende, eine Handlung und sich entwickelnde Figuren, Konflikt und Lösung. Durch fast alle christlichen Jahrhunderte hindurch haben es aufmerksame

20 Von Balthasar, Hans Urs: *Herrlichkeit (vgl. Anm. 20)*, S. 528.

21 Brueggemann, Walter: *Theology of the Old Testament*, Fortress, Minneapolis 1997, S. 206.

Bibelleser verstanden, alle ihre vielen Stimmen und Perspektiven in der erzählenden Form wiederzufinden und dadurch in einen logischen Zusammenhang zu bringen. Anstatt zu versuchen, die Falten der Ungereimtheit und Disharmonie auszubügeln, sollten wir vielmehr auf Resonanzen, Echos, Muster hören – die schwirrende Komplexität gelebter Wahrheit, nicht auf ausgeleuchtete und etikettierte Fakten.

Auch wir finden uns in der Geschichte wieder. Die Meta-Erzählung nimmt uns mit in die Erzählung hinein. Wenn gute Geschichtenerzähler es schaffen, unser Vorstellungskraft wachzurütteln, dann locken sie uns hinein in die Geschichte, die sie erzählen. Wird eine Geschichte gut erzählt, dann werden wir in eine Welt hineingenommen, die sowohl wahrer als auch größer als jene ist, in der wir für gewöhnlich unterwegs sind; doch es ist keine fremde Welt. (Die Ausnahme ist realitätsferne Unterhaltung, die absichtlich verfälscht, indem sie die Realität entmenschlicht und manipuliert – Horrorgeschichten, Schundromanzen, Pornografie, Propaganda). Ein guter Erzähler zeigt uns das, was schon seit Jahren vor unseren Füßen lag, wir aber nie bemerkt hatten oder nie für wichtig gehalten hatten oder nie erkannt hatten, dass es etwas mit uns zu tun hat. Dann nehmen wir etwas wahr – die Geschichte weckt uns auf, zeigt uns, was vor uns liegt und schon immer da war. Ohne die Welt zu verlassen, in der wir täglich arbeiten, schlafen und spielen, finden wir uns plötzlich in einer viel größeren Welt wieder. Plötzlich erkennen wir weitaus mehr Zusammenhang, Sinn und Bedeutung, als uns unsere Arbeitgeber und Lehrer, unsere Eltern und Kinder, unsere Freunde und Nachbarn je gesagt hatten; ganz zu schweigen von dem, was uns Experten und Berühmtheiten, mit denen wir uns besorgt umgeben, vermittelten. Die Bibel zieht uns einfach aufgrund ihrer erzählenden Form in eine Realität hinein, in der wir mit den grundlegenden Dingen unseres Menscheins verbunden sind; was uns in die Glieder fährt, *zählt*. Diese Erzählung ist spürbar angefüllt mit Gott, eine Welt, durchflutet von Gott, eine Welt, durchdrungen von Gottes gesprochenem und unausgesprochenem Wort, seiner sichtbaren und wahrgenommenen

Gegenwart und zwar auf solche Weise, dass wir erkennen, dass dies die Welt ist, für die wir gemacht wurden, die Welt, zu der wir wirklich gehören. Es dauert nicht lange, bis wir in unserer Vorstellung (Vorstellungskraft und Glaube sind auch hier eng verwandt) in die Geschichte eintreten, unseren Platz in der Handlung einnehmen und Jesus nachfolgen.

Wir leben heute in einer Welt, in der die Erzählungen fehlen. Deshalb überrascht es nicht, wenn viele von uns in schlechte Gewohnheiten verfallen und aus den Geschichten, die wir lesen, „Wahrheiten" ableiten. Wir fassen „Prinzipien" zusammen, die wir, ganz wie es uns beliebt, in verschiedenen Zusammenhängen einsetzen können. Wir brauen uns eine „Moral", die wir uns als Slogan an die Wand hängen oder als Motto auf unseren Schreibtisch stellen. Man bringt uns das in der Schule bei, damit wir Prüfungen in Roman- und Drameninterpretation bestehen. Es ist nicht verwunderlich, dass wir dieses isolierende, Geschichten verstümmelnde Vorgehen fortsetzen, wenn wir unsere Bibel lesen. „Geschichten" sind nicht wichtig; „Geschichten" sind etwas für Kinder und fürs Lagerfeuer. Und so machen wir weiter und verwandeln unsere Geschichten in die „ernsthafte" Sprache der Information und Motivation. Wir merken kaum, dass wir die Form verloren haben, die Form, die dazu gedacht ist, unser Leben groß zu machen und ihm Zusammenhang zu verleihen. Der Text, der unser geistliches Leben gestalten sollte, wird auf körperlose Einzelteile reduziert, die wir „Wahrheit" und „Einsicht" nennen, abgetrennte Knochen aus Information und Motivation.

Nochmal zur Wiederholung: Die Art, wie die Bibel geschrieben ist, ist genauso wichtig wie das, was in ihr geschrieben steht: ein erzählender Text – diese riesige, geräumige Erzählung, die uns in ihre Handlung hineinzieht und uns zeigt, wo in ihrer Entwicklung vom Anfang bis zum Ende unser Platz ist.[22] Es braucht die ganze Bibel, um einen Abschnitt der Bibel zu lesen. Jeder Satz ist Teil einer Erzählung und kann nicht mehr richtig oder ganz verstanden werden, wenn er von der Gesamterzählung abgetrennt wird. Genauso wenig kann jeder einzelne der Sätze, die wir im Laufe eines Tages aussprechen, verstanden werden, wenn er von unseren Beziehungen getrennt wird und unserer Kultur und den unterschiedlichen Arten, wie wir mit unseren Kindern und Eltern, unseren Freunden und Feinden, unseren Chefs und Mitarbeitern – und unserem Gott sprechen. Northrop Frye, der uns das Bibellesen so gut gelehrt hat, schrieb, dass es

> der unmittelbare Kontext, der vorhergehende Satz oder der nächste oder ebenso gut ein dreihundert Seiten entfernter Satz sein [kann]. Bestenfalls ist jeder Satz ein Schlüssel zur gesamten Bibel. Das ist keine sachliche Aussage über die Bibel, aber sie hilft die Praxis der Priester zu erklären, die sehr wohl wussten, was sie taten, wie so einige im England des 17. Jahrhunderts. Zum Beispiel sehen wir in den Predigten von John Donne, wie der Text uns gleich einem Kerzenlicht in das immense Labyrinth der Heiligen Schrift führt, die für Donne eine unendlich viel größere Konstruktion war als die Kathedrale, in der er predigte.[23]

Der Satz

Die Erzählung, die uns unseren Platz in der großen Welt Gottes anweist und die uns aufruft, Jesus zu folgen, wird Satz für Satz erzählt. Laufen und Folgen gelingt uns größtenteils ohne große Gedankenanstrengung. Man braucht dazu gut abgestimmte Reflexe, Muskeln und Nervenfunktionen, die wir alle in den ersten Jahren unseres Lebens entwickeln. Wir laufen, ohne darüber nachzudenken, wie wir einen Fuß vor den anderen setzen.

---

22 Es gibt eine Übereinstimmung zwischen der drei-personalen, aus der Heiligen Dreieinigkeit hervorgehenden Gegenwart, umfassend und zusammenhängend (wie in Kapitel 3 dargestellt) und der Erzählform, der wir in der Bibel begegnen. Dorothy Sayers erkennt dies auf großartige Weise in ihrem Buch *The Mind of the Maker*, Harper and Row, San Francisco 1941.

23 Frye, Northrop: *Der Große Code: Die Bibel und Literatur.* Aus dem Englischen von Peter Seyffert, Mueller-Speiser, Anif/Salzburg 2007, S. 236f.

Genauso lesen wir Erzählungen: Satz für Satz erschließen sie sich und wir müssen nicht innehalten und über jeden Punkt oder jede Verbform nachdenken.

Doch so, wie wir beim gedankenlosen Dahinlaufen manchmal in die falsche Richtung gehen, wieder zurückgehen und uns neu orientieren müssen, und genauso dann, wenn wir spazieren ohne nachzudenken, und es macht uns jemand auf eine Vielzahl von wichtigen Details aufmerksam – Blumen, Vögel, Gesichter –, die wir gar nicht wahrgenommen hatten, und fordert uns dann auf, stehen zu bleiben und uns umzusehen, und wir sind verblüfft über das, was wir übersehen hatten, so geht es uns auch, wenn wir gedankenlos die Bibel lesen.

Während wir so auf dem Weg durch diese Erzählung sind, darin unser Leben erkennen, Jesus nachfolgen, stellen wir fest, dass wir von Zeit zu Zeit anhalten oder angehalten werden und uns den Details zuwenden, aus denen sich die Erzählung zusammensetzt. Wir achten auf die Sprache, auf die Sätze, die Worte in Beziehung zueinander setzen und in Beziehung zu uns. Worte sind nie einfach nur Worte – sie vermitteln Geist, Bedeutung, Kraft und Wahrheit. Bibelauslegung, Exegese, ist die Beschäftigung mit dem Text, das rechte und angemessene Hören auf den Text.

Exegese eröffnet uns eine neue Dimension in unserer Beziehung zu diesem Text. Der erzählende Text nimmt uns bei der Hand, wir treten in etwas ein, das größer ist als wir, wir lassen zu, dass die Erzählung uns mitnimmt auf ihrem Weg. Doch Exegese ist konzentrierte Aufmerksamkeit, Hinterfragen, Abwägen möglicher Bedeutungen. Exegese ist strenge, disziplinierte, intellektuelle Arbeit. Sie fühlt sich nur selten „geistlich" an. Männer und Frauen, die, salopp gesagt, geistlich „ticken", machen mit der Exegese oft kurzen Prozess und verlassen sich lieber auf Inspiration und Intuition. Allerdings hat der alte, bewährte Konsens der Gemeinschaft des Volkes Gottes immer auf einer energischen und akkuraten Exegese bestanden: Verwende auf diesen Text ausgiebige, genaue und bedachte Aufmerksamkeit! Alle unsere geistlichen Meister waren Meister-Exegeten. Es passiert hier so viel; wir wollen nicht ein Detail verpassen; wir wollen diesen Text nicht schlafwandelnd durchschreiten.

Ein Satz, zusammengefügt aus Worten, ist etwas Wunderbares. Worte offenbaren. Vor uns entfaltet sich Realität, Wahrheit, die unsere Welt größer macht, unsere Beziehungen reicher. Worte locken uns heraus und führen uns in eine weitere Welt aus Zeit und Raum, Dingen und Menschen.

Ein Satz, bestehend aus Worten, ist aber auch eine höchst mysteriöse Sache. Worte verbergen. Worte können verfälschen und in die Irre führen. Alle unsere Spracherfahrungen machen wir „nach Babel". Die meisten unserer Spracherfahrungen haben mit Missbrauch zu tun. Wir können nicht davon ausgehen, dass ein Wort, das wir kennen, in genau dieser Bedeutung in einem Text verwendet wird. Und es ist beunruhigend, wenn ein Wort auf Seite 26 auf die eine Weise und auf Seite 27 auf eine ganz andere Weise verwendet wird.

Aber nicht nur das. Sprache verändert sich andauernd, sie ist in ständigem Fluss. Hat man letzte Woche ein Wort noch auf eine bestimmte Art verwendet, dann kann man sich nicht darauf verlassen, dass dies auch noch in der nächsten Woche gilt. Und zwischen uns und dem biblischen Text liegen die Wochen von zwei- bis dreitausend Jahren. Wörterbücher können da nicht mithalten.

Aus diesem Grund dürfen wir Exegese nicht ignorieren. Der biblische Text ist komplex und anspruchsvoll. Die elementaren Zeugen für Gottes Offenbarung sind das Alte und Neue Testament: Thora, Propheten und die weiteren Schriften des Alten Testaments, Evangelien, Briefe und Offenbarung des Neuen. Und geschrieben wurde auf Hebräisch, Aramäisch und Griechisch, allesamt Sprachen, die, wie alle Sprachen, ihre ganz eigene Art haben Hauptwörter zu beugen, Verben zu konjugieren, an sonderbaren Stellen Präpositionen zu platzieren und Worte zu einem Satz zu arrangieren. Geschrieben wurde auf Pergament und Papyrus. Geschrieben mit Feder und Tinte. Geschrieben in Palästina, Ägypten, Syrien, Griechenland und Italien.

Wir müssen nicht alle dies alles wissen, um die Heilige Schrift so zu lesen, dass sie uns formen kann. Doch wir müssen lernen, aufmerksam uns und unser Umfeld zu beobachten, während wir Jesus nachfolgen. Exegese ist nicht in erster Linie eine Spezialdisziplin für Gelehrte, obwohl wir darauf angewiesen sind, dass diese Gelehrten in unserem Auftrag arbeiten. Schließlich entziffern wir keine Hieroglyphen, wie uns manche weismachen wollen. Exegese bedeutet einfach, die Forderungen, die die Worte an uns stellen, die die *Sprache* an uns stellt, wahrzunehmen und angemessen auf sie zu reagieren (was nicht einfach ist!).

Die Reformatoren bestanden auf dem, was sie als „Verständlichkeit" der Bibel bezeichneten, darauf, dass die Bibel für Durchschnittsmenschen im Wesentlichen verständlich ist und dass weder Papst noch Professor nötig sind, um sie zu interpretieren. Wir können sie grundsätzlich verstehen, ohne dass wir auf gelehrte Spezialisten oder eine privilegierte Priesterschaft zurückgreifen müssten. So heißt es auch im Bekenntnis von Westminster, dass „aber diejenigen Dinge, die zu erkennen, zu glauben und zu beobachten zum Heil notwendig sind, … an der einen oder der anderen Stelle der Schrift so klar dargelegt und aufgedeckt [sind], dass nicht nur die Gelehrten, sondern auch die Ungelehrten bei rechtem Gebrauch der gewöhnlichen Hilfsmittel zu einem hinreichenden Verständnis derselben gelangen können."[24] Der katholische Gelehrte Hans Urs von Balthasar schließt sich den Reformatoren an, was die Verständlichkeit der Bibel betrifft. Er besteht darauf: „Gottes Wort ist schlicht und klar, und kein Beter darf sich durch die Vermutung, die Gelehrsamkeit denke über den Sinn eines Textes gänzlich anders und weit richtiger als er, von dem unmittelbaren, ohne Hemmungen und Hintergedanken und ängstliche Vorbehalte sich hingebenden Umgang mit dem Worte abwendig machen lassen."[25]

---

24 Das Bekenntnis von Westminster, Artikel 1.7, Fundort: www.confessio.reformata.de/home/westminster-bekenntnis (03.05.2013).

25 Von Balthasar, Hans Urs: *Das betrachtende Gebet*, Johannes Verlag, Einsiedeln ^{5}2003 (Ersterscheinung 1955), S. 199–200.

Das heißt aber nicht, dass wir uns die viele Mühe sparen können. Jedes Buch hat seine Eigenarten, und im Allgemeinen lernt ein sorgfältiger Leser wie ein Buch zu lesen ist, indem er sehr lange langsam und umsichtig darin herumstochert, bis er endlich seinen Weg findet. Ein sorgfältiger Leser (ein Exeget!) geht vorsichtig voran und erlaubt dem Buch, ihm beizubringen, wie es zu lesen ist. Denn es zeigt sich schnell, dass unsere Heilige Schrift nicht in zeitloser, unsterblicher Prosa abgefasst ist, einer über-geistlichen Engelssprache, der alle Launen und Eigenheiten der lokalen Geschichte und des Volksdialekts entzogen wurden. Es gibt Verben, die genau analysiert werden müssen, Städte und Täler, die auf einer Landkarte gefunden werden müssen und lang vergessene Bräuche, die verstanden werden müssen.

Das ist eine große Unannehmlichkeit, besonders für jene von uns, die an sich eine Neigung zum Geistlichen verspüren und sich davon angezogen fühlen. All jene, die das Wort „geistlich" auf Kirchenparkplätzen oder durch viele Klicks im Internet aufgeschnappt haben, glauben fast unausweichlich daran, dass eine Neigung zum Geistlichen ein gewisses Privileg ist und uns von anstrengender Exegese freistellt. Wir spüren, dass wir über Insider-Wissen bezüglich Gottes Handeln verfügen; unsere Intuition bestätigt unsere Vorstellungen und Einblicke. Wenn das ein paar Mal passiert, haben wir das Gefühl, dass wir die langwierige Nachschlagerei in Lexika und Grammatiken erfolgreich abgeschlossen haben. Schließlich sind wir eingeweiht in den Text und verfeinern die Kunst, die da lautet, Gottes Flüstern zwischen den Zeilen zu hören. Es dauert nicht lange bis wir, wie die Kolumnistin Ellen Goodman einst sagte, die Bibel mehr wie einen Rorschachtest denn als einen religiösen Text verwenden, mehr Tinte hineinlesen, als wir herauslesen.[26] Es dauert nicht lange, bis wir das Wort „geistlich" verwenden, um in erster Linie auf uns selbst und unsere

26 Ellen Goodmann in *The Baltimore Sun*, 15. Juni 1979.

Vorstellungen zu verweisen und nur gelegentlich und nebenbei auf Gott.

Doch wie unangenehm sie auch sei. Wir können der Exegese nicht entkommen. Sie ist notwendig. Wir haben ein geschriebenes Wort vor uns, das wir lesen und dem wir Beachtung schenken. Es ist Gottes Wort, das glauben wir zumindest, und wir tun gut daran, es richtig zu verstehen. Exegese ist die Beachtung, die wir schenken, um die Worte richtig zu verstehen. Exegese ist das Fundament geistlichen Lebens. Fundamente verschwinden aus dem Blickfeld, sobald das Gebäude fertig ist. Doch wenn die Bauarbeiter kein festes Fundament bauen, dann steht das Gebäude nicht lange.

Weil unsere mündliche Sprache so salopp ist, verfällt man auch leicht in die Gewohnheit, sie salopp zu behandeln. Doch Sprache bleibt einfach schwer verständlich. Wir verbringen unsere ersten Lebensjahre damit, die Sprache zu lernen, und gerade wenn wir denken, wir hätten sie im Griff, sagt unser Ehepartner zu uns: „Du verstehst nichts von dem, was ich sage.“ Wir bringen unseren Kindern das Sprechen bei und gerade dann, wenn wir den Eindruck haben, sie könnten soweit sein, sprechen sie nicht mehr mit uns. Wenn wir dann mitbekommen, wie sie mit ihren Freunden reden, stellen wir fest, dass wir kaum mehr als acht oder neun Wörter von dem verstehen, was sie sagen. Eine enge Beziehung garantiert kein Verstehen. Vielmehr müssen wir, je näher wir einander sind und je intimer unsere Beziehungen, noch mehr darauf achten, richtig zu hören, genau zu verstehen, angemessen zu antworten.

Was auch heißt, dass wir, je „geistlicher“ wir werden, desto sorgfältiger in der Exegese sein müssen. Je reifer wir im christlichen Glauben werden, desto gründlicher muss unsere Exegese sein. Diese Aufgabe schließen wir niemals ab. Die Worte, die uns in der Bibel gegeben sind, laufen dauernd Gefahr, von persönlichen Vorlieben, sündhaften Zerrbildern und unüberlegten Deutungsversuchen, die den Text verunreinigen, überdeckt zu werden. Die Verschmutzer liegen in der Luft, sie lassen unsere Bibeln verstauben, sie zersetzen unseren Sprachgebrauch, besonders die Sprache des Glaubens. Exegese ist ein Staublappen, eine Wurzelbürste oder sogar ein Ohrenstäbchen, das das Wort rein hält.

Bibelleser profitieren davon, wenn sie mit einigen unserer Meister-Exegeten im Austausch bleiben. Das geht am einfachsten, indem man ihre Kommentare liest. Bibelkommentare werden zumeist von Pastoren oder Lehrern für die Predigtvorbereitung oder eine Vorlesung verwendet. Sie werden wie „Werkzeug" behandelt. Doch für den durchschnittlichen Bibelleser sind darin Schätze verborgen. Für all jene von uns, die diesen Text nicht deshalb lesen – essen – , um sich auf eine konkrete Aufgabe vorzubereiten, sondern um Richtungsweisung und Nahrung für die Nachfolge Jesu zu bekommen, also im Grunde für die meisten von uns, standen Bibelkommentare als normaler Lesestoff für normale Christen zu lange in der zweiten Reihe.

Ich empfehle, Bibelkommentare wie Romane zu lesen, vom Anfang bis zum Ende, ohne etwas auszulassen. Zugegeben, sie sind etwas schwach, was die Entwicklung von Charakteren und Handlung betrifft, doch ihre andächtige Hinwendung zu Worten und Satzbau macht das wett. Handlung und Charaktere – die Handlung von der Erlösung, der Charakter des Messias – sind in einem Kommentar eingeschlossen und bestätigen uns hartnäckig ihre Gegenwart über viele, sogar hunderte von Seiten hinweg. Die Kraft dieser uralten Hauptwörter und Verben, die jahrhundertelang für intelligenten Gedankenaustausch zwischen gelehrten Männern und Frauen sorgten, bleibt ein großartiges Wunder.

Für alle leidenschaftlichen Bibelleser scheint mir das Lesen von Kommentaren vergleichbar zu sein mit dem Zusammentreffen von Fußballfans im örtlichen Gasthaus nach dem Spiel. Jedes Detail des Spiels wird nachgespielt, Beobachtungen und Meinungen werden diskutiert (vielleicht sogar darüber gestritten), und ausgeschmückt wird das Ganze mit etwas Klatsch und Tratsch über die Spieler. Der Wissensstand, der sich in solchen bierseligen Zusammenkünften offenbart, ist beeindruckend. Diese Fans sehen sich seit Jahren Spiele an, die Namen der Spieler sind ihnen vertraut wie die ihrer

Kinder, sie kennen die kleinste Regel und bemerken jede Feinheit auf dem Platz. Und es ist ihnen sehr wichtig, was im Laufe eines Spiels passiert. Ihre scheinbar endlosen Kommentare offenbaren, wie wichtig es ihnen ist. Genau wie sie genieße ich einen Kommentar nicht wegen der bloßen Informationen, sondern wegen des Austauschs mit klugen und erfahrenen Freunden, mit denen ich den biblischen Text untersuche, betrachte und hinterfrage. Versunken in dieser Handlung, die sich grandios von Genesis bis zur Offenbarung spannt, vereinnahmt von der messianischen Gegenwart, die uns in Tod und Auferstehung ein für alle Mal errettet hat – es gibt so viel zu entdecken, so viel, worüber man reden kann.

Nicht alle Kommentare werden dem gerecht – einige sind von Gelehrten verfasst, die weder ein Interesse an Gott, noch am Inhalt der Bibel haben. Doch es gibt eine ausreichende Zahl, die den Anspruch erfüllt und mich davon überzeugt, dass sie eine willkommene und unentbehrliche Begleitung für uns Leser dieses Textes sind, die wir auf unserem Weg in der Nachfolge Jesu nichts übersehen wollen.[27]

***

Zu viele Bibelleser glauben, dass Exegese das ist, was man tut, nachdem man Griechisch und Hebräisch gelernt hat. Das stimmt so nicht. Exegese ist nichts anderes als achtsames und liebevolles Lesen des Textes in unserer Muttersprache. Griechisch oder Hebräisch sind es wert, gelernt zu werden, doch wenn Ihnen dieses Privileg nicht vergönnt war, dann bleiben Sie bei Deutsch. Wenn wir erst einmal gelernt haben, diesen Text zu lieben und ihm mit einer klaren Wahrnehmung begegnen, dann bleiben wir nicht weit hinter den besten Griechisch- und Hebräischlehrern zurück. Freuen Sie sich an den klugen Bibelgelehrten, aber lassen Sie sich nicht von ihnen einschüchtern.

Exegese hat ganz und gar nichts mit Pedanterie zu tun. Exegese ist ein Akt der Liebe. Sie liebt den, der die Worte spricht, so sehr,

27 Einige Kommentare, die ich sehr schätze, habe ich in Kapitel 15 von *Take and Read*, Eerdmans, Grand Rapids 1996, vorgeschlagen.

dass sie die Worte richtig verstehen will. Sie respektiert die Worte so sehr, dass sie jedes erdenkliche Mittel einsetzt, um die Worte richtig zu verstehen. Exegese bedeutet, Gott so sehr zu lieben, dass man stehen bleibt, um achtsam auf das zu hören, was er sagt. Daraus folgt, dass wir diesem Text die Muße und Aufmerksamkeit von Liebhabern entgegenbringen, jedes Komma, jeden Strichpunkt wertschätzen, uns freuen an einer seltsamen Präposition, entzückt sind über die Position dieses Hauptworts. Verliebte schauen nicht nur kurz hin, verstehen „Inhalt" oder „Bedeutung" und laufen dann wieder weg, um ihren Freunden in epischer Länge zu erzählen, wie sie sich fühlen.

***

Natürlich gibt es so genannte Exegeten, die genau das tun: Sie behandeln die Bibel wie ein Warenlager voll Informationen und nehmen das Offensichtliche nicht wahr – nämlich, dass sie uns in der Form einer Erzählung gegeben ist, die unser ganzes Leben in die Erzählung von der Nachfolge Jesu umgestalten soll, ein Leben zur Ehre Gottes.

Vor 150 Jahren, als solch dürres und entpersonalisiertes Wissen ohne jede lebendige Erzählung wie ein Leichentuch auf dem geistlichen Leben Englands lag, schuf George Eliot die Figur Casaubon (in ihrem Roman *Middlemarch*), um diesen Frevel am Intellekt an den Pranger zu stellen. Casaubon war ein gelehrter Priester der Anglikanischen Kirche, der davon besessen war, religiöses Wissen anzuhäufen und dann darüber zu schreiben. Dorothea Brooke, eine junge Frau voller Idealismus und Lebenskraft, heiratete ihn, um ihn bei der Erreichung seines, ihrer Meinung nach ehrenvollen, Unterfangens zu unterstützen. Doch in den Büchern, die Casaubon studierte und schrieb, war kein Leben – es waren tote Worte, ohne jede Verbindung zu etwas Lebendigem, am allerwenigsten zu seiner leidenschaftlichen, überschwänglichen, lebensbejahenden Ehefrau. Es dauerte nur wenige Wochen, bis Dorothea erkannte, dass sie einen Kadaver geheiratet hatte.

George Eliots Zeitgenosse Robert Browning übertrumpfte ihren Roman noch mit seinem Gedicht „A Grammarian's Funeral", in dem er sich über den Typus des anmaßenden, doch leblosen Exegeten lustig machte, der „entschied, nicht zu leben, sondern zu wissen." Er „bereinigte die Sache mit *Hoti* – lass es sein! – / Verankerte *Oun* am richtigen Ort – / Bescherte uns die Lehre vom Enklitikon *De* / Tot von der Hüfte abwärts."[28]

Vor noch nicht ganz so langer Zeit verwendete Marianne Moore das Bild einer Dampfwalze (in ihrem Gedicht „To a Steamroller"; übersetzt: „Für eine Dampfwalze"), um diese plumpe, geistlose Vergewaltigung des Textes zu offenbaren:

The illustration
is nothing to you without the application.
You lack half wit. You crush all the particles down
into close conformity, and then walk back and forth on them.
Sparkling chips of rock
are crushed down to the level of the parent block.
Were not "impersonal judgement in aesthetic
matters, a methaphysical impossibility," you
might fairly achieve
it. As for butterflies, I can hardly conceive
of one's attending upon you, but to question
the congruence of the complement in vain, if it exists.[29]

(Die Illustration
ist dir nichts ohne die Anwendung.
Die halbe Wahrheit fehlt dir. Du zerstampfst alle Partikel
zu einer perfekten Einheit und läufst über sie hinweg, hin und her.
Glitzernde Gesteinssplitter
werden auf das Niveau des Muttergesteins gestampft.
Wäre nicht „unpersönliches Urteilen in
Fragen der Ästhetik eine metaphysische Unmöglichkeit", du
hättest vielleicht Erfolg
damit. Was die Schmetterlinge betrifft, so kann ich mir kaum
vorstellen,

28 Browning, Robert: *The Poems and Plays*, Modern Library, New York 1934, S. 169.

29 Moore, Marianne: *The Complete Poems*, Macmillan, New York 1967, S. 84.

wie sich einer auf dir niederlässt,
doch die Übereinstimmung der Ergänzung in Frage zu stellen ist sinnlos, sofern sie existiert.)

Marianne Moores Bruder war Pastor einer presbyterianischen Kirche in Brooklyn und sie besuchte dort jeden Sonntagmorgen den Gottesdienst. Vermutlich meinte sie mit der „Dampfwalze" nicht ihn – allem Anschein nach schätzte sie seine Predigten und seine Arbeit als Pastor sehr –, doch durch ihn hatte sie Zugang zu der dominanten Geisteshaltung, die unter Pastoren und Gelehrten damals (in den 1930er Jahren) vorherrschte. Sie verachteten alle lebendigen Details und Feinheiten in den Worten und Sätzen unserer Heiligen Schrift und zwangen sie stattdessen in das Korsett einer Doktrin oder stellten sie in den Dienst einer Sache: „Du zerstampfst alle Partikel [also Worte] / zu einer perfekten Einheit und läufst über sie hinweg, hin und her." Sie walzten den Text in eine Straße, auf der es nur Oberfläche gibt, einsetzbar, praktisch, lehrmäßig. Und tot.

Exegese bedeutet aber nicht, über den Text zu herrschen, sie bedeutet, sich dem Text unterzuordnen, und zwar in der Form, in der er uns gegeben ist. Exegese übernimmt nicht die Führung über den Text und zwingt ihm ein überlegenes Wissen auf; sie tritt in die Welt des Textes ein und lässt den Text uns „lesen". Exegese ist ein Akt fortwährender Demut: Dieser Text bietet so viel, worüber ich nichts weiß, was ich nie wissen werde. Christen kehren immer wieder zu diesem Text zurück und holen sich dabei von Grammatikspezialisten, Archäologen, Historikern und Theologen alle Hilfe, die sie bekommen können und lassen sich von diesem Text formen.

Ja, Demut. Denn je mehr wir lernen und je mehr Wissen wir anhäufen – besonders wenn es biblisches Wissen ist, Wissen über Gott –, umso mehr sind wir der Versuchung ausgeliefert, uns mit unserem wunderbaren Wissen auf unseren eigenen Weg zu machen und unser Leben und das Anderer so zu gestalten, wie wir es wollen. Es war aber nie die Absicht dieses Textes, uns abschließend auszubilden und auszustatten, uns ein Abschlusszertifikat auszustellen, das uns zu einer überlegenen Klasse von Christen macht, die mit ihrem Zeugnis in der Tasche ausgesandt werden, um unter den biblisch Unbeleckten Gottes Werk zu tun.

Lenkt uns das Wissen, das wir durch das Lesen und Studieren dieses Textes angesammelt haben, dieses Textes, der uns hineinnimmt in die Nachfolge Jesu, von genau dem Jesus ab, mit dem wir gestartet sind, dann wäre es besser, wir hätten dieses Buch gar nicht erst aufgeschlagen.

Ohne Exegese wird unser geistliches Leben albern, verwässert. Geistliches Leben ohne Exegese wird selbstherrlich. Ohne eine disziplinierte Exegese wird das geistliche Leben zu einem Eigendialekt, in dem ich alle wichtigen Verben und Hauptwörter selbst, aus meiner eigenen Erfahrung heraus, definiere. Und das Gebet humpelt nebenher, seufzend und stotternd.

Seit Jahrhunderten werden die exegetischen Techniken in der christlichen Gemeinschaft verfeinert und unsere Methodik verbessert. Es steckt bittere Ironie in der Tatsache, dass eine Generation mit Zugang zur besten biblischen Exegese so gleichgültig ihr gegenüber ist, und das sogar innerhalb der „theologischen Profis".

***

Die Erzählung gibt den Sätzen ihre Form; die Sätze liefern den Inhalt der Erzählung. Damit wir Jesus nachfolgen können, müssen sie zusammenstehen, müssen sie gut miteinander verwoben sein. Ohne die Erzählform dienen die Sätze der Bibel, die Bibelverse, als informatives Nachschlagewerk, aus dem wir auswählen, was wir gerade brauchen. Ohne die präzise gebauten Sätze wird die Erzählung von der einen Seite durch verlockende Andeutungen bearbeitet und verändert und von der anderen Seite durch terrorisierendes Drängen. Keine von beiden Seiten scheint viel Interesse daran zu haben, Jesus nachzufolgen. Doch die Erzählung wurde uns in erster Linie gegeben, damit wir zu Nachfolgern Jesu werden, und wenn entweder die große Erzählung oder die präzisen Sätze jemals für etwas anderes verwendet werden, wie bewundernswert es auch sein mag, wieso sollten wir uns dann damit aufhalten?

KAPITEL 5

Die Heilige Schrift als Drehbuch: Wir übernehmen unsere Rolle im Geist

„Iss dieses Buch" habe ich als Bild gewählt, mit dem ich zeigen will, was passieren muss, damit wir durch das Lesen der Heiligen Schrift geformt werden, wir sie also so lesen, dass der Heilige Geist sie nutzt, um uns Christus immer ähnlicher zu machen. Es geht uns nicht darum, mehr zu wissen, sondern darum, mehr zu werden.

Die Aufgabe drängt. Es ist offensichtlich, dass wir in einer Zeit leben, in der die Autorität der Bibel über unser Leben durch die Autorität des Ich ersetzt wird: Von allen Seiten werden wir ermutigt, unser Leben in die eigene Hand zu nehmen und unsere eigenen Erfahrungen zum maßgebenden Text für unser Leben zu machen.

Es ist alarmierend, wie umfassend diese Geisteshaltung bereits in unsere Kirchen eingedrungen ist. Ich erwarte von der ungetauften Welt, dass sie versucht, autonom zu leben. Allerdings erwarte ich es nicht von denen, die Jesus als Herrn und Retter bekennen. Ich bin nicht der Einzige, der merkt, in welch eigentümlicher und peinlicher Situation sich die Kirche befindet: Viele von uns glauben inbrünstig an die Autorität der Bibel, doch anstatt sich ihr unterzuordnen, verwenden wir sie, wenden sie an, führen das Kommando über sie, entscheiden aufgrund unserer Erfahrung, wie und wo und wann wir sie anwenden.

Heute ist es eine der drängendsten Aufgaben der Gemeinschaft der Christen, diese Eigenmächtigkeit abzuwehren, wieder zur Geltung zu bringen, was es bedeutet, diese Heilige Schrift von innen heraus zu leben, anstatt sie für unsere aufrichtigen und frommen, aber doch eigenmächtigen Zwecke zu benutzen.

***

Gott spricht. Wenn Gott spricht, tut sich etwas. Die Heilige Schrift beginnt mit den Worten: „Gott sprach...", die achtfach erklingen, und nach jedem Ausspruch sehen wir, wie Stück für Stück, nach und nach, vor unseren Augen Teile des Himmels und der Erde entstehen und im Höhepunkt schließlich Mann und Frau als Gottes Ebenbild erschaffen werden. Psalm 33 fasst Genesis 1 in einen einzigen Satz: „Denn er sprach, und es geschah..." (Ps 33,9). Dies bildet den Auftakt für alles, was dann in der Bibel folgt, dieser üppige Strom an Geboten und Versprechen, Segnungen und Einladungen, Tadel und Gericht, Wegweisung und Trost, der unsere Heilige Schrift ausmacht.

Mein bevorzugtes Bild, „Iss dieses Buch", stammt von Johannes. Wir haben im Neuen Testament drei Arten von Johannesbüchern, die mit besonderer Freude Jesus als den vorstellen, der offenbart, dass das Wort Gottes, der sprechende Gott, Kern und Ursprung von allem Geschaffenen ist: das Johannesevangelium, die Briefe des Johannes und die Offenbarung des Johannes. Es ist beileibe nicht sicher (obwohl man in der Frühzeit des Christentums davon ausging), dass der Apostel Johannes der Urheber all dieser Bücher ist. Offensichtlich ist jedoch, dass sie ein gemeinsames Zentrum und einen gemeinsamen Schwerpunkt haben – sie sind alle *johanneisch.* Jesus, das fleischgewordene Wort, spricht Sätze, die Chaos in Kosmos verwandeln (das Evangelium), Sünde in Rettung (die Briefe) und Gebrochenheit in Heiligkeit (die Offenbarung).

Das Johannesevangelium beginnt mit einer starken Betonung von Sprache, indem es „Wort" gleich zu Beginn drei Mal wiederholt: „Im Anfang war das Wort, und das Wort war bei Gott, und Gott war das Wort" (Joh 1,1; *Luther 1984*). Dieses Wort ist Jesus, wie wir bald herausfinden: „Und das Wort ward Fleisch und wohnte unter uns, und wir sahen seine Herrlichkeit als des eingeborenen Sohnes vom Vater, voller Gnade und Wahrheit" (Joh 1,14; *Luther 1984*). Im Folgenden präsentiert uns das Evangelium Jesus als den, der Wirklichkeit ins Dasein spricht.

Ebenso gehen die Briefe von Johannes an den Anfang zurück und sind Zeugen des Prozesses, in dessen Verlauf die Apostel zu der Überzeugung kamen, dass Jesus das „Wort des Lebens" ist und bestätigt wurden durch das, was sie gehört, gesehen und berührt hatten. Drei unserer fünf Sinne (sehen, hören, fühlen) werden zur Bestätigung herangezogen (1Joh 1,1). Dieser Jesus sprach Gebote aus, die zu einem von Sünden befreiten Leben in einer liebevollen Gemeinschaft führten.

Und schließlich präsentiert uns die Offenbarung des Johannes den auferstandenen und gegenwärtigen Jesus, unter dem Aspekt des Wortes, der Sprache: Johannes, „der bezeugt hat das Wort Gottes und das Zeugnis von Jesus Christus" (Offb 1,2; *Luther 1984*). Dieser auferstandene Jesus Christus zeigt sich daraufhin Johannes nach dem Alphabet, „Ich bin das Alpha und das Omega" – er ist das Alphabet, alle Buchstaben, von A bis Z, und damit alles, die Vokale und Konsonanten, aus denen sämtliche Worte gemacht sind. Jesus spricht so, dass sich die Gebrochenheit der Welt und die unseres eigenen Lebens in eine blendende Heiligkeit verwandeln und einen riesigen Lobpreis hervorrufen, der alles und jeden, im Himmel und auf der Erde, einschließt.

Gott arbeitet in erster Linie mit Sprache. Die Bibel, die diese Worte bezeugt, beschreibt diese Sprache sehr körperlich. Natürlich hören wir die Worte. Doch wir sehen die Worte auch („Und ich wandte mich um, zu sehen nach der Stimme", Offb 1,12; *Luther 1984*), kauen sie (Ps 1,2), schmecken sie (Ps 19,11), gehen und laufen in ihnen (Ps 119,32), und in diesem letzten Bild essen wir sie: Iss dieses Buch. Dieses Wort Gottes, das uns zu Christus hin verändert, ist sehr körperlich.

Wir sind Teil einer heiligen Gemeinschaft, die seit mehr als dreitausend Jahren innerlich und äußerlich von diesen Worten Gottes geformt wird, Worte, die gehört, gekaut, gesehen, gegangen werden. Bibellesen ist absolut körperlich. Unser Körper ist das Werkzeug, um unserer Seele Zugang zu Gott in seiner Offenbarung zu verschaffen: Iss dieses Buch. Ein Freund erzählte mir, dass einer der frühen Rabbis einen anderen Teil unseres Körpers wählte, um genau das Gleiche auszudrücken. Er bestand darauf, dass das wichtigste Körperteil, um das Wort Gottes aufzunehmen, nicht die Ohren sind, sondern die Füße. Man lernt Gott, meinte er, nicht durch die Ohren, sondern durch die Füße: Folge dem Rabbi.

Und so hat sich die christliche Gemeinschaft stets darum bemüht, Lesegewohnheiten zu entwickeln, die unsere Wahrnehmung schärfen und uns dabei helfen, dieses Wort als formende Kraft in uns aufzunehmen. Wir wollen es so gut wie die Besten unserer Vorfahren machen und sind entschlossen, keines dieser Worte, samt Buch, auf dem Regal zurückzulassen, so wie eine Dose Bohnen, die wir im Schrank aufbewahren. Wir wollen uns Appetit machen, es Johannes gleichtun und dieses Buch essen.

Nach den einleitenden Worten in Kapitel 1 und 2 lag im Kapitel 3, „Die Bibel als Text: Gottes Offenbarung kennenlernen“, die Betonung auf der Dreieinigkeit, dem Umstand, dass Gott sich personal und in Beziehung offenbart. Sprache ist nicht in erster Linie informativ, sondern vielmehr offenbarend. Die Heilige Schrift bezeugt uns eine lebendige Stimme, die unterschiedlich erklingt – als Vater, Sohn und Geist –, die uns persönlich anspricht und uns als Person in das Geschehen hineinnimmt. Dieser Text besteht nicht aus Worten, die man in der stillen Zurückgezogenheit einer Bibliothek studiert, sondern aus einer Stimme, der man glaubt, die man liebt und bewundert – am Arbeitsplatz und auf dem Spielplatz, auf der Straße und in der Küche. Aufnahmebereitschaft ist vonnöten.

In Kapitel 4, „Die Heilige Schrift als Form: Jesus nacheifern“ lag der Schwerpunkt darauf, Jesus in diese weitläufige, doch komplex zusammenhängende Welt zu folgen, die uns durch die Erzählform bewusst wird. Die Heilige Schrift ist durch Erzählung geprägt. Die Wirklichkeit ist durch Erzählung geprägt. Die Welt ist durch

Erzählung geprägt. Unser Leben ist durch Erzählung geprägt. „Ich hatte immer", schrieb G. K. Chesterton in einer Darstellung seines christlichen Glaubens, „im Leben vor allem eine Erzählung gesehen; und wo eine Erzählung ist, da gibt es auch einen Erzähler."[30] Wir treten in diese Erzählung ein und folgen dem Geschichten erschaffenden, Geschichten erzählenden Jesus und verbringen den Rest unseres Lebens damit, die erstaunlichen und erlesenen Details zu erforschen, die Worte und Sätze, die sich zusammenfügen zu der Erzählung unserer Erschaffung, Rettung und unseres gesegneten Lebens. Ein Berg an Geschichten voller Unsichtbarkeiten und verschlungener Verbindungen. Vorstellungskraft ist vonnöten.

In diesem Kapitel „Die Heilige Schrift als Drehbuch: Wir übernehmen unsere Rolle im Geist" lege ich nun den Schwerpunkt auf die Entwicklung von Einsichten und Vorgehensweisen, die uns zu empfänglichen Lesern der dreieinigen Stimme machen, die diese Worte zunächst auf die Seiten unseres Textes brachte, sie aber auch von den Seiten löst und in unser Leben bringt. Der Schwerpunkt liegt auf der Entwicklung von Einsichten und Vorgehensweisen, die uns zu besseren *Nachfolgern* Jesu in der Erzählung machen, die er sprechend erschafft, damit wir uns in ihr zu Hause fühlen, jetzt und in Ewigkeit. Teilnahme ist vonnöten.

Die unbehagliche Bibel

Wir sind glücklich, uns in dieser Welt des biblischen Textes wiederzufinden. Es gibt so viel zu entdecken, so viel zu lernen – und wir haben sogar unseren Platz darin! Es geht nicht nur um Ismael und Isaak, Jakob und Esau, Zippora und Asenat, David und Jonatan, Jeremia und Hesekiel, Priska und Aquila, Rhode und Phoebe, Barnabas und Markus – es geht um mich und um dich. Unsere Eltern und unsere Kinder, unsere Freunde und Feinde, unsere Nachbarschaft und unsere Regierung, alle sind eingeschlossen.

---

30 Chesterton, Gilbert Keith: *Orthodoxie. Eine Handreichung für die Ungläubigen*, Eichborn, Frankfurt am Main 2001, S. 123 (Originalausgabe: Chesterton, G. K.: *Orthodoxy*, John Lane, London / New York 1909).

Als ich vor ein paar Jahren in einem Buchladen war und gerade zahlen wollte, sah ich auf der Theke einen Stapel Bücher liegen. Das Buch hatte ein guter Freund von mir geschrieben. Sein Name stand groß auf dem Cover: Alvin ben-Moring. Das Buch handelte von einem der Weisen, die bei Jesu Geburt anwesend waren. Der Titel lautete: *Balthasar: The Black and Shining Prince* (übers.: *Balthasar: Der schwarze und strahlende Prinz*). In den 1960er-Jahren war es ein beliebtes Weihnachtsbuch gewesen. Ich hatte Ben einige Jahre nicht gesehen, doch ich wusste von dem Buch. Wir hatten über dieses Buch während unserer gemeinsamen Zeit am College und am Seminar gesprochen, hatten Handlung und Charaktere diskutiert. Und hier lag es nun, veröffentlicht! Ich sagte zu der Verkäuferin: „Dieses Buch hat ein guter Freund von mir geschrieben. Ich wusste gar nicht, dass es veröffentlicht worden ist." Sie sagte: „Na, dann kaufen Sie es besser mal. Vielleicht kommen Sie ja darin vor."

Ich habe es gekauft und mich tatsächlich darin wiedergefunden. Allerdings nicht so, wie ich erwartet hatte. Wir waren eng befreundet gewesen. Mir schien es immer so, als möge er mich, bewundere mich sogar. In dem Buch war ich allerdings alles andere als liebenswert und ganz und gar nicht bewundernswert. Es gab keinen Zweifel daran, dass es sich um mich handelte – unglücklicherweise allerdings nicht das Ich, wie ich es mir vorstellte.

***

Es gibt in dieser Erzählung von Johannes, wie er das Buch isst, ein Detail, das ich bisher außer Acht gelassen habe. Allerdings kann ich ihm jetzt nicht mehr aus dem Weg gehen. Es geht um folgendes Detail: Johannes bekam vom Bibelessen Magenschmerzen.

Das Buch, wie er es sich in den Mund steckte, schmeckte gut. Nachdem es aber in seinem Magen gelandet war, wurde ihm übel: „So nahm ich das kleine Buch aus seiner Hand und aß es. Es schmeckte wirklich süß wie Honig; aber dann lag es mir schwer im Magen" (Offb 10,10).

Für die meisten von uns sind die ersten Erfahrungen mit der Bibel süß. Wir finden uns in diesem Buch wieder und das ist wunderbar. Wir entwickeln einen Geschmack für die Versprechungen und Segnungen Gottes, wir lernen die heilsamen Ratschläge und Wegweisungen für unser Leben zu schätzen, wir lernen ein paar Psalmen auswendig, mit denen wir uns während dunkler und trauriger Zeiten Trost zusprechen können. Wir freuen uns an so vielen Dingen in der Bibel. Psalm 119 baut auf einem komplizierten und ausgeklügelten Schema auf: zweiundzwanzig Strophen für zweiundzwanzig Buchstaben des hebräischen Alphabets, um die grenzenlose Freude an Gottes Wort zu feiern, das sich uns auf so viele Arten und in so vielen Formen zeigt. Jede der zweiundzwanzig achtzeiligen Strophen enthält acht Synonyme für „Wort" oder „Gottes Wort". Sie werden umformuliert und umgestaltet, um einen Eindruck von der Komplexität und Vielfalt zu vermitteln, die Gottes Reden ausstrahlt. (Einige Abwandlungen bei den acht Synonymen zeugen von einer gewissen Freiheit beim Verfassen der Zeilen.) Dieser erstaunliche Psalm drückt überzeugend aus, welches Vergnügen uns die Heilige Schrift bereitet, wenn die Wahrheiten und Versprechen und Segnungen Wort für Wort, in Meditation und im Gebet, ihren Platz in unserem Leben finden: „Dein Wort ist meine Lieblingsspeise, es ist süßer als der beste Honig (Ps 119,103). Dietrich Bonhoeffer schrieb, man habe ihm am Seminar beigebracht, dass dies der langweiligste Psalm sei,[31] doch während seiner Inhaftierung durch die Nazis stellte er fest, dass dies der gehaltvollste von allen war und er genoss es, lange über ihn zu meditieren.[32]

Früher oder später stellen wir allerdings fest, dass uns nicht alles schmeckt. Zunächst ist der Geschmack auf unserer Zunge süß, doch dann merken wir, dass uns manches überhaupt nicht gefällt. Es wird bitter in unserem Magen. Wenn wir uns selbst in diesem Buch finden, dann ist das angenehm, sogar schmeichelhaft.

---

31 Artur Weisers Kommentar ist typisch: „Der Psalm ist ein buntes Mosaik sich oft ermüdend wiederholender Gedanken" (Weiser, Artur: *Die Psalmen*, Vandenhoeck & Ruprecht, Göttingen [8]1973, S. 510).

32 Bonhoeffer, Dietrich: *Meditating on the Word*, ed. David McI. Gracie, Cowley, Cambridge, Mass. 1986, S. 13f.

Doch dann stellen wir fest, dass dieses Buch nicht geschrieben wurde, um uns zu schmeicheln, sondern um uns in eine Realität hineinzunehmen, Gottes Realität, die nicht darauf ausgerichtet ist, unseren Vorstellungen von uns selbst zu dienen.

Es gibt Dinge in diesem Buch, an denen wir schwer tragen. Es ist schwer, sie zu hören und schwer, ihnen zu gehorchen. Es gibt Worte in diesem Buch, die schwer verdaulich sind. Johannes bekam schlimme Verdauungsbeschwerden.

Doch es sind nicht nur die schwierigen Aussagen, es ist die *Art*, wie die Bibel uns begegnet. In manchen Momenten erscheint sie uns völlig fremd und wir halten es für unmöglich, sie in unser Denk- und Lebensschema einzupassen. Wir strengen uns an, diese Offenbarung zu zähmen, sie unserer Version vom rechten Gang der Dinge anzupassen. Zu viele unserer sogenannten Bibelstudien sind der Versuch, Erklärungen und Programme zu entwickeln, um damit die Dreieinigkeit in unsere Heiligen Bedürfnisse, Heiligen Wünsche und Heiligen Gefühle einzufügen.

Jeder aufmerksame Bibelleser ist zutiefst überrascht davon, wie „wiederkehrend sonderbar und ungefällig“[33] sie ist, im Vergleich zu dem, was wir kennen und erwarten. Die Bibel ist kein „leichter Lesestoff“.[34]

Viel zu häufig verfallen wir in die Gewohnheit, mit Problemlösungsstrategien an die Bibel heranzugehen, festzustellen, was nicht passt und dann die scharfen Kanten abzuschleifen, sodass sie besser zu unserer Denkweise passen. Wir suchen in ihr nach Trost und wenn das nicht richtig funktioniert, dann gestalten wir sie so um, dass es passt. Ein guter Freund von mir warnt seine Schüler davor zu Text-nikern zu werden. Text-niker lernen den Text, sie kennen ihn in- und auswendig, damit sie ihn auch reparieren können, falls sie feststellen sollten, dass etwas nicht ganz stimmt. Danach läuft er

33 Brueggemann, Walter: *Theology of the Old Testament* (vgl. Anm. 22), S. 3.

34 Coleridge, Mark: *Life in the Crypt or Why Bother with Biblical Studies,* in: Biblical Interpretation 2; Juli 1994, S. 148.

wieder rund und bringt uns genau dorthin, wohin wir mit unseren Bedürfnissen und Wünschen und Gefühlen wollen.

Doch in unseren Bibeln gibt es nichts Eindimensionales, Systematisiertes oder Theologisiertes. Alles in diesem Text ist eng und organisch mit gelebter Realität verbunden. Wir können unsere Bibel genauso wenig abmessen und auswerten und dann in ordentlich etikettierte Gegenstände oder Entwicklungen verpacken, wie wir das mit unserem Garten können. Ein Garten verändert sich ständig mit dem Wachstum von Blumen und Unkraut. Oder, um einen komplexeren Vergleich zu bringen: Stellen Sie sich ein Volksfest auf dem Land vor, voller Fahrgeschäfte und anderer Attraktionen, Kindern, die ihr Taschengeld an sich drücken, Nutztierausstellungen und Pferderennen, Männern und Frauen in unterschiedlichen Lebenssituationen. Der Platz ist voller Leben, menschliches und tierisches, gutes und schlechtes, geiziges und großzügiges, träges und entschlossenes. In solche Dinge, sei es Garten oder Volksfest, kann man nur eintreten.

Die Bibel ist eine Offenbarung solch gelebter Realität, mit Gott als der vorherrschenden Lebensform. Wir können daraus keine Wahrheiten ableiten – wir müssen jedes Detail so nehmen, wie es an der Fundstelle im Text auf uns zukommt. „Jedes *was* ist verbunden mit einem *wie*", schreibt Walter Brueggemann; „wir können nicht verallgemeinern oder zusammenfassen, sondern müssen uns die Details anschauen."[35]

Der häufigste Weg, den wir einschlagen, um uns die verwirrenden oder unangenehmen Schwierigkeiten in der Bibel vom Hals zu schaffen, ist, sie zu systematisieren, sie nach irgendeinem Schema zu organisieren, das für uns zusammenfasst, „was die Bibel lehrt". Wenn wir wissen, was die Bibel lehrt, dann müssen wir sie nicht mehr lesen, müssen nicht mehr an der Erzählung teilnehmen und uns nicht mehr einlassen auf die eigenartige, unschmeichelhafte und unbequeme Richtung, in die sich die Erzählung entwickelt,

35 Brueggemann, Walter: *Theology of the Old Testament* (vgl. Anm. 22), S. 55.

einschließlich der vielen Menschen und Umstände, die, unserer Meinung nach, nichts mit uns zu tun haben.

Wir sagen gerne, die Bibel hätte alle Antworten. Das ist natürlich richtig. Der Text der Bibel stellt uns in eine Realität, die mit dem übereinstimmt, was wir als Geschöpfe im Ebenbild Gottes sind, und wozu wir innerhalb der Ziele Christi bestimmt sind. Doch die Bibel hat auch alle Fragen, von denen wir viele nie gestellt bekommen möchten und andere, die wir für den Rest unseres Lebens versuchen werden zu umschiffen. Die Bibel ist ein höchst tröstliches Buch; sie ist auch ein höchst unbehagliches Buch. Iss dieses Buch. Es wird süß wie Honig in deinem Mund sein, doch es wird dir auch schwer im Magen liegen. Du kannst dieses Buch nicht auf das reduzieren, was du verträgst. Du kannst dieses Buch nicht soweit zähmen, dass du dich damit wohlfühlst. Du kannst es nicht zu deinem Dressurpudel machen, der artig auf deine Befehle reagiert.

Dieses Buch macht uns zu Mitwirkenden in der Welt, in der Gott ist und handelt. Aber wir legen nicht unsere eigenen Teilnahmebedingungen fest. Wir schreiben nicht die Handlung und legen auch nicht fest, welche Rolle wir einnehmen. Dieses Buch hat verwandelnde Macht. Etwas passiert mit uns, wenn wir zulassen, dass der Text uns herausruft, einstimmt, zurechtweist, stutzt. Am Ende sind wir nicht mehr der- oder dieselbe.

Iss dieses Buch, doch achte auf einen guten Vorrat an Verdauungspräparaten.

Die unermessliche Welt der Bibel

Im Kapitel 1 nahm ich Bezug auf Karl Barths Anspielung auf die „neue Welt in der Bibel." Leidenschaftlich, unnachgiebig bestand er darauf, dass dieses Buch anders ist als alle anderen. Jede Erwartung, mit der wir an dieses Buch herantreten, ist unzulänglich oder verfehlt. Dieser Text offenbart Wesen und Handeln des souveränen Gottes. Es schmeichelt uns nicht, es will uns keine Freude machen. Wir gehen in diesen Text hinein, um Gott zu treffen, so wie er sich offenbart, und nicht, um nach Wahrheit oder Geschichte oder Moral zu forschen, die wir für unsere Zwecke benutzen könnten. Er bestand vehement darauf, dass wir die Bibel nicht lesen, um herauszufinden, wie wir Gott in unser Leben bekommen, ihn zur Teilnahme an unserem Leben bewegen. Damit zäumt man das Pferd von hinten auf.

Während wir an die Bibel in einer offenen, teilnehmenden Haltung herangehen, braucht unsere Vorstellungskraft eine Generalüberholung. Wir sind es gewohnt, die biblische Welt für kleiner zu halten als die säkulare Welt. Unser Sprachgebrauch entlarvt uns. Wir sprechen davon „die Bibel für die Welt relevant zu machen", so als wäre die Welt die eigentliche Realität und die Bibel etwas, das zu Hilfe kommt oder repariert. Wir sprechen davon „die Bibel in unser Leben aufzunehmen" oder „in unserem Tagesablauf Platz für die Bibel zu schaffen", als sei die Bibel etwas, das wir unserem ohnehin angefüllten Leben noch hinzufügen, etwas, das wir noch hineinquetschen könnten.

Während wir persönlich an der Welt des ausdrücklich personalen Gottes teilnehmen, wie sie sich in der Bibel offenbart, müssen wir nicht nur die Eigenarten dieser Welt akzeptieren – dass sie nicht in unser vorgefasstes Meinungsbild passt oder nicht unser Geschmack ist – sondern auch ihre atemberaubende Größe. Wir finden uns in einem wahrhaft expandierenden Universum wieder, das alles übersteigt, was wir aus Geografie- oder Astronomiebüchern kennen.

Unsere Vorstellungskraft muss umgestaltet werden, um diese große, unermessliche Welt der Offenbarung Gottes aufnehmen zu können, die im Kontrast steht zu der kleinen, engen Welt des menschlichen „Herumprobierens". Wir lernen zu leben, unsere Vorstellung zu gebrauchen, zu glauben, zu lieben, uns auszutauschen in dieser unermesslichen und lebendigen und detailgetreuen Welt, zu der wir durch das Alte und Neue Testament Zugang bekommen. „Biblisch" heißt nicht, Texte zusammenzuschustern, die ein Dogma oder eine Handlungsweise beweisen oder untermauern, für die wir uns schon entschieden hatten. Vielmehr ist es

„biblisch“ das Startsignal für Folgendes: „Was keine Auge jemals sah, was kein Ohr jemals hörte und was sich kein Mensch vorstellen kann, das hält Gott für die bereit, die ihn lieben“ (1Kor 2,9).

Wir dürfen uns nie dazu verleiten lassen, die Bibel an unsere Erfahrungen anzupassen, obwohl wir es alle immer wieder tun. Unser Erfahrungshorizont ist zu klein; es ist, als wollte man den Ozean in einen Fingerhut stecken. Wir wollen vielmehr in die Welt passen, die uns die Bibel offenbart und in diesem riesigen Ozean schwimmen.

Für uns geht es zunächst darum, ein Gespür dafür zu entwickeln und dann an dem Prozess teilzunehmen, in dessen Verlauf die große Welt der Bibel die viel kleinere Welt unserer Wissenschaft, Wirtschaft und Politik in sich aufnimmt, diese kleine Welt, die uns mit sogenannter Weltanschauung versorgt, mit deren Hilfe wir normalerweise an unseren täglichen Herausforderungen arbeiten.

Das bedeutet, wir müssen jede herablassende Einstellung der Bibel gegenüber aufgeben. Die meisten von uns haben gelernt, was man manchmal als die „Übung des Zweifels“ bezeichnet. Es wird viel gelogen. Und schreibende Menschen lügen noch häufiger als andere. Man bringt uns bei, alles, was wir lesen, mit einem gesunden Zweifel zu betrachten, besonders wenn es Machtanspruch auf uns erhebt. Und das ist richtig so. Wir prüfen den Text sehr genau. Was geht hier vor? Gibt es eine verborgene Agenda? Was steckt hinter all dem? Die drei modernen Meister der Übung des Zweifels sind Nietzsche, Marx und Freud. Sie haben uns gut gelehrt, nichts für bare Münze zu nehmen.

Vieles davon ist hilfreich. Wir wollen nicht übervorteilt werden, von schlauen Wortschmieden manipuliert werden oder von begabten Publizisten und Werbespezialisten zum Kauf von Dingen verführt werden, die wir nicht brauchen, wir wollen nicht von aalglatten Propagandisten in ein Programm hineingezogen werden, das unserer Seele schadet. Wenn es um Gott geht, sind wir doppelt vorsichtig, zweifeln alles und jeden an, einschließlich der Bibel. Zu unserer großen Sorge mussten wir lernen, dass religiöse Menschen noch mehr lügen, als andere – und Lügen im Namen Gottes sind die schlimmsten von allen.

Doch während wir zweifelnd die Augen verengen, wird gleichzeitig auch die Welt enger. Wenn wir diese Lesegewohnheit auf unsere Heilige Schrift anwenden, dann bleibt uns am Ende nur ein kleiner Sägemehlhaufen an Fakten.

Paul Ricoeur hat einen wunderbaren Rat für Leute wie uns. Mach weiter, sagt er, lass nicht nach in deiner Übung des Zweifels. Es ist wichtig. Nicht nur das, es ist auch notwendig. Die Welt ist voller Lügen; lerne, die Wahrheit zu erkennen und den Rest hinauszuwerfen. Doch komm dann wieder zurück zu dem Buch, zur Welt, mit einer, wie er es nennt „zweiten Naivität".[36] Schau dir die Welt mit kindlicher Bewunderung an und sei bereit, dich freudig überraschen zu lassen von der reichen Fülle an Wahrheit und Schönheit und Güte, die ununterbrochen aus den Himmeln hervorquellen. Gewöhne dir eine Übung der Bewunderung an – schau dir an, wie groß, wie prächtig, wie herrlich das Leben ist.

Und wende diese Übung der Bewunderung an, wenn du die Heilige Schrift liest. Rechne damit, dass du den Rest deines Lebens damit verbringen wirst, die weite und komplexe Welt, die dieser Text offenbart, zu entdecken und zu genießen.

Gehorsam

Wir treten in die Welt dieses Textes ein, diese Welt, in der es um Gott geht, um Teilnehmer dieses Textes zu werden. Wir müssen in diesem Text unsere Rolle spielen, eine Rolle, die uns vom Heiligen Geist vorgegeben wird. Während wir unseren Teil übernehmen, werden wir zu *Teil*-nehmern.

Dieses Buch ist uns gegeben worden, damit wir glaubend und mit unserer ganzen Vorstellungskraft in diese Welt eintreten und Jesus

36 Ricoeur, Paul: *Symbolik des Bösen. Phänomenologie der Schuld II*, Karl Alber, Freiburg/München 32002, S. 399.

nachfolgen können. In diesem Zusammenhang wird häufig Johannes Calvin mit seiner Ansicht zur Heiligen Schrift zitiert: „alle rechte Gotteserkenntnis entsteht aus dem Gehorsam".[37] Es gibt kaum einen Bibelexegeten oder -übersetzer von Rang innerhalb der Gemeinschaft der Christen, der nicht das Gleiche gesagt hat.

Wenn wir nicht als Teilnehmer in diesen Text eintreten, dann werden wir nicht verstehen, was vor sich geht. Diesen Text versteht man nicht, wenn man von der Tribüne aus zusieht – oder auch von einem teuren Logenplatz aus. Wir sind mittendrin.

***

Die teilhabende Qualität geistlichen Lesens wurde mir mit einem Schlag bewusst, als ich fünfunddreißig Jahre alt war. Ich hatte wieder mit dem Laufen begonnen. Ich war regelmäßig während meiner College- und Seminaristenzeit gelaufen und es hatte mir immer große Freude gemacht. Doch als ich mit der Ausbildung fertig war, hörte ich auf zu laufen. Mir war nicht bewusst, das Laufen etwas sein könnte, was ein Erwachsener einfach so, aus Spaß, macht. Außerdem war ich jetzt Pastor und ich war mir nicht sicher, wie meine Gemeindemitglieder es aufnähmen, wenn sie ihren spärlich bekleideten Pastor auf den Feldwegen unseres Ortes sähen. Allerdings sah ich andere Menschen, Ärzte, Rechtsanwälte und Manager, die ich kannte und völlig unerwartet laufen sah, und das ohne offenbaren Verlust an Würde. Es waren Männer und Frauen, die so alt waren wie ich und älter, und ich dachte, dass man es mir wohl auch durchgehen ließe. Also ging ich los und kaufte mir Laufschuhe – es waren Adidas – und stellte fest, wie rasant sich Laufschuhe seit meiner Studentenzeit weiterentwickelt hatten. Ich hatte wieder Spaß daran und genoss den gleichförmigen Rhythmus langer Distanzläufe, die Stille, die Einsamkeit, die Wachheit der Sinne, die Muskelarbeit, die Struktur des Bodens unter meinen Füßen, die unausweichliche Gegenwart des Wetters – Wind,

37 Calvin, Johannes: *Unterricht in der christlichen Religion. Institutio Christianae Religionis*, nach der Ausgabe von 1559 übersetzt und bearbeitet von Otto Weber, im Auftrag des Reformatorischen Bundes bearbeitet und neu herausgegeben von Matthias Freudenberg, Neukirchener Verlag, Neukirchen-Vluyn ^{2}2009, Erstes Buch, Kapitel 6,2.

Sonne, Regen, Schnee … was auch immer. Schon bald nahm ich fast monatlich an 10-km-Wettkämpfen teil und einmal pro Jahr an einem Marathonlauf. Laufen wurde von einer körperlichen Aktivität zu einem Ritual, das Meditation, Besinnung und Gebet im Laufen bündelte. Ich hatte zu diesem Zeitpunkt drei Laufzeitschriften abonniert und holte mir regelmäßig Bücher zu den Themen Laufen und Läufer aus der Bibliothek. Über das Laufen zu lesen wurde mir nie langweilig – Ernährung, Dehnen, Trainingsmethoden, Behandlung von Verletzungen, Ruhepuls, Endorphine, Verbrennung von Kohlehydraten, Elektrolytersatz – hatte es mit Laufen zu tun, las ich es. Was kann man schon über das Laufen schreiben? Die Liste ist nicht endlos – im Grunde geht es darum, einen Fuß vor den anderen zu setzen. Bis auf wenige Ausnahmen war die Literatur nicht sehr gut geschrieben. Doch es störte mich nicht, dass ich das Gleiche vorher schon zwanzig Mal gelesen hatte; es störte mich nicht, wenn die Sprache aus zusammengesammelten Klischees bestand. Ich war Läufer und ich las alles.

Und dann zog ich mir einen Muskelfaserriss zu und konnte während der Genesungszeit meines Oberschenkels ein paar Monate lang nicht laufen. Es dauerte ungefähr zwei Wochen, bis ich feststellte, dass ich seit meiner Verletzung kein Buch über das Laufen und keine Laufzeitschrift in die Hand genommen hatte. Es war keine bewusste Entscheidung, sie nicht zu lesen. Sie lagen immer noch im ganzen Haus herum, aber ich las sie nicht. Ich las nicht, weil ich nicht lief. Als ich wieder mit dem Laufen anfing, begann ich auch wieder mit dem Lesen.

In dem Moment wurde mir die Bedeutung des Attributs „geistlich" in „geistliches Lesen" bewusst. Es bedeutet teilhabendes Lesen. Es bedeutet, dass ich jedes Wort als Erweiterung oder Vertiefung oder Korrektur oder Bestätigung dessen lese, wovon ich Teil bin. Ich las nicht in erster Linie über das Laufen, weil ich etwas herausfinden oder lernen wollte, sondern vielmehr wegen der Gemeinschaft, des Zuspruchs und der Bestätigung der Lauferfahrung. Es stimmt schon, dass ich dabei ein paar Dinge gelernt habe, aber in erster Linie war der Grund, die Welt des Laufens, die ich so sehr liebte, zu erweitern, zu vertiefen und mit Gesichtern zu versehen. Doch wenn ich nicht lief, gab es auch nichts zu vertiefen.

Hier lässt sich eine Parallele zum Bibellesen ziehen: Wenn ich an der Realität nicht teilnehme – an der Realität Gottes, der Schöpfungs-/Rettungs-/Heiligkeits-Realität –, die die Bibel offenbart, nicht teilnehme an dem Gehorsam, von dem Calvin schreibt, dann werde ich vermutlich auch kein Interesse haben, darüber zu lesen – zumindest nicht für lange Zeit.

Es geht um Gehorsam, darum, in wacher/tätiger Erwiderung zu dem lebendigen Gott zu leben. Die wichtigste Frage, die wir diesem Text stellen, lautet nicht: „Was bedeutet das?", sondern: „Wie gehorche ich hier?" Ein einfacher Akt des Gehorsams wird unser Leben schneller für diesen Text öffnen als eine endlose Reihe von Kommentaren, Wörterbüchern und Konkordanzen es jemals könnten.

Das heißt aber nicht, dass das Studium unwichtig ist. Ein jüdischer Rabbiner, mit dem ich kurzzeitig studiert hatte, sagte immer: „Für uns Juden ist es wichtiger, die Bibel zu studieren, als ihr zu gehorchen, denn wenn du sie nicht richtig verstehst, dann gehorchst du ihr nicht richtig, und dein Gehorsam wird zum Ungehorsam."

Das stimmt ebenso.

***

Anthony Plakados war ein 35-jähriger LKW-Fahrer in meiner Gemeinde. Anthony war in einer griechischen Familie aufgewachsen, ganz normale Katholiken, aber das hatte keine Spuren bei ihm hinterlassen. Er verließ die Schule nach der achten Klasse. Er erzählte mir, dass er nie ein Buch gelesen habe. Und dann wurde er Christ, kaufte sich eine alte King-James-Bibel mit ganz kleiner Schrift und las sie im Laufe des ersten Jahres nach seiner Bekehrung drei Mal durch. Anthony war Feuer und Flamme. Mary, seine Frau, war durchaus interessiert, aber auch ein bisschen verwirrt von allem und hatte eine Menge Fragen. Mary war als stramme Presbyterianerin erzogen worden, sie hatte in ihrer Kindheit und Jugend die Sonntagsschule besucht und war an eine Religion voller

Definitionen und Erklärungen gewöhnt. Immer wenn Marys Fragen zu schwierig für Anthony wurden, lud er mich in ihren Trailer ein, an dessen Wänden Elvisposter hingen, um ihm auszuhelfen. An einem Abend ging es um die Gleichnisse – Mary verstand sie einfach nicht. Ich versuchte ihr zu erklären, wie sie sie lesen sollte, wie sie den Sinn erkennen könnte. Es gelang mir nicht wirklich und Anthony unterbrach mich: „Mary, du musst se leben, dann verstehste se auch; von außen verstehste se nicht, du musst in sie reingehn – oder sie in dich reinlassen."

Und Anthony hatte nie ein Wort von Johannes Calvin gelesen.

Die Bibel liturgisch lesen

Ich will einen Begriff einführen, der in diesem Zusammenhang etwas gewöhnungsbedürftig ist: Liturgie. Während wir dieses Buch essen, es lesen und darauf reagieren und nachfolgen, gehorchen und beten, während wir all das aufnehmen und Teilnehmer werden in diesem Text, benötigen wir Hilfe. Wir brauchen Hilfe von allen Seiten, denn hier geht es nicht um unsere Privatangelegenheit und wir sind nicht der Star dieser Show. „Liturgisch" ist der Begriff, den ich verwenden möchte, um die Hilfe zu bezeichnen, die wir benötigen. Die Bibel muss liturgisch gelesen werden.

Um Verwirrung zu vermeiden, möchte ich zunächst klarstellen, was ich damit nicht meine: Mit Liturgie meine ich nicht das, was im Altarraum einer katholischen Kirche passiert; ich meine damit keine Gottesdienstordnung; ich meine damit nicht Gewänder und Kerzen, Weihrauch und Kniefall vor dem Altar. Das alles als Liturgie zu bezeichnen, ist korrekt. Mir geht es aber um etwas anderes: etwas Tieferes und Höheres und Weiteres.

Ich möchte unser Bibellesen, unser Essen des Buches, wieder in den Zusammenhang einer riesigen heiligen Gemeinschaft mit all jenen setzen, die auch dieses Buch lesen. Es gibt eine Jahrtausende alte und weltumspannende Gemeinschaft derer, die mit uns am Tisch sitzen und dieses Buch essen. Jedes Mal, wenn dieses verinnerlicht wird und formend wirkt, dann ist diese ganze Gemeinschaft – es ist keine Übertreibung, wenn man sagt, die ganze Welt – beteiligt und betroffen. Die biblische Erzählung nimmt die heilige Gemeinschaft – nicht nur dich, nicht nur mich – in die Geschichte hinein, sodass wir zu Teilnehmern werden.

Liturgie ist das Werkzeug der Kirche, um getaufte Christen in einer lebendigen Verbindung zur gesamten lebendigen heiligen Gemeinschaft zu halten, die an der Heiligen Schrift teilhat und sich von ihr formen lässt. Ich verwende den Begriff „Liturgie", um mich insoweit auf die Absicht und Vorgehensweise der Kirche zu beziehen, als sie alles im und außerhalb des Allerheiligsten in einen lebendigen Gottesdienst hineinstellt. Alles Vergangene und Gegenwärtige wird zu einer stimmigen Teilnahme an der Offenbarung, die für uns in der Bibel aufgeschrieben wurde. Anstatt Liturgie auf die Organisation einzelner Anbetungszeiten der Gemeinde zu reduzieren, will ich sie in dieser großen und umfassenden Bedeutung verwenden, in der jahrhundertealten und Kontinente umspannenden Gemeinschaft, die über Zeit und Raum verteilt ist, in der Christen an Vorgängen teilhaben, die von den Worten dieses Buches angestoßen und geprägt werden – unsere ganze Existenz, liturgisch verstanden, also zusammenhängend, im Kontext des drei-personalen Vaters, Sohns und Heiligen Geistes und ausgestattet mit dem Text der Heiligen Schrift.

Die Aufgabe der Liturgie ist es, Ordnung in das Leben der heiligen Gemeinschaft zu bringen, während sie dem Text der Heiligen Schrift folgt. Sie setzt sich aus zwei Bewegungen zusammen. Zunächst bringt sie uns ins Allerheiligste hinein, den Ort der Anbetung und Aufmerksamkeit, wir hören, empfangen und glauben im Angesicht Gottes. Vieles spielt hier eine Rolle, alle Bereiche unseres Lebens werden den verschiedenen Aspekten der Offenbarung Gottes in Jesus unterstellt.

Danach führt sie uns aus dem Allerheiligsten heraus und in die Welt hinein, an Plätze des Gehorsams und der Liebe, verlangt unser Leben als lebendiges Opfer in dieser Welt, zur Ehre Gottes.

Vieles spielt hier eine Rolle. Alle Bereiche unseres Lebens draußen im Alltag nehmen teil am Werk der Erlösung.

Das ist es, was Johannes so beeindruckend in der Offenbarung vollbringt: Er zeigt uns alles, was es gibt, die Welt und was wir auf ihr erleben, Christus und alle seine Engel, den Teufel und alle seine Engel, Himmel und Hölle, Rettung und Verdammnis, Gemeinden und Weltreiche, Krieg und Frieden – alles Sichtbare und Unsichtbare – und er macht daraus einen Akt der Anbetung. Danach zeigt er, wie alles aus dieser Welt in unsere Welt überquillt. Es gibt keine Nicht-Teilnehmer. Niemand steht nur herum und sieht zu.

Das, was Johannes so meisterhaft in der Offenbarung tut, führen wir in der heiligen Gemeinschaft liturgisch weiter, unter der Formung des Heiligen Geistes, wie es im Text der Heiligen Schrift beschrieben ist.

Liturgie bewahrt und präsentiert die Heilige Schrift im Kontext der anbetenden und gehorsamen Gemeinschaft der Christen, die im Zentrum dessen stehen, was Gott getan hat, tut und tun wird. Liturgie lässt nicht zu, dass wir uns mit unserer Bibel alleine davonmachen oder uns ein paar Freunde für den Bibelkreis suchen und es damit gut sein lassen.

Die liturgische Praxis der Kirche konfrontiert uns mit der Heiligen Schrift, wie sie, im Kontext aller existierenden Dinge, gehört und geglaubt wird:

Architektur ist ein Teil davon – die Verwendung von Stein, Holz und Glas. Farbe – purpurrot und grün, rot und weiß – ist ein Teil davon. Lieder sind ein Teil davon – unsere Lobgesänge und Hymnen, unsere Orgeln und Gitarren, unsere Klarinetten und Trommeln.

Vorfahren sind ein Teil davon – die Heiligen und Gelehrten, die unsere Predigten und Gebete bereichern.

Gebet ist ein Teil davon – allein und gemeinsam gesprochene Gebete, in denen wir unsere zutiefst persönliche Erwiderung vor Gott bringen und seinem Ruf zu Lob und Zeugnis und Mission nachkommen.

Nachbarn sind ein Teil davon – diese Männer, Frauen und Kinder, die sich in ihren Vorlieben und ihrem Charakter so von uns unterscheiden und die wir nicht einmal besonders gerne mögen.

Und Zeit. Liturgie versammelt die heilige Gemeinschaft, während sie die Heilige Schrift im an- und abschwellenden Rhythmus des Kirchenjahres liest, in dem die Erzählung von Jesus und eines jeden Christen sich bewegt, Jahrhundert für Jahrhundert, der große und leichte innere Rhythmus eines Jahres, das fortschreitet von Geburt, Leben, Tod, Auferstehung zu Geist, Gehorsam, Glaube und Segen. Ohne Liturgie verlieren wir den Rhythmus und verheddern uns in den sprunghaften, unpassenden und plumpen Unterbrechungen, verursacht durch Pressekampagnen, Schulanfang und Schulabschluss, Sonderverkäufe, Abgabetermine für Steuererklärungen, Inventuren und Wahlen. Der Advent ist begraben unter der „Zeit für die Weihnachtseinkäufe". Die freudigen Übungen der Fastenzeit werden ersetzt durch die angespannte Pflichterfüllung beim Ausfüllen der Steuererklärung. Liturgie verbindet uns mit der Erzählung, die definiert und gestaltet: unseren Anfang und unser Ende, unser Leben und unser Sterben, unser Wiedergeborenwerden und unser Gesegnetsein im Heiligen Geist, eine vom Text gestaltete Gemeinschaft, sichtbar und unsichtbar.

Wenn wir die Heilige Schrift liturgisch begreifen, dann wird uns bewusst, dass vieles auf einmal passiert, viele Menschen tun so viele verschiedene Dinge. Die Gemeinschaft ist auf den Beinen, sie arbeitet für Gott, hört und erwidert auf die Heilige Schrift. Während die heilige Gemeinschaft von der Heiligen Schrift geprägt wird, schaut/hört sie, wie Gottes Offenbarung vor und in ihr Gestalt annimmt, während sie Jesus nachfolgt und dabei jeder seine Rolle einnimmt im Geist.

Es hilft, wenn man bedenkt, dass das Wort „Liturgie" nicht im Umfeld von Kirche oder Gottesdienst entstanden ist. In der griechischen Welt bezog es sich auf den Dienst für die Öffentlichkeit, auf das, was ein Bürger für die Gemeinschaft tat. Als die Kirche den Begriff dann im Zusammenhang mit Gottesdienst verwendete, behielt er diesen „Ehrenamts"-Charakter – man arbeitet für die

Gemeinschaft im Namen von Gott oder indem man den Geboten Gottes folgt. Wenn wir Gott anbeten, der sich personal als Vater, Sohn und Heiliger Geist in unserer Heiligen Schrift offenbart, dann tun wir nicht etwas, das mit der Nicht-die-Bibel-lesenden-Welt nichts zu tun hat oder wenden uns von ihr ab; wir tun es *für* die Welt – wir bringen die ganze Schöpfung und die ganze Geschichte vor Gott, bringen unseren Körper und alle Schönheiten und Nöte der Menschheit in Lob und Fürbitte vor Gott, wir dringen in die Welt ein und dienen ihr, für die Christus im mächtigen Namen der Dreieinigkeit starb.

Liturgie setzt uns an die Arbeit, und zwar gemeinsam mit allen anderen, die auch durch und mit Jesus in der Welt an die Arbeit gesetzt wurden, und wir folgen dabei unserem Text, der unser geistliches Leben prägt. Liturgie hält uns mit dem Geschehen in Verbindung, das durch den Geist ausgelöst wurde und immer noch wird, so wie es uns der biblische Text bezeugt. Liturgie verhindert, dass der erzählende Charakter der Bibel auf privaten, individuellen Konsum reduziert wird.

So verstanden, hat „liturgisch" wenig zu tun mit der Choreografie im Altarraum oder der Ästhetik des Erhabenen. Es ist ein gehorsames, teilnehmendes Hören auf die Heilige Schrift, gemeinsam mit der heiligen Gemeinschaft durch Zeit (unsere zweitausend Jahre, während derer wir auf diesen Text erwidern) und Raum (unsere Freunde in Christus auf der ganzen Welt). Hochkirchliche Anglikaner, erweckliche Baptisten, Charismatiker, die mit hoch erhobenen Händen Gott loben, und Quäker, sie alle sitzen still in einem kahlen Raum und müssen diesen Text liturgisch lesen und leben und nehmen teil daran, wie die heilige Gemeinschaft die Heilige Schrift liest. Es hat nichts Kirchenhaftes oder Elitäres an sich; es ist riesiges und bedeutsames „Einsteigen in die Erzählung". Wir sorgen dafür, dass wir unsere Rolle in der Erzählung wahrnehmen und lassen zu, dass auch alle anderen ihre Rolle in der Erzählung wahrnehmen. Wir sorgen dafür, dass nichts und niemand von der Erzählung ausgeschlossen wird. Ohne ausreichende liturgische Unterstützung und Struktur neigen wir leicht dazu, die Erzählung zu bearbeiten, sodass sie zu unserem eigenen Geschmack und unseren eigenen Vorlieben passt.

Geistliches Leben virtuos

Frances Young bedient sich einer erweiterten Analogie zur Musik und deren Aufführung, um damit Verständnis für die beziehungsreiche Komplexität zu schaffen, die entsteht, wenn die Heilige Schrift gelesen und gelebt wird, genau das, was Johannes erlebte, als er das Buch aß. Ihr Buch *Virtuoso Theology* (übers.: *Theologie virtuos*) untersucht, was sie als „die komplexen Herausforderungen auf der Suche nach der authentischen Aufführung“[38] bezeichnet. Es liegt in der Natur von Musik, aufgeführt zu werden. Kann man Musik, die nicht aufgeführt wird, noch „Musik“ nennen? Musik aufzuführen bedeutet allerdings nicht, die Partitur exakt so wiederzugeben, wie der Komponist sie aufgeschrieben hat, obwohl das natürlich ein Teil davon ist. Jeder erkennt den Unterschied zwischen einer genauen, aber hölzernen Aufführung von, sagen wir, Mozarts Violinkonzert Nr. 1 und der virtuosen Aufführung von Yitzak Perlman. Perlmans Aufführung zeichnet sich nicht nur durch die technische Begabung aus, mit der er Mozarts Komposition wiedergeben kann; auf wundersame Weise wird er Teil davon und vermittelt den Geist und die Energie – das „Leben“ – der Partitur. Bezeichnenderweise fügt er der Partitur nichts hinzu, nicht die kleinste Kleinigkeit. Er hält sich zurück, obwohl er vielleicht zu Recht behaupten könnte, dass er, mit seinem Zugang zu den wechselseitig verbundenen Psychologien der Musik und der Psychologie der Sexualität, Mozart weitaus besser versteht, als Mozart sich selbst verstanden hat; er fügt nichts hinzu.

Was an musikalischen und theatralischen Aufführungen immer wieder überrascht, ist das Gefühl frischer Spontaneität, das die Aufführung vermittelt: Texttreue führt nicht zu einer sklavischen Auslöschung der Persönlichkeit. Vielmehr wird von dem

38 Young, Frances: *Virtuoso Theology*, Pilgrim, Cleveland 1993, S. 21.

aufführenden Künstler freigesetzt, was bereits in dem Text steckt. „Musik muss durch Aufführung und Interpretation ‚real gemacht' werden."[39]

Genauso ist es mit der Heiligen Schrift. Die zwei Analogien, Aufführung von Musik und das Essen des Buches, ergänzen sich wunderbar. Die Komplexität der Aufführungsanalogie ergänzt die Bodenständigkeit der Essensanalogie (und umgekehrt), wenn die heilige Gemeinschaft die Welt der Heiligen Schrift mit Bereitschaft zur Veränderung betreten soll.

Fehlt uns allerdings der Text[40], wie Alasdair MacIntyre es in seinem Zusammenhang ausdrückt, dann verbringen wir unser Leben mit nervösem Stottern, sowohl was unsere Worte, als auch, was unsere Taten betrifft. Doch wenn wir es richtig machen – wenn wir die Partitur aufführen, das Buch essen, die heilige Gemeinschaft umarmen, die sich dieses Buch einverleibt – dann werden wir in die Freiheit entlassen: „Ich laufe den Weg deiner Gebote; denn du tröstest mein Herz" (Ps. 119,32; *Luther 1984*).

39 Young, Frances: *Virtuoso Theology*, S. 22. Die Analogie zur „Aufführung" wurde bereits überzeugend verwendet von Nicholas Lash, *Performing the Scripures*, in: Theology on the Way to Emmaus, London: SCM, 1986 und Brian Jenner, *Music to the Sinner's Ear?* Epworth Review 16, 1989, S. 35–38.

40 Englisch „unscripted": „Deprive children of stories and you leave them unscripted, anxious stutterers in their actions as in their words." (MacIntyre, Alasdair: *After Virtue. A study in moral theory*, University of Notre Dame Press, Notre Dame 1981, S. 201). In der deutschen Ausgabe: „Man nehme Kindern die Geschichten, und sie bleiben nichtssagende, verängstigte Stotterer, in ihren Handlungen wie in ihren Worten." (MacIntyre, Alasdair: *Der Verlust der Tugend. Zur moralischen Krise der Gegenwart*, aus dem Englischen von Wolfgang Rhiel, Campus, Erweiterte Neuausgabe Frankfurt 2006, S. 289).

II

Lectio Divina

„Wie liest du?"

LUKAS 10,26 (SCHLACHTER 2000)

„Gott kannst du nicht mit einem anderen reden hören, sondern nur, wenn du der Angeredete bist."

LUDWIG WITTGENSTEIN

KAPITEL 6

Caveat Lector

Lectio Divina ist eine Art des Bibellesens, die dem entspricht, wie die Bibel, als Zeuge der Selbstoffenbarung Gottes, unserer christlichen Gemeinschaft dient. Sie ist eine kluge Wegweisung, die sich im Laufe von Jahrhunderten andächtigen Bibellesens entwickelt hat und uns Bibelleser dazu erzieht, die Bibel angemessen zu verstehen und zu empfangen, sodass sie Wirkung in unserem Leben zeigt und nicht nur unseren Verstand und unsere Gefühle anspricht. Unser Leben soll von der Offenbarung Gottes durchdrungen werden.

Falsches Bibellesen kann uns in große Schwierigkeiten bringen. Die Gemeinschaft der Christen sorgt sich genauso darum, *wie* wir die Bibel lesen, wie sie sich darum sorgt, *dass* wir sie lesen. Es genügt nicht, jemandem mit den Worten „Lies das" eine Bibel in die Hand zu drücken. Das ist genauso dumm, wie wenn man einem Heranwachsenden die Autoschlüssel für einen Golf in die Hand drückt und sagt „Fahr los." Und es ist genauso gefährlich. Es ist so gefährlich, denn wenn wir Technologie in den Händen haben, hat das oft zur Folge, dass wir sie gedankenlos einsetzen und unser Leben und das Anderer um uns herum gefährden; oder wir sind berauscht von der Macht, die die Technologie uns verleiht und setzen sie rücksichtslos und gewalttätig ein.

Schließlich ist auch Buchdruck Technologie. Wir nehmen uns eine Bibel und stellen fest, dass wir Gottes Wort in der Hand haben, in *unseren Händen*. Jetzt können wir es gestalten. Es ist nur ein kleiner Schritt zu der Annahme, dass wir es unter Kontrolle haben, dass wir es benutzen können, dass wir dafür zuständig sind, es anzuwenden, wo auch immer, wann auch immer, auf wen auch immer wir wollen, ohne Rücksicht auf Angemessenheit oder Umstände.

In einem Golf steckt mehr als nur mechanische Technologie. Und auch in der Bibel steckt mehr als nur Drucktechnologie. Die Maschinentechnologie des Golf ist umgeben von einer Welt aus Schwerkraft und Trägheit, Werten und Geschwindigkeit, Oberflächen und Hindernissen, BMW und Opel, Verkehrsregeln und Verkehrskontrollen oder auch Fahrern, betrunken oder nüchtern, Schnee, Eis und Regen. Autofahren bedeutet so viel mehr, als nur den Zündschlüssel umdrehen und auf das Gaspedal treten. Wer das nicht weiß, ist bald tot oder verkrüppelt.

Und wer die Bedingungen der Technologie nicht kennt, die in der Bibel steckt, ist genauso eine Gefahr für sich selbst und andere. Wenn wir also Bibeln verteilen und Menschen dazu drängen, sie zu lesen, dann ist es unbedingt notwendig, dass wir auch sagen, *caveat lector*, Leser, pass auf.

Männer und Frauen, die auf dem Markt Gemüse und Fleisch, Teppiche und Röcke, Pferde und Autos kaufen, wurden von ihren erfahrenen Eltern und Großeltern schon immer angewiesen: *caveat emptor*, Käufer, pass auf. Der Markt ist nicht immer das, was er zu sein scheint. Hier passiert weitaus mehr als nur der simple Austausch von Gütern. Verkäufer und Käufer haben nur selten die gleichen Werte und Ziele. Verkäufer stehen nicht in dem Ruf, immer im besten Interesse des Käufers zu handeln. *Caveat emptor*, Käufer, pass auf.

Und, Leser, pass auf. Eine Seite mit gedruckten Wörtern und das Wissen, wie man Hauptwörter von Verben unterscheidet, ist nicht genug. Selbst wenn ich eine in marokkanischem Leder gebundene Bibel besitze, für die ich 50 Dollar bezahlt habe, gehört mir das Wort Gottes doch nicht und steht nicht zu meiner freien Verfügung. Gott ist souverän. Das Wort Gottes ist nicht in meinem Besitz. Die Worte, die auf den Seiten meiner Bibel gedruckt sind, bezeugen die lebende und handelnde Offenbarung des Gottes der Schöpfung und der Rettung, des Gottes der Liebe, der in Jesus zum fleischgewordenen Wort wurde, und ich tue gut daran, das nicht zu vergessen. Wenn ich beim Bibellesen den Kontakt zu dieser Lebendigkeit verliere, wenn ich nicht auf diesen lebenden Jesus höre, mich seiner Souveränität unterstelle und auf seine Liebe reagiere, dann wird mein Wissen arrogant und mein Verhalten unpersönlich. Durch schlechtes Bibellesen wird unter dem Namen einer christlichen Lebensweise enormer Schaden angerichtet. *Caveat lector*, Leser, pass auf.

Eine Frage, die Jesus von dem Religionsgelehrten (dem *Nomikos*) gestellt wurde, der ihm auf dem Weg nach Jerusalem begegnete und anfing, ihn zu testen, richtet unsere Aufmerksamkeit auf diesen Zusammenhang: „Wie liest du?" (*pōs anaginōskeis*, Lk 10,26; *Schlachter 2000*). *Wie* liest du das, nicht *was* hast du gerade gelesen?[41]

Die Frage Jesu ist die Antwort auf die Frage des Gelehrten. Der Gelehrte hatte Jesus gerade gefragt: „Was muss ich tun, um das ewige Leben zu bekommen?". Oberflächlich betrachtet, scheint das eine völlig legitime Frage zu sein. Doch Lukas, der uns diese Geschichte erzählt, ging es um etwas ganz anderes, etwas, das sich unter der Oberfläche versteckte. Er gibt uns zu verstehen, dass die Frage des Religionsgelehrten in feindseliger Absicht gestellt worden war. Dem Gelehrten ging es nicht um Information oder um Rat, wie er ein gutes Leben vor Gott führen kann. Er stellte seine Frage, um „Jesus eine Falle zu stellen" (*ekpeiradzōn*). Er wollte Jesus herausfordern oder mit ihm diskutieren oder ihn auf die eine oder andere Weise aus dem Konzept bringen. Das gleiche Verb (*ekpeiradzein*) verwendete Lukas schon früher, um zu beschreiben,

41 Abgesehen von der *Elberfelder* und der *Schlachter-Bibel* übersetzen die meisten Bibelübersetzungen pōs mit „was" und lassen damit leider ein wichtiges Detail außer Acht.

was der Teufel mit Jesus in der Wüste vorhatte (Lk 4,12) und das entsprechende Substantiv verwendet Jesus ein paar Zeilen später (11,4), um uns zu lehren, wovor wir um Bewahrung beten sollen (*peirasmon*). Wir wissen nicht genau, was hinter der Frage des Religionsgelehrten steckte, doch es wird ziemlich deutlich, dass es keine unschuldige Frage war. Der Mann wollte Jesus auf die eine oder andere Weise „stellen“ und dazu bediente er sich der Bibel.

Jesu Frage beantwortet der Gelehrte korrekt mit dem genauen und richtigen Zitat des doppelten Liebesgebots aus 5. Mose 6,5 und 3. Mose 19,18. Jesus bestätigt den Mann unverzüglich – „Richtig!“. Schließlich hatte Jesus selbst die beiden Texte in einer Unterhaltung kombiniert, in deren Verlauf, wie Markus und Matthäus berichten, ein Religionsgelehrter ihm eine ähnliche Frage gestellt hatte (Mt 22,34–40; Mk 12,28–31). Das Bibelwissen des Gelehrten war in Ordnung. Doch die Art seines Bibellesens war ganz und gar nicht in Ordnung, das *wie* seines Lesens. Das wird an der Wortklauberei des Gelehrten offenbar: „Er aber wollte sich selbst rechtfertigen“. Er fragt: „Wer ist denn mein Mitmensch?“.

Warum fragt der Gelehrte nach einer Definition? Offenbar will er sich davor schützen, persönlich auf den Text reagieren zu müssen. Indem man „Mitmensch“ definiert, sieht man den Mitmenschen nicht mehr als Person, macht ihn oder sie zu einem Objekt, einer Sache, die man kontrollieren kann, mit der man machen kann, was man will. Es nimmt aber auch dem biblischen Text das Personale. Er will *über* den Text reden, will den Text als Sache behandeln, ihn zerlegen, analysieren, diskutieren – ohne Ende. Doch Jesus spielt dieses Spielchen nicht mit. Der Gelehrte hatte gerade Worte aus der Heiligen Schrift zitiert, die das lebendige Wort Gottes bezeugen. Es sind Worte, auf die man hört, denen man sich unterstellt, denen man folgt, die man *lebt*. Anstatt den Gelehrten also zu einem Bibelgespräch über das dritte und fünfte Buch Mose im Schatten einer nahen Eiche einzuladen, erzählt Jesus ihm eine Geschichte, eine seiner bekanntesten, die vom Guten Samariter und er schließt so, wie er begonnen hatte, nämlich mit einer Frage: „Welcher von den dreien hat an dem Überfallenen als Mitmensch gehandelt?“.

Der Gelehrte wird durch die Frage entlarvt: Die Worte der Bibel können nicht mehr durch Definitionen handhabbar gemacht werden, „Wer ist mein Mitmensch?". Der Text fordert Teilnahme, „Bist du ein Mitmensch?". *Jesus* besteht auf Teilnahme. Jesus schickt den Gelehrten mit einem Gebot seines Weges: „Dann geh und folge...". Lebe, was du liest. Wir lesen die Bibel, um das Wort Gottes zu leben.

Lectio divina kultiviert diese persönliche, teilnehmende Aufmerksamkeit und trainiert uns in der Disziplin des richtigen Bibellesens. Auf jeder neuen Seite stellt sie uns Jesu Frage: „*Wie* liest du?".

Es gibt noch ein weiteres *caveat*, das hervorgehoben werden muss: Geschriebene Worte sind tote Worte. Es ist kein Leben in ihnen: „der Buchstabe tötet" (2Kor 3,6; *Luther 1984*). Lesen an sich, sogar das Lesen der Bibel (vielleicht sogar ganz besonders das Lesen der Bibel) ist nichts anderes als ein andächtiger Spaziergang durch einen Friedhof, bei dem man sich die Inschriften uralter Grabsteine und Grabkreuze abpaust. Alle geschriebenen Worte, eingesargt in den Büchern dieser Welt, begraben in den Bibliotheken dieser Welt, sind tote Worte. Ganz so schlimm ist es aber nicht; es sind nicht einfach nur tote Worte, sondern tote Worte, die auf ihre Auferstehung warten: denn „der Geist macht lebendig" (2Kor 3,6; *Luther 1984*).

Lectio divina findet sich in der Gesellschaft der Frauen aus Galiläa wieder, die nach der Kreuzigung „wohlriechende Öle und Salben [bereiteten]" (Lk 23,56; *Luther 1984*) und die am nächsten Tag dem gerade verstorbenen Körper von Jesus, dem fleischgewordenen Wort, die Ehre erweisen und ihm die Würde zurückgeben wollen. Als diese Frauen das Grab erreichen, finden sie nicht vor, was sie erwartet hatten („[sie] fanden den Leib [nicht]") sondern erfahren zu ihrer großen Verwunderung von einem Engel, dass sie es hier nicht mehr mit einem toten, sondern mit einem lebenden Jesus zu tun haben („Was sucht ihr den Lebenden bei den Toten?"). Das Wort Gottes liegt nicht tot und begraben in einer Grabhöhle, sondern das Wort Gottes ist Auferstehungs-lebendig in unserer

Nachbarschaft. Sie lassen ihre Öle und Salben an der Grabhöhle zurück – sie brauchen sie jetzt nicht mehr; Jesus braucht sie jetzt nicht mehr. Sie sind unterwegs, bereit, das lebendige Wort zu treffen, ihm zu folgen und auf es zu hören, Jesus. Bereit, sich den Emmauspilgern anzuschließen, zu hören, wie Jesus ihnen auslegt, „was in der ganzen Schrift von ihm gesagt war“ (Lk 24,27).

Lectio divina ist der wohlüberlegte und bewusste Entschluss, sich von einem Lesen zu trennen, das Jesus als tot behandelt, wie ehrfurchtsvoll dies auch immer sein mag, und sich ein Lesen anzueignen, das die Gesellschaft von Freunden sucht, die dem lebendigen Jesus zuhören, ihn begleiten und ihm folgen.

Noch ein weiteres *caveat lector*. Aufgeschriebene Worte sind ihrem ursprünglichen Zusammenhang radikal entrissen, nämlich der gesprochenen Sprache. Und es ist weitaus mehr notwendig, gesprochener Sprache zuzuhören, als Worte zu lesen. Worte werden gesprochen und gehört, bevor sie aufgeschrieben und gelesen werden. Sprache war mündlich, lange bevor sie aufgeschrieben wurde. Es gibt immer noch Volksgruppen, die ohne Schriftsprache gut zurechtkommen, aber es gibt keine ohne gesprochene Sprache. Worte sind in erster Linie ein mündliches/gehörtes Phänomen. Die meisten Worte in unserer Bibel sind nicht zuerst in Schriftform entstanden – sie wurden gesprochen und gehört. Die sogenannte „biblische Welt“, in der wir uns mittels unserer Bibel orientieren, hatte zum Großteil gar keine Bibel, um darin zu lesen. Viele, viele Generationen unserer biblischen Vorfahren glaubten und gehorchten und priesen Gott ohne eine Textvorlage. Natürlich hatten sie das Wort Gottes, aber sie hörten es, sie hörten ihm zu. Das Wort Gottes kam mittels einer Stimme zu ihnen.[42] Wir müssen laufend daran erinnert werden, um nicht die Verbindung zu der grund-

42 James Barr besteht energisch auf diesem Aspekt, indem er betont, wie notwendig es ist, die grundsätzliche Mündlichkeit dessen zu verstehen, was uns in der Bibel vorliegt: „Während der Zeit, die wir die „biblische Zeit“ nennen, oder zumindest lange während dieser Zeit, gab es noch keine Bibel. Die Männer der Bibel waren, wie wir heute sehen, an dem Prozess beteiligt, aus dem am Ende unsere Bibel hervorgehen würde, doch sie selbst hatten keine Bibel … die Zeit der Bibel war eine Zeit, in der es die Bibel noch gar nicht gab …“ siehe sein *Holy Scripture*, Westminster, Philadelphia 1983, S. 1–2.

legenden Mündlichkeit des Wortes Gottes in unserem Leben zu verlieren.

Doch es sind nicht nur Klang, Tonfall und Rhythmus der menschlichen Sprache, die bei der Niederschrift verlorengehen. Es ist das komplexe Gewirr von anderen Stimmen im Hintergrund, von Kindern, die mit Wünschen und Fragen unterbrechen, singenden Drosseln, dem Geprassel des Regens auf dem Dach, dem Duft des brennenden Wacholders im Ofen, dem Bouquet des Weins und der Konsistenz des Brotes, das während der Gespräche am Tisch gereicht wird. In dem Moment, in dem ein Wort oder ein Satz niedergeschrieben werden, werden sie ihrer natürlichen Umgebung entzogen und landen auf einem Blatt Papier, ähnlich isoliert wie ein Ausstellungsstück in einem Museum oder eine Probe in einem Labor. Im Museum und im Labor halten wir dieses Herauslösen aus dem Kontext für einen Vorteil: Wir können das Stück nun benennen, seine Eigenschaften definieren, es hochheben, es im Licht hin- und herdrehen, abwiegen, abmessen, darüber schreiben. Bei Steinen und Knochen, Tonscherben und Computerchips, Blut- und Urinproben – Dingen – können wir umso exakter sein, je weniger Kontext wir haben. Kontext behindert und stört Präzision. Mit Worten ist das anders. Deshalb *caveat lector*.

Wörter an sich sind mehrdeutig. Sie sind niemals exakt: Der Charakter des Menschen, der sie ausspricht, hat einen Einfluss darauf, wie wir sie interpretieren; die Aufmerksamkeit oder Intelligenz des Zuhörers haben einen Einfluss darauf, wie sie verstanden werden; Ort, Wetter und Umstände haben alle einen Einfluss auf Sprechen und Hören. Je mehr wir uns „im Kontext" befinden, wenn Sprache genutzt wird, umso wahrscheinlicher ist es, dass wir sie richtig verstehen. Kaum unterdrückter Ärger und ungeduldiges Fingerklopfen, Zögern und Stille, Gesten, Grinsen und Grimassen sind Teil davon. Doch in dem Moment, in dem Worte niedergeschrieben werden, ist alles, oder zumindest das meiste, verloren. Sogar wenn der Kontext beschrieben wird, ist die komplexe Gleichzeitigkeit von Interaktion und Umgebungssituation verloren. Das bedeutet, dass ein niedergeschriebenes Wort reduziert ist. Ein geschriebenes Wort ist weniger als ein gesprochenes Wort – und manchmal nicht einmal das Gleiche. Walter Ong liefert uns eine sorgfältige Bewertung des riesigen Unterschieds, der zwischen dem Hören eines Wortes und dem Lesen eines Wortes besteht.

> Wir sind die erbärmlichen Gefangenen der literarischen Kultur, in der wir aufgewachsen sind. Selbst mit größter Anstrengung findet der zeitgenössische Mensch es außerordentlich schwierig, manchmal sogar unmöglich, wahrzunehmen, was das gesprochene Wort eigentlich ist. Er nimmt es als eine Abwandlung von etwas wahr, das normalerweise aufgeschrieben ist oder aufgeschrieben werden sollte.[43]

Das ist natürlich auch der Grund, weshalb viele von uns das geschriebene Wort dem gesprochenen vorziehen. Es ist einfacher, wir haben mehr Kontrolle, wir müssen uns nicht mit der Unberechenbarkeit schwieriger, neurotischer oder unerträglich langweiliger Menschen auseinandersetzen. Wenn uns nicht gefällt, was wir lesen, dann können wir das Buch zuklappen und uns ein anderes nehmen – oder einkaufen gehen oder einen Spaziergang machen oder eine Stunde im Garten verbringen.

Doch *caveat lector:* Wir lesen die Bibel nicht, um unser Leben auf das zu reduzieren, was uns angenehm oder machbar erscheint – wir wollen mitmischen beim Rätsel der Dreieinigkeit, dem emporsteigenden Lobpreis der Engel, der sonderbaren Schroffheit der Propheten und ... Jesus.

Jesu einleitende Parabel in jedem der ersten drei Evangelien betont, dass die zentrale Stellung des Wortes Gottes in unserem Leben nicht im Lesen, sondern im Hören liegt: „Hört genau auf das, was ich euch sage" (vgl. Mt 13,3–9; Mk 4,3-9; Lk 8,5–8). Johannes setzt in jeder seiner Predigten aus Patmos an die sieben Gemeinden den gleichen Schlusspunkt: „Hört genau hin, und achtet darauf, was Gottes Geist den Gemeinden sagt" (Offb 2,7, 11, 17, 29; 3,6, 13, 22). Wir hören, wenn jemand mit uns spricht; wir lesen, wenn uns jemand schreibt. Zuerst kommt das Sprechen. Schreiben ist abgeleitet vom Sprechen. Und wenn wir die ganze Macht des

43 Ong, Walter, S.J.: *The Presence of the Word*, Yale University Press, New Haven 1967, S. 19.

Wortes, des Wortes Gottes, verstehen wollen, dann müssen wir dessen gesprochene Qualität wiederfinden.

Vor einigen Jahren leitete ich im Sommer eine Jugendgruppe auf einer Campingwanderung. Der Organisator unserer Reise hatte im Vorfeld eine große Menge dehydrierter Nahrungsmittel zu Sonderpreisen aus Militärüberschüssen eingekauft. An einem Abend auf unserer Wanderung wählten wir aus unserem Vorrat Schweinekoteletts aus. Es waren papierdünne, dehydrierte Schweinekoteletts, eine Unmenge an Schweinekoteletts, nur ein paar Gramm schwer, für ausgehungerte vierzehnjährige Jungen. Ganz nach Anleitung weichten wir sie für eine Stunde in einem Eimer mit Wasser ein. Mit Erstaunen sahen wir, wie sie das Wasser aufnahmen und sich in dem Eimer in große, saftige Schweinekoteletts verwandelten. Wir freuten uns auf den gelungenen Abschluss eines anstrengenden Tages in der Natur. Wir konnten es kaum erwarten. Das Kohlenfeuer brannte bereits. Wir legten sechs Schweinekoteletts in eine große Pfanne und platzierten sie über den Kohlen. Sobald die Hitze des Feuers die Pfanne durchdrungen hatte, verschwanden die Koteletts buchstäblich – innerhalb von zwei Minuten war das Wasser verdampft und was uns blieb, waren die papierdünnen Scheiben Schweinefleisch, mit denen wir angefangen hatten.

Auf gewisse Weise ist die Bibel die Summe der dehydrierten Worte Gottes, denen aller ursprünglicher Kontext entzogen wurde – lebendige Stimmen, Stadtlärm, schnaubende Kamele im Basar, die Gewürze aus Saba und Gold aus Ofir schleppen, der Duft von Linsen, die in der Küche köcheln – das alles reduziert zu Zeichen auf Dünndruckpapier. Wir bemühen uns, sie zu wässern; wir nehmen diese Bibel und verbringen ein paar Stunden in einem Bibelkreis mit unseren Freunden oder alleine in andächtiger Lesung. Doch fünf Minuten später, auf unserem Weg zur Arbeit, eingetaucht in unseren Alltag, für den sie uns eigentlich hätten Unterstützung geben sollen, ist nicht mehr viel von ihnen übrig – nur Tinte auf dünnem Papier. Wir stellen fest, dass uns die Worte der Bibel bleiben, aber nicht die Welt der Bibel. Die Worte an sich sind nicht das Problem, allerdings ohne die biblische Welt – die eingestreuten

Geschichten, die widerhallende Poesie, Jesajas kunstvollen Donner und Johannes' außergewöhnliche Vision – haben die Worte, genau wie die Samenworte in Jesu Parabel, die auf dem Feldweg oder auf felsigem Boden oder zwischen die Disteln landen, in unserem Leben keine Wurzeln geschlagen.

Lectio divina ist das energische Bestreben der Gemeinschaft der Christen, die Bibel zu wässern, damit sie ihre eigene ursprüngliche Macht und Gestalt auch in der Hitze des Tages behält und ihr Kontext lange genug erhalten bleibt, um sich mit unserem Kontext zu verbinden oder Teil davon zu werden. Dieser Kontext ist die Welt, die wir bewohnen, das Geschrei der Stimmen, mit denen wir leben, im Wetter jedes beliebigen Tages und bei jedweder Arbeit. Doch eine Stunde im Eimer reicht nicht aus, um zu erreichen, was nötig ist. *Lectio divina* ist eine Lebensweise, die sich „gemäß der Bibel" entwickelt. Es ist nicht nur eine Übung, die wir durchführen, wenn die aufgeschlagene Bibel vor uns liegt, sondern vielmehr ein Leben in Übereinstimmung mit dem fleischgewordenen Wort, das uns die Bibel bezeugt. Im Brief an die Hebräer erfahren wir, dass das Wort Gottes entstand, als „Gott schon vor unserer Zeit auf unterschiedliche Art und Weise durch die Propheten zu unseren Vätern *gesprochen* [hat]. Doch jetzt, in diesen Tagen, *sprach* Gott durch seinen Sohn Jesus Christus zu uns. ... Weil wir das wissen, müssen wir umso mehr auf die Worte achten, die wir von Jesus Christus *gehört* haben" (Hebr 1,1f.; 2,1; Hervorhebungen durch den Autor). Das sind gesprochene Worte, die uns durch „eine solche Wolke von Zeugen" (Hebr 12,1, *Luther 1984*) erreichen und jetzt niedergeschrieben sind in unserer Heiligen Schrift. Es ist Aufgabe der *lectio divina*, diese gehörten Worte, Worte in Tinte geschrieben, nun wieder neu in Blut zu schreiben.

KAPITEL 7

„Ohren hast du mir gegraben"

Jetzt also zur *lectio divina.*

Eine Art des Lesens, die davor bewahrt, den Text in eine beziehungslose Anhäufung von Fragen und Antworten, Definitionen und Dogmas zu verwandeln. Eine Art des Lesens, die uns davon abhält, die Bibel auf den Kopf zu stellen und sie zu unserer eigenen Rechtfertigung zu benutzen, genau wie dieser bemitleidenswerte Religionsgelehrte es mit Jesus versuchte. Eine Art des Lesens, die nicht einmal versucht, die Kontrolle über den Text zu erlangen, als wäre er ohne unsere Hilfe hilflos. Eine Art des Lesens, die sich den Frauen aus Galiläa an der Grabhöhle anschließt, als sie die Gewürze und Öle zurücklassen, mit denen sie das fleischgewordene Wort versorgen wollten, den Jesus, den sie in Grabbinden gehüllt zu finden erwarteten, und die Auferstehung eben dieses Wortes zu erkennen und all der Worte, die mit ihm zum Leben erwachen. Eine Art des Lesens, deren Ziel es ist, die gesamte biblische Geschichte mit meiner Geschichte zu verbinden. Eine Art des Lesens, die sich weigert, auf das *bloße* Lesen reduziert zu werden, sondern den gelebten Text zum Ziel hat, das Hören und Erwidern auf die Stimmen einer „solche[n] Wolke von Zeugen", die ihre Geschichten erzählen, ihre Lieder singen, ihre Predigten halten, ihre Gebete beten, ihre Fragen stellen, ihre Kinder gebären, ihre Toten beerdigen, Jesus nachfolgen.

Lectio divina ist eine Übung, die von unseren Vorfahren entwickelt wurde und an uns weitergereicht wird, damit wir den Kontext wieder entdecken, das feine Netz der Beziehungen wieder herstellen, von dem die Bibel Zeugnis gibt, das aber im Prozess des Schreibens so leicht verlorengeht oder verdeckt wird.

Machen wir uns jetzt an die Details. Worum geht es genau? Wie gehen wir vor? *Lectio divina* umfasst vier Elemente: *lectio* (wir lesen den Text), *meditatio* (wir meditieren den Text), *oratio* (wir beten den Text) und *contemplatio* (wir leben den Text). Wenn man die vier Elemente aufzählt, muss man sich darüber im Klaren sein, dass es sich nicht um eine Reihenfolge handelt. Lesen (*lectio*) ist ein linearer Prozess, doch geistliches (*divina*) Lesen ist das nicht – jedes der Elemente kann jederzeit die Frontstellung einnehmen. Es gibt einen gewissen natürlichen Fortschritt von einem zum anderen, doch nachdem wir sie zum besseren Verständnis voneinander trennen, stellen wir fest, dass es in der Praxis nicht vier einzelne Elemente sind, die wir uns im Stufenprinzip nacheinander vornehmen. Der Prozess entspricht weniger einem linearen Vorgang als vielmehr einer Endlosschleife, in der alle vier Elemente sich wiederholen, allerdings in verschiedener Abfolge und in Abwandlungen. Es geht um Wahrnehmung, darum, Wechselwirkungen zu erkennen – Elemente, die nicht in Formation marschieren, sondern von denen eines das andere herausruft und dann wieder zurücktritt, um einem anderen Platz zu machen, keines davon isoliert vom anderen, sondern in einer Art spielerischem Volkstanz zusammengeworfen. Sie sind wie Natrium und Chlor, sehr gefährlich, sogar tödlich als einzelnes Element, doch als Verbindung, Natriumchlorid, Kochsalz, erwecken sie ansonsten schale Gerichte zum Leben. Jedes der Elemente muss ernst genommen werden; keines davon darf ausgeschlossen werden; keines davon kann getrennt von den anderen praktiziert werden. In der praktischen Anwendung von *lectio divina* verbinden sich die vier Elemente, gehen ineinander auf. *Lectio divina* ist eine Art des Lesens, die zu einer Art des Lebens wird.[44]

Ich will, mit ein paar Abwandlungen für den heutigen Kontext, wiederholen, was unsere christlichen Weggefährten seit zweitausend Jahren sagen.

Ein atemberaubender Satz in Psalm 40,7 ist ein vorzügliches Bild für die *lectio divina*: *ʾoznayim kariṯa li*, wörtlich: „Ohren hast du mir gegraben". Übersetzer umschreiben es routinemäßig, aber auch ziemlich vorsichtig, mit: „offene Ohren hast du mir gegeben" (*Hoffnung für alle*); „Die Ohren hast du mir aufgetan" (*Luther 1984*); „Ohren aber hast du mir bereitet" (*Schlachter*). Doch der Dichter des Psalms war dreist genug, um sich einen Gott vorzustellen, der eine Spitzhacke schwingt und in unsere granitenen Sturköpfe Ohren gräbt, sodass wir hören können, wirklich hören, was er zu uns sagt.

Das wichtigste Organ, um Gottes Offenbarung zu empfangen, ist nicht das sehende Auge, sondern das hörende Ohr – was bedeutet, dass unser gesamtes Bibellesen zu einem Hören des Wortes Gottes werden muss.

Drucktechnik – an sich eine wunderbare Sache – hat uns viele Millionen Bibeln in die Hand gegeben. Doch wenn diese Bibeln nicht in den Kontext eines personal sprechenden Gottes und eine betend hörende Gemeinschaft eingebettet werden, dann sind wir, die wir diese Bibeln benutzen, in besonderer Gefahr. Wenn wir die Bibel auf den Status eines nützlichen Werkzeugs reduzieren, dann bilden sich davon Schwielen an unseren Herzen.

44 Diese klassische Formulierung der *lectio divina*, der tausend Jahre der praktischen Umsetzung vorausgehen, mit dem Ziel, das Lesen zum Leben zu machen, stammt von einem europäischen Mönch, Guigo dem Zweiten, der im zwölften Jahrhundert lebte. Unter seinen vielen Darstellungen ist diese für ihn charakteristisch: „Die Lesung führt gleichsam die feste Speise zum Mund, die Meditation zerkleinert und zerkaut sie, das Gebet schmeckt sie und die Kontemplation erlangt die Freude des Genusses." Zitiert nach: Guigo der Kartäuser: *Scala claustralium. Die Leiter der Mönche zu Gott*, übersetzt und eingeleitet von Daniel Tibi OSB, Traugott Bautz, Nordhausen [3]2010, S. 33. Kommentiert von Simon Tugwell, O. P., *Ways of Imperfection*, Templegate, Springfield, Ill. 1985, S. 94.

Lectio

Das Lesen scheint den Anfang zu machen, doch dem ist gar nicht so. Dem Lesen geht immer Hören und Sprechen voraus. Sprache ist zuallererst mündlich. Wir lernen unsere Sprache nicht aus einem Buch und auch nicht von einem Menschen, der Worte aufschreibt, sondern von einem Menschen, der sie ausspricht. Das geschriebene Wort hat das Potenzial, die gesprochene Sprache und das hörende Ohr zum Leben zu erwecken, doch es besteht nicht darauf. Das Wort kann einfach auf der Seite sitzen bleiben und analysiert oder bewundert oder ignoriert werden. Nur weil wir es gelesen haben, heißt noch lange nicht, dass wir es verstanden haben.

Das geschriebene Wort ist auch klarer als das gesprochene Wort. Sprache, so wie wir sie sprechen und hören, ist mehrdeutig. Uns entgeht viel, wir missverstehen viel. Ganz egal, wie logisch und offensichtlich Dinge ausgesprochen werden, der Zuhörer versteht sie oft nicht richtig. Andersherum gesagt ist es ganz egal, wie aufmerksam und klug der Zuhörer ist, der Sprecher drückt es oft nicht richtig aus. Wir schreiten voran, wie es T. S. Eliot einst ausdrückte, mit Hilfe von „*hints followed by guesses*" (übers.: „Andeutungen, gefolgt von Vermutungen").[45] Nur weil wir das Wort in unserem Wörterbuch nachgeschlagen und alle Querverweise studiert haben, garantiert das nicht, dass wir der Stimme des lebendigen Gottes zugehört und sie gehört haben.

Manchmal wundere ich mich darüber, dass Gott das Risiko einging, seine Offenbarung der Mehrdeutigkeit der Sprache zu überlassen. Wenn er hätte sicherstellen wollen, dass die Wahrheit glasklar, ohne die Möglichkeit eines Missverständnisses hervortritt, dann hätte er seine Wahrheit mit Hilfe der Mathematik offenbaren sollen. Mathematik ist die präziseste, eindeutigste Sprache, die wir haben. Andererseits kann man natürlich „Ich liebe dich" nicht in Algebra ausdrücken.

45 T. S. Eliot, „*The Dry Salvages*" *The Complete Poems and Plays*, Harcourt, Brache, and Co., New York 1985, S. 136.

Es ist also wichtig, nicht zu viel vorauszusetzen. Es ist wichtig, auf den Rat unserer christlichen Brüder und Schwestern zu vertrauen, die uns eine offene Bibel vor die Nase halten und sagen: „Lies. Lies nur das, was da steht, aber stell sicher, dass du es auf eine *Art* liest, die mit dem übereinstimmt, wie es da steht." *Lectio.*

Entgegen aller Erwartung sind die Ausgangspunkte nicht eine Grammatik und ein Wörterbuch. Die Fixierung der Worte auf Papier, abgetrennt von den Feinheiten und Mehrdeutigkeiten der menschlichen Sprache, vermittelt eine Illusion von Präzision und scheint auch beim Leser den Wunsch nach einer ähnlichen Präzision zu wecken. Wir beginnen besser mit einer Betrachtung von Metaphern, Bildern, dem markantesten Merkmal unserer Sprache und einem Merkmal, das auch in der Bibel eine große Rolle spielt. Wenn wir nicht verstehen, wie Metaphern funktionieren, dann werden wir das meiste, was wir in der Bibel lesen, missverstehen. Es ist ganz gleich, wie umsichtig wir unsere hebräischen und griechischen Texte zergliedern, ganz gleich, wie genau wir unsere Wörterbücher einsetzen und Etymologien nachverfolgen, ganz gleich, wie exakt wir die Wörter auf der Seite definieren: wenn wir nicht anerkennen, wie eine Metapher funktioniert, werden wir nie die Bedeutung des Textes verstehen.

Trotz der Häufigkeit und Bedeutung der Metapher in unserer Sprache ist es nicht so leicht, wie wir vermuten, ihre Dynamik zu verstehen, insbesondere, wenn wir als Leser einer Metapher begegnen und nicht als Zuhörer, denn das Wort auf der Seite erweckt, so wie es da in wischfester Tinte auf der Seite steht, den Eindruck, buchstabengetreu zu sein. Und unveränderbar – wenn wir die Seite aufschlagen, wo wir vor drei Tagen mit dem Lesen aufgehört hatten und lesen es wieder, dann ist es genau das gleiche wie vor drei Tagen. Das kann man von einer gesprochenen Unterhaltung nicht behaupten.

Für viele Bibelleser werden die Schwierigkeiten noch größer, denn schließlich ist da auch noch die Annahme, dass wir hier das „Wort Gottes" lesen, was bedeutet, dass wir es ganz besonders ernst nehmen müssen. Doch „ernst" bedeutet in unserer heutigen

Lesekultur sehr häufig „wortwörtlich". Die Wissenschaft liefert uns den Standard, an dem wir Wahrheit messen. Wahrheit ist das, was wir unter Laborbedingungen verifizieren können. Wahrheit ist das, was empirisch belegt ist – bei Dingen ist es das, was wir testen und zerlegen, messen und wiegen können; in der Sprache ist es das, was eine strenge, logische Analyse übersteht. Das ist es, was wir häufig als „wortwörtlich" bezeichnen.

Die Metapher ist ein Sprachphänomen, das einer solchen logischen Untersuchung nicht standhält, sie übersteht keinen Labortest. Unglücklicherweise (oder zum Glück, wie sich noch herausstellen wird), ist die Bibel randvoll mit Metaphern, was bedeutet, dass wir mit unserer Annahme, „wortwörtlich" sei der einzige Weg zu „ernst", immer wieder auf Schwierigkeiten treffen werden. Denn eine Metapher ist wortwörtlich verstanden eine Lüge.

Eine Metapher stellt etwas als wahr da, was wortwörtlich genommen nicht wahr ist. Zum Beispiel „Gott ist ein Fels", eine geläufige hebräische Bezeichnung für Gott („HERR, mein Fels … Denn wer ist Gott, wenn nicht der HERR, oder ein Fels, wenn nicht unser Gott?" Ps 18,3, 32; *Luther 1984*). Wenn wir den Satz wörtlich nehmen, dann werden wir am Sonntagmorgen, anstatt in den Gottesdienst zu gehen, den örtlichen Steinbruch aufsuchen und uns einen Gottes-Felsen aussuchen, den wir in unserem Garten aufstellen können. Alternativ können wir den Satz als bedeutungslos abtun, womit wir schließlich eine Bibel hätten, in der ungefähr jeder zweite Satz entfernt wurde, einschließlich einige der am meisten geschätzten: Der Herr ist mein Hirte (Ps 23,1); Der Herr ist ein mächtiger Kämpfer (2Mo 15,3); Ich bin nur eine Narzisse in der Scharonebene (Hld 2,1); Ich bin der wahre Weinstock (Joh 15,1).

Sandra Schneiders charakterisiert die Metapher ganz hervorragend als Sprache, die „ein ‚ist' enthält und ein ‚ist nicht', die beide durch eine unauflösbare Spannung zusammengehalten werden."[46] Die Spannung an sich ist schon unangenehm und verabreicht dem Verstand eine Art Schocktherapie und fordert eine nähere Betrachtung heraus, als sie oberflächliches, wortgetreues Lesen hervorrufen würde. Wenn wir das „ist" unterdrücken, töten wir die Metapher und es bleibt uns nur die mumifizierte Leiche ihrer Bedeutung. Wenn wir das „ist nicht" unterdrücken, zwingen wir die Metapher zur Wortgenauigkeit und es bleibt uns nur ein Schrotthaufen kaputter, verrosteter Worte.

Nimmt man eine Metapher wörtlich, wird sie absurd. Wenn wir sie allerdings zulassen, dann führt sie uns auf eine höhere Stufe des Erkennens. Nehmen wir zum Beispiel die Metaphern, die sich in Psalm 114 auftürmen:

Das Meer sah es und floh,
der Jordan wandte sich zurück.
Die Berge hüpften wie die Lämmer,
die Hügel wie die jungen Schafe (V. 3–4; *Luther 1984*).

Es fällt uns nicht schwer zu erkennen, dass es sich hier um einen Bericht über den Auszug aus Ägypten handelt: „Das Meer sah es und floh". In nüchterner Prosa ist dies die Geschichte Israels. Während sie vor den Ägyptern flohen und ihnen die Wasser des Roten Meeres den Weg blockierten, wanderte das Volk trockenen Fußes hindurch, nachdem Mose mit seinem Stab auf das Wasser geschlagen hatte und die Wasser sich daraufhin teilten. Gott sorgte für einen Fluchtweg. „Der Jordan wandte sich zurück" erinnert daran, wie Israel am Ende seiner vierzigjährigen Wanderung an dem Einzug in das Gelobte Land durch den gewaltigen Jordan gehindert wird. Dann schlug Josua mit seinem Stab auf das Wasser, der Fluss teilte sich, das Volk wanderte hindurch und begann, das Land einzunehmen. Gott sorgte für den Sieg. In der Prosa von 2. Mose ist „Die Berge hüpften wie die Lämmer, die Hügel wie die jungen Schafe" die Erzählung von dem langen Ausharren des Volkes am Fuße des Sinai, in tiefer Bewunderung vor dem vulka-

46 Schneiders, Sandra M.: *The Revelatory Text*, HarperSanFrancisco, San Francisco 1991, S. 29.

nischen Getöse und dem bebenden Berg, während Mose oben auf dem Berg das Gesetz entgegennimmt.

Warum erzählt man es nicht in klaren Worten? Erzählt es uns ganz direkt? Denise Levertov erklärt uns in ihrem Gedicht „Poetics of Faith" (übers.: Poesie des Glaubens) den Grund dafür:

„Straight to the point"
can ricochet,
unconvincing,
circumlocution, analogy,
parables, ambiguities, provide
context, stepping-stones.[47]

(*„Auf den Punkt gebracht"*
kann abprallen,
nicht überzeugend,
Umschreibung, Analogie,
Parabeln, Doppeldeutigkeiten, geben
Kontext, Trittsteine.")

Klar ist in jedem Fall: Gottes Handeln und Gegenwart unter uns liegen so weit außerhalb unseres Verstehens, dass nüchterne Beschreibung und genaue Definition hier nicht mehr funktionieren. Das Realitätsniveau ist so weit von unserem entfernt, dass es einer außergewöhnlichen Sprache bedarf. Doch selbst wenn die Sprache außergewöhnlich ist, ist sie nicht übertrieben. Sprache an sich, doch ganz besonders Sprache, die Transzendenz, die Gott beschreibt, ist unzulänglich und bleibt hinter allen Erwartungen zurück. Die Metapher vom Roten Meer als fliehendem Schakal, dem Jordan als feigem Wächter, der seinen Posten verlässt, die Verwandlung des Sinai in ausgelassene Schafe ist natürlich kein journalistischer Bericht der tatsächlichen Geschehnisse. Genauso wenig ist es das Hirngespinst entfesselter Fantasie. Dahinter steht der Verfasser der Offenbarung Gottes, der Rettung bezeugt. Purzelbäume an der Stelle, wo jeder die Grenzen der Realität erwartet hätte (Rotes Meer und Jordan) und die unerwartete Energieent-

47 Levertov, Denise: *The Stream and the Sapphire*, New Directions, New York 1997, S. 31.

ladung eines riesigen, toten, granitenen Felsmassivs inmitten der toten Wüste (Sinai) rufen förmlich nach einer Metapher.

Hier handelt es sich um das, was Wallace Stevens, selbst ein Meister der Metapher, als „Motiv für eine Metapher“ [48] bezeichnet. Mit Hilfe einer Metapher sehen wir weitaus mehr als verborgene *Dinge*, wir nehmen alles in dynamischer Spannung und in Beziehung zueinander wahr. Das Rohmaterial dieser Welt ist nicht stofflich, sondern ist Energie. Wie drücken wir eine solche verbundene Lebendigkeit aus? Wir bedienen uns der Metapher.

Eine Metapher ist ein Wort, das jenseits seiner eigentlichen Bedeutung noch eine weitere vorweist. Das „weitere“ vergrößert und erhellt unser Verstehen, anstatt es zu verwirren. Genau wie die Sprache der Ökologie die Verbundenheit aller *Dinge* offenbart (Luft, Wasser, Erde, Personen, Vögel und so weiter), offenbart die metaphorische Sprache die Verbundenheit aller *Welten*. Das historische Wort (Exodus), das geologische Wort (Berg) und das Wort für das Tier (Schafbock) stehen in Zusammenhang mit jedem anderen Wort.

Bedeutung verbindet. Nichts kann für sich alleine, eingespannt unter ein Mikroskop, verstanden werden. Kein *Wort* kann verstanden werden, indem man es nur in einem Wörterbuch nachschlägt. Von dem Moment an, in dem wir zu sprechen beginnen, werden wir in die Summe aller Sprachen, die jemals gesprochen wurden, hineingezogen. Ein Wort versetzt uns in eine überraschende Beziehung zu einem anderen und dann noch einem und noch einem. Aus diesem Grund spielt die Metapher in der Bibel so eine wichtige Rolle, denn in ihr ist alles in Bewegung, findet alles seinen Platz in Beziehung zu dem Wort, das Gott spricht.

Wendell Berry drückt das sehr gut aus: „Die Erde ist nicht tot wie etwa der Begriff von Eigentum, sondern sie ist auf so klare und komplexe Art lebendig, wie es ein Mann oder eine Frau sind und … es besteht eine filigrane gegenseitige Abhängigkeit zwi-

48 Northrop Frye zitiert und diskutiert Stevens in *The Educated Imagination*, Indiana University Press, Bloomington 1964, S. 30–32.

schen ihrem Leben und unserem."[49] Und so ist die metaphorische Feststellung „Die Berge hüpften wie die Lämmer" nicht nur eine Bebilderung, um die Überschwänglichkeit der Offenbarung am Sinai vor Augen zu führen. Es ist die eindringliche Erkenntnis, dass die Erde selbst auf diese Offenbarung reagiert und an ihr teilnimmt. Paulus verwendete eine andere, doch genauso bestechende Metapher für dieses Ereignis: „Denn wir sehen ja, wie die gesamte Schöpfung leidet und unter Qualen auf ihre Neugeburt wartet. Aber auch wir selbst" (Röm 8,22f.). Metaphern erklären nicht; sie definieren nicht. Durch sie verwandeln wir uns von Beobachtern in Zugehörige, die eingebunden sind in die ganze Realität, die durch Gottes Wort ins Leben gesprochen wird.

Sprache wird erniedrigt, wenn sie Metaphern als dekoratives Element verwendet, um damit dürre Gedanken zu überdecken und um schmucklose Prosa mit Spitzen zu verzieren. Tatsächlich lernen wir die metaphorische Sprache nicht erst, nachdem wir die Grundlagen der klaren Sprache beherrschen. Sie geht der beschreibenden Sprache vielmehr voraus – Kinder und Dichter sind ein Beispiel dafür.

Metaphern strecken Fangarme der Verbundenheit aus. Wenn wir uns im Gewirr und Durcheinander der biblischen Metaphern wiederfinden, dann stellen wir fest, dass wir nicht wie Schuljungen und Schulmädchen etwas über Gott lesen, Informationen oder „Dogmas" sammeln, die wir studieren und verwenden können. Wir sind vielmehr Bewohner eines Hauses, das völlig von Geist durchdrungen ist – Gottes Geist, mein Geist, dein Geist. Die Metapher macht uns zu einem Teil dessen, was wir kennen. Jedes Wort nimmt uns näher an den Ursprung der Worte heran: das schöpferische Wort, das Berge und Schafe erschafft, Hügel und Lämmer, Israel und Juda, mich und dich. Das Wort, und noch viel deutlicher die Metapher, stehen für Transzendenz und die Begegnung mit dem Einen, der alles ins Leben spricht.

49 Berry, Wendell: *A Continuous Harmony*, Harcourt Brace Jovanovich, New York 1972, S. 12.

Die Bibel, angefüllt mit Metaphern, wie sie es ist, besteht auf dieser Art des Lesens.

Meditatio

Platon, der zu einer Zeit schrieb, als die Kultur der mündlichen Sprache nach und nach dem Schreiben Platz machte, beobachtete scharfsinnig, wie Schreiben das Gedächtnis schwächen würde. Ivan Illich charakterisiert ihn als den ersten Literaten, dem Buchstaben Unbehagen bereiteten, denn Platon beobachtete, wie das Vertrauen seiner Schüler auf stille, passive Texte ihr Erinnerungsvermögen einengte, es seicht und dumpf machte.[50] Als Worte noch in erster Linie über Stimme und Ohren ausgetauscht wurden, lebte die Sprache und wurde durch Sprechen und Zuhören am Leben erhalten. Doch in dem Moment, in dem Worte aufgeschrieben wurden, verkümmerte zwangsläufig das Gedächtnis – wir mussten uns nicht mehr daran erinnern, was gesagt worden war; wir konnten es in einem Buch nachschlagen. Bücher nehmen uns das Recht zu antworten und die Freude daran. Er formulierte diese Beobachtung, indem er eine Geschichte erzählte, die wir in seinem Buch *Phaidros* „nachschlagen" können.[51]

Die Geschichte geht so: In Ägypten gab es einen Gott namens Theuth. Er hatte viele Dinge erfunden, doch den größten Stolz empfand er über seine Erfindung der Buchstaben, die das Schreiben ermöglichten. Eines Tages plusterte er sich gewissermaßen vor König Thamus auf, prahlte mit seiner Leistung und erzählte ihm, dass sie die Ägypter klüger machen und ihr Erinnern verbessern würde. König Thamus wollte davon nichts wissen. Er meinte, dass es ihr Erinnern zerstören würde, dass es vielmehr zum Vergessen,

50 Illich, Ivan/Sanders, Barry: *Das Denken lernt schreiben. Lesekultur und Identität*, Hoffmann und Campe, Hamburg 1988, S. 34 (Originalausgabe: Illich, Ivan/Sanders, Barry: *The Alphabetization of the Popular Mind*, Vintage, New York 1988, S. 24).

51 Zitierte Ausgabe: Platon, *Phaidros*, herausgegeben und übersetzt von Wolfgang Buchwald, Heimeran, München 1964 (Sammlung Tusculum), zu Theuth und Thamus vgl. ebd., S. 139–143.

als zum Erinnern führen würde, dass sie nur noch ein Schauspiel der Worte, nicht die Realität vor sich hätten. Platon lässt Sokrates die Geschichte kommentieren, indem er das Schreiben mit dem Malen vergleicht. Die Personen im Landschaftsbild eines Malers „stehen wie lebendig da, wenn du sie aber etwas fragst, dann schweigen sie recht würdevoll." Genauso ist es mit dem Schreiben: „... wenn du aber nach etwas von dem Gesagten fragst voller Lernbegier, so zeigen sie immer nur ein und dasselbe an. Wenn sie aber einmal niedergeschrieben ist, rollt eine jede Rede allenthalben umher, sowohl bei denen, die sie verstehen, wie auch bei denen, für die sie nicht passt, und sie selbst weiß nicht, zu welchen Menschen sie reden soll und zu welchen nicht. Wenn sie dann aber schlecht behandelt und zu Unrecht geschmäht wird, hat sie immer ihren Vater nötig als Helfer; denn sie selbst ist weder fähig sich zu wehren noch sich zu helfen." Sokrates, der genauso wie Jesus nie etwas niedergeschrieben hatte, bevorzugte das gesprochene Wort, das „niedergeschrieben wird in der Seele des Lernenden, fähig sich selbst zu wehren und wohl wissend, zu wem [es] jeweils zu reden hat und vor wem zu schweigen."

Northrop Frye fasst Platons Bedenken folgendermaßen zusammen: „Die Fähigkeit des schriftlichen Aufzeichnens [hat] sehr viel mehr mit dem Vergessen als mit dem Erinnern zu tun: Damit, die Vergangenheit in der Vergangenheit zu lassen, statt sie ständig in der Gegenwart neu zu erschaffen."[52]

Meditatio ist die Übung, das Erinnern im Akt des Lesens wachzuhalten. Meditation führt vom Betrachten des *Wortes* zum Eintritt in die *Welt* des Textes. Während wir den Text in uns aufnehmen, stellen wir fest, dass der Text uns in sich aufnimmt. Denn die Welt des Textes ist weitaus größer und realer als unser Verstand und unsere Lebenserfahrung. Der biblische Text ist ein Zeugnis für die Selbstoffenbarung Gottes. Diese Offenbarung ist nicht einfach eine Aneinanderreihung von willkürlichen Orakeln, die vorüber-

52 Frye, Northrop: *Der Große Code: Die Bibel und Literatur.* Aus dem Englischen von Peter Seyffert, Mueller-Speiser, Anif/Salzburg 2007, S. 42.

gehende Unklarheiten ausleuchten oder uns durch verwirrende Umstände hindurchführen. Dieser Text ist *Gott*-offenbarend: Gott, wie er erschafft, Gott, wie er rettet, Gott, wie er segnet. Der Text hat einen Kontext und der Kontext ist riesig, gewaltig, umfassend. Paulus staunt darüber: „Wie groß ist doch Gott! Wie unendlich sein Reichtum, seine Weisheit, wie tief seine Gedanken" (Röm 11,33).

Die Welt der Offenbarung ist nicht nur groß, sondern auch ineinandergreifend – alles ist miteinander verbunden, wie in einem lebenden Organismus. Ein lebendiger Gott offenbart sich, und wenn wir das wenigstens ein bisschen verstehen wollen, dann müssen wir in diese große Lebendigkeit eintreten. Meditation übt diese Größe ein, tritt ein in das, was da ist, erinnert an alle Aspekte, die durch unseren Ungehorsam zerschlagen wurden, bemerkt die Verbindungen, erkennt die Übereinstimmungen, greift die Echos auf. Hinter allen Dingen, allen Worten oder Sätzen steckt immer mehr, als wir im ersten Augenblick wahrnehmen. Meditation führt in diese großen Hintergründe hinein, die nicht sofort sichtbar sind, die wir beim ersten Mal übersehen.

Meditation ist der Teil des geistlichen Lesens, der uns dazu erzieht, die Bibel als ein verbundenes, stimmiges Ganzes zu lesen und nicht als eine Sammlung inspirierter Kleinigkeiten.

In der heidnischen Antike gab es eine beliebte Geschichte von einer Frau, die göttliche Orakel von sich gab. Sie hieß Sibylle und war eine Prophetin aus dem griechischen Dorf Kyme/Cumae. Sie wird zum ersten Mal im Jahr 500 v. Chr. von Heraklit erwähnt. Ich habe sie mir immer als ein altes Weib mit wirrem Blick und wildem Haar vorgestellt, die am Eingang zu einer Höhle sitzt, in einem Kessel mit übel riechendem Gebräu rührt und in einer Sprache, die uns aus Glückskeksen vertraut ist, heilige Weisheiten vor sich hin murmelt. Sie hat in Cumae etwas gestartet, das Bestand hatte: „Sibyllen" traten von diesem Zeitpunkt an zu verschiedenen Zeiten und an verschiedenen Orten auf und machten in kehliger Sprache orakelhafte Verkündigungen, die Männer und Frauen für himmlischen Rat hielten. Später verlegten sich jüdische und christliche Sibyllen auf dieses Theater. Menschen fingen an, die Orakel in Büchern zu sammeln. Die Sammlung wuchs und im vierten Jahrhundert n. Chr. gab es fünfzehn Bücher mit sibyllinischen Orakeln, die eine beträchtliche Zahl von Christen ziemlich ernst nahmen.[53]

Sibylle und ihre Nachahmerinnen waren eine bereitwillige Quelle für himmlischen Rat und versorgten verwirrte Männer und Frauen mit Weisheit und Führung. Der normale Ablauf war so, dass man in die Höhle hineinging, in der die Sibylle ihr Lager aufgeschlagen hatte, und man ihren gestammelten Worten lauschte. Manchmal wurden an diesen Orten Altäre gebaut. Die Laute blieben oft rätselhaft, oftmals war es ganz offenbares Gefasel, doch es war inspiriertes Gefasel und wurde deshalb hoch geschätzt als Weisheit – Wahrheit aus der Quelle der Wahrheit. Die Orakel kamen ohne Kontext, kehlige oder keuchende Fragmente von Götterlauten. Doch das war die große Attraktion. Die Orakel waren das Wort Gottes für dich, ohne Satzbau oder Kontext – man hatte alle Freiheit, diese Nebensächlichkeiten selbst zu ergänzen.

Was heute so überrascht, ist, dass so viele Menschen die Bibel als eine Kollektion von sibyllinischen Orakeln betrachten, Verse oder Sätze ohne Kontext oder Verbindung. Das ist, gelinde gesagt, verwunderlich. Die Bibel ist die Offenbarung eines personalen, in Beziehung stehenden, Mensch gewordenen Gottes für Männer und Frauen, die historisch belegt sind. Die Zeugen der Offenbarung sind tatsächliche Schreiber, deren Niederschrift und Zeugnis am helllichten Tag stattfanden, mit der Bestätigung ihrer Gott anbetenden Gemeinschaften. Alles daran ist offen erkennbar. Da gibt es kein Gemurmel in einer finsteren ägäischen Höhle, sondern den Heiligen Geist, der unter freiem Himmel sein Werk tut, der lesbare, zusammenhängende Schriftstücke hervorbringt, die von Generation zu Generation weitergegeben werden, eine Erzählung mit Handlung und Charakteren und einer Kulisse.

53 Knox, J.: „Sibylline Oracles", in: *Interpreter's Dictionary of the Bible*, Abingdon, New York 1962, Band 4, S. 343.

Die Bibel in nummerierte Kapitel und Verse einzuteilen hat diesem „sibyllinischen Komplex“ Vorschub geleistet. Es erweckt den Eindruck, dass die Bibel eine Sammlung von tausenden eigenständigen Sätzen und Wendungen ist, die willkürlich ausgewählt oder kombiniert werden können, um Aufschluss über unser Glück oder Schicksal zu bekommen. Bibelverse sind aber keine Glückskekse, die man beliebig aufbricht. Die Bibel ist auch kein astrologisches Schaubild, das ohne Beachtung seines personalen Charakters zu unserer Unterhaltung oder für unseren Profit manipuliert werden kann.

Meditation ist der beste Weg, um uns vor der Zerstückelung unseres Bibellesens in isolierte Orakel zu schützen. Meditation begibt sich in das stimmige Universum der Offenbarung Gottes. Meditation ist die Anwendung der Vorstellungskraft, verankert im Gebet, die das Ziel hat, den Text zum Freund zu gewinnen. Sie darf nicht mit Einbildung oder Fantasie verwechselt werden.

Meditation erfindet nichts. Wir sind verbunden mit einem historischen Glauben und sind zu Recht misstrauisch gegenüber menschlichen Erfindungen. Meditation ist aber kein Eingriff, es ist Nachsinnen – wir lassen zu, dass die Bilder und Erzählungen der gesamten Offenbarung in unser Verstehen eindringen. Durch Meditation fühlen wir uns heimisch und vertraut mit allen Personen der Erzählung, wir treten ein in den Ort, wo Mose und Elia und Jesus sich unterhalten. Es braucht Teilnahme. Meditation ist Teilnahme.

Mir gefällt Warren Wiersbes Unterscheidung zwischen Fantasie und Vorstellungskraft: „Die Fantasie schrieb „Mary had a little lamb“ (übers.: *Maria hatte ein kleines Lamm*; amerikanisches Kinderlied aus dem 19. Jahrhundert), doch vom Geist erfüllte Vorstellungskraft schrieb „Der Herr ist mein Hirte“. Fantasie schafft dir eine neue Welt; Vorstellungskraft verschafft dir Einblick in die alte Welt.“ [54]

54 Wiersbe, Warren in: *Leadership Journal*, Frühjahr 1983, S. 23.

Kein Text lässt sich verstehen, wenn er aus seinem vollständigen Kontext gelöst wird. Der „vollständigste" Kontext ist Jesus. Jeder biblische Text muss in der lebendigen Gegenwart Jesu gelesen werden. Jedes Wort des biblischen Textes ist ein Fenster oder eine Tür, die uns aus der Wellblechhütte unseres Ichs hinausführt und in die große Weite der Offenbarung Gottes im Himmel und im Ozean, in den Bäumen und Blumen, in Jesaja und Maria und schließlich und endlich in Jesus hineinführt. Meditation erkennt die Verbindungen und hört auf die Harmonien, die in Jesus zusammenlaufen.

Wir meditieren, um ein Gefühl für den Text zu entwickeln. Wir verwandeln uns vom kritischen Außenseiter in einen verständigen Insider. Wir betrachten den Text nicht mehr mit kühler, abgeklärter Sachkenntnis, sondern wir treten mit der spielerischen Neugierde eines Kindes in ihn ein.

G. K. Chestertons Romanfigur Pater Brown zeigt uns, wie sich das machen lässt. Kurz vor dem Ende seiner schillernden Karriere als Detektiv im Priestergewand, während der er viele komplizierte und komplexe Kriminalfälle gelöst hatte, unterhält er sich mit Freunden, spät abends am Kaminfeuer im Haus eines Freundes in den spanischen Bergen. Einer seiner Freunde fragt ihn nach dem Geheimnis seiner vielen erfolgreich gelösten Verbrechen. Während er mit seinen großen ausdruckslosen Augen hinter den kleinen runden Gläsern zwinkert, erwidert er regungslos: „Weißt du, ich habe all diese Menschen umgebracht." Alle schnappen nach Luft und starren mit entsetztem Erstaunen auf den schüchternen, mausgrauen Priester. Dann fährt er fort: „Ich überlegte mir genau, wie man so etwas anstellen könnte und auf welche Art und Weise oder in welchem Zustand ein Mann so etwas tun könnte. Und wenn ich mir ganz sicher war, dass ich das gleiche fühlte wie der Mörder selbst, dann wusste ich natürlich auch, wer er war."[55]

55 Chesterton, G. K.: *The Father Brown Stories*, 1929.

Oratio

Es gibt noch mehr. Es gibt das Gebet – *oratio*. „Die Bibel durchsuchen und suchendes Gebet gehen Hand in Hand. Was wir von Gott in der Botschaft des Buches erhalten, das geben wir Ihm mit unserem interessierten Gebet zurück", schreibt P. T. Forsyth.[56] Geistliches Lesen setzt eine disziplinierte Aufmerksamkeit für den Schreibstil des Textes voraus, es bedarf eines meditativen und empfänglichen Eintretens in die Welt des Textes; und es bedarf der Erwiderung. Wir lesen und treten ein und es dauert nicht lange, bis wir, zu unserem Erstaunen, sagen: „Oh, das hat mit *mir* zu tun! Gottes Wort wendet sich an mich – *ich* werde hier angesprochen!" Es ist die eine Seite, zuzuhören, wenn Gott auf den kargen Felsspitzen des Sinai zu Mose spricht, oder Jesus zuzuhören, wie er auf einem grünen Hügel in Galiläa die Seligpreisungen predigt, sich an der Wahrheit zu erfreuen und die Herrlichkeit zu bewundern. Es ist etwas ganz anderes, wenn man feststellt, dass Gott zu mir spricht, während ich im Regen mit dem Fahrrad auf einer Landstraße in Kentucky unterwegs bin. Ich bin sprachlos, oder ich stottere. Wie antworte ich Gott? Doch antworten werde ich, denn der Text besteht darauf.

Gebet ist Sprache in Beziehung zu Gott. Es ist die universellste aller Sprachen, die *lingua franca* des menschlichen Herzens. Gebet reicht vom „unaussprechlichen Seufzen" (Röm 8,26; *Luther 1984*) zu Bitten und Dank, gefasst in lyrischer Poesie und gesetzter Prosa in „Psalmen, Lobgesängen und Liedern" (Kol 3,16) bis zu der Stille eines Menschen, der in aufmerksamer Anbetung vor Gott steht (Ps 62,1).

Die Grundvoraussetzung allen Gebets ist die persönliche Offenbarung Gottes mittels Sprache. Das Wort Gottes steht nicht auf Werbeplakaten, ist keine unpersönliche Randbemerkung, um uns auf etwas aufmerksam zu machen, was Gott einst gesagt oder getan hat, während wir bereits auf der Straße nach ganz woanders

56 Forsyth, P. T.: *The Soul of Prayer*, Independent Press, London 1916, S. 46.

hin unterwegs sind. Gott schafft den Kosmos mit Worten; er schafft uns mit Worten; er ruft uns, spricht zu uns, flüstert uns zu, mit Worten. Dann macht er uns, seinen menschlichen Geschöpfen, die Sprache zum Geschenk. Wir können Gott nicht nur hören und verstehen, wenn er zu uns spricht, wir können mit ihm sprechen – erwidern, antworten, uns mit ihm unterhalten, diskutieren, ihn fragen. Wir können beten. Gott ist der Urheber und Garant der Sprache in beide Richtungen, Gott spricht zu uns und wir sprechen mit Gott. Es ist ein Wunder, dass Gott mit uns spricht. Es ist kein kleineres Wunder, dass Gott uns zuhört. Die biblische Offenbarung besteht gleichermaßen auf beide Seiten: die Wirkungskraft von Gottes Sprache in unsere Richtung, die Wirkungskraft unserer Sprache in Gottes Richtung. Unser Hören auf Gott funktioniert mal besser, mal schlechter. Gott hört uns immer zu. Die grundlegende Realität des Gebets ist, dass seine Quelle und sein Charakter ganz in Gott liegen. Wir sind am meisten wir selbst, wenn wir beten. Gebet ist aber keine menschliche Übung. Die Psychologie ist uns keine große Hilfe, wenn es darum geht, Gebet zu verstehen oder es zu praktizieren. Ob es uns bewusst ist oder nicht (und oft ist es uns nicht bewusst), hat es seinen Anfang und sein Ende und seine Existenz in der Gemeinschaft mit der Dreieinigkeit.

Die Bibel, gelesen und gebetet, ist unser ursprünglicher und gültiger Zugang zu Gott, wie er sich uns selbst offenbart. Die Bibel ist unsere Anschlagtafel, mit der wir die Sprache der Seele erlernen, der Weg, auf dem Gott zu uns spricht. Sie versorgt uns auch mit Vokabular und Grammatik, damit wir auf angemessene Weise zu Gott sprechen können. Gebet, losgelöst von der Bibel, vom Hören auf Gott, abgeschnitten von Gottes Wort an uns, verursacht einen Kurzschluss in der Beziehungssprache, dem Gebet. Christen eignen sich diese personale und in Beziehung stehende Gebetspraxis in erster Linie (jedoch nicht ausschließlich) unter dem prägenden Einfluss der Psalmen und von Jesus an.

Die Psalmen sind der hauptsächliche Zeuge unserer betenden Anteilnahme, während wir Gottes Wort lesen oder hören. Athanasius fasste ihre Einzigartigkeit hervorragend zusammen, als er schrieb: „Das meiste in der Bibel spricht *zu* uns; die Psalmen sprechen *für* uns." Und wie sie für uns sprechen. Sie sagen nicht einfach: „Ja, Gott, ich stimme dir zu. Ja, das ist richtig, ich könnte es selbst nicht besser ausdrücken" oder „Ja, könntest du das nochmal sagen, damit ich es mir aufschreiben und meinen Freunden zeigen kann?" Nein, sie diskutieren und beschweren sich, sie jammern und loben, sie leugnen und bringen vor, sie danken und sie singen. Auf der einen Seite werfen sie Gott vor, sie zu betrügen und zu verlassen, und auf der anderen fahren sie mit Wagenladungen voller Halleluja vor. Manchmal glauben wir, erst dann in der angemessenen Haltung zu sein, um Gott zu antworten, wenn wir bequem in einem Schaukelstuhl vor einem gemütlichen Feuer sitzen, fügsam und anständig. Einigen von uns wurde beigebracht, dass Bibellesen bedeutet, in Gottes Klassenzimmer zu sitzen und dass Gebet die Hand ist, die wir höflich erheben, sobald wir eine Frage zu seiner Vorlesung zum 5. Buch Mose haben. Die Psalmen, unser Gebetstext innerhalb des biblischen Textes, zeigen uns etwas ganz anderes: Gebet ruft Gott an, eine Anrufung, die nur selten durch einen gemurmelten Gruß oder einen herkömmlichen Handschlag ausgeführt wird. Die Anrufung ist, zumindest zu Beginn, mehr ein Streit als ein Gruß, mehr ein Kampf als eine freundliche Umarmung.[57]

Wie könnte es auch anders sein? Diese Welt, diese Realität, durch Gottes Sprechen offenbart, ist nicht die Welt, die wir kennen. Es ist keine gepflegte und ordentliche Welt, in der wir die Kontrolle haben – es wimmelt nur so von Mysterien, an die wir uns erst gewöhnen müssen, und bis dahin jagt sie uns Angst ein. Es ist keine voraussehbare Welt, in der die Gesetze von Ursache und Wirkung

57 „Die Erarbeitung des biblischen Modells zur Erkenntnis Gottes war weniger ein intellektueller Prozess als vielmehr ein persönlicher Konflikt, in dem Männer mit ihrem Gott rangen und miteinander über ihren Gott rangen. Es war, mit dem Wort des Alten Testaments, ein *Rib* oder Streit, eine Auseinandersetzung, die öffentliches Aufsehen erregte, damit Menschen davon lernen können. Zerrbilder im biblischen Bild Gottes haben ihren Ursprung nicht nur in unzureichender Erkenntnis, sondern in menschlicher Abwehr gegen Gottes Wahrheit und gegen Einsichten, die Andere erlangt haben." Barr, James: *The Bible in the Modern World*, SCM, London 1973, S. 119.

gelten und in der wir unsere Karriere und unsere sichere Zukunft planen könnten – an jeder Ecke wartet ein Wunder, das uns vollkommen verwirrt, außer wenn das Wunder uns von Nutzen ist. Es ist keine Traumwelt, in der sich alles so entwickelt, wie wir es uns in unseren jugendhaften Erwartungen vorstellen – es gibt Leiden und Armut und Missbrauch, worüber wir uns voll Schmerz und Entrüstung empören: „Das kannst du doch nicht zulassen!" Die meisten von uns brauchen viele, viele Jahre, um unsere Traumwelt gegen die wahre Welt der Gnade und Barmherzigkeit, des Opfers und der Liebe, der Freiheit und Freude auszutauschen.

Wenn wir die Psalmen als Schule des Gebets verwenden, dann bekommen wir durch das Beten dieser Gebete ein Gefühl dafür, was wir sagen können, während wir unser Leben auf eine aufmerksame und anbetende Erwiderung auf Gott ausrichten, der zu uns spricht. Wenn wir das tun, dann wird uns zuerst einmal klar, dass im Gebet alles möglich ist. Praktisch jede menschliche Regung ist auch Gebetsmaterial: Betrachtungen und Beobachtungen, Angst und Ärger, Schuld und Sünde, Fragen und Zweifel, Bedürfnisse und Wünsche, Lob und Dankbarkeit, Leiden und Tod. Nichts ist ausgeschlossen. Die Psalmen sind eine ausführliche Widerlegung der Annahme, dass beten „nett sein" vor Gott bedeutet. Nein – im Gebet bieten wir uns so dar, wie wir sind. Als zweites stellen wir fest, dass Gebet der Zugang zu allem ist, was Gott für uns ist: Heiligkeit, Gerechtigkeit, Barmherzigkeit, Vergebung, Souveränität, Segen, Rechtfertigung, Erlösung, Liebe, Majestät, Herrlichkeit. Die Psalmen stellen detailliert dar, dass Gebet uns in die einladende Gegenwart Gottes bringt, während er sich uns großzügig darbietet, so wie er ist.

Luther schrieb zu seiner Vorrede auf den Psalter (1528):

> Willst du die heilige christliche Kirche gemalet sehen mit lebendiger Farbe und Gestalt, in einem kleinen Bilde gefasset, so nimm den Psalter vor dich, so hast du einen feinen, hellen, reinen Spie-

> gel, der dir zeigen wird, was die Christenheit sei. Ja, du wirst auch dich selbst drinnen und das rechte Gnothi seauton [„erkenne dich selbst"] finden, dazu Gott selbst und alle Kreaturen.[58]

Wenn die Psalmen unser wichtigster Text für das Gebet sind, unsere Antwort auf das Wort Gottes, dann ist Jesus, das fleischgewordene Wort, unser wichtigster Lehrer. Jesus ist das himmlische/menschliche Zentrum des Gebetslebens. Jesus betet für uns – „er lebt für immer und bittet für [uns]" (Hebr 7,25; *Luther 1984*). Das Verb steht in der Gegenwartsform. Vor allem eines sollte uns über das Gebet klar sein: nicht, dass wir beten sollten oder wie wir beten sollten, sondern vielmehr, dass Jesus in diesem Augenblick für uns betet (siehe auch Hebr 4,16 und Joh 17). Jesus, das Wort, das uns erschuf (Joh 1,3; Kol 1,16), ist auch unter uns, um uns zu lehren, wie wir unsere Worte persönlich vor Gott bringen. Er tat dies in erster Linie durch sein Vorbild. Lukas zitiert neun Gelegenheiten: 5,16; 6,12; 9,18, 28; 11,1; 22,32, 41, 44; 24,30. Doch wir haben nur wenige Beschreibungen von seinen tatsächlichen Gebeten. Einige bleiben undeutlich (Mk 7,34; 8,12; Joh 11,33; Hebr 5,7). Manche werden wörtlich zitiert (Mt 11,25; 26,39; 27,46; Lk 23,46; Joh 11,41; 12,27–28; 171–26).

Er lehrt uns nur einmal das Gebet, und zwar, als die Apostel ihn darum bitten: „Herr, sage uns doch, wie wir richtig beten sollen" (Lk 11,1). Seine Antwort: „So sollt ihr beten…", unser sogenanntes Vater Unser (Lk 11,2–4 und Mt 6,9–13) ist der wichtigste Text der Kirche (unterstützt von den Psalmen), um Christen zu einem Leben des persönlichen, ehrlichen und reifen Gebets zu leiten. Die Einfachheit und Kürze von Jesu erster (und einziger!) Unterrichtseinheit im Gebet ist auffallend, eine deutliche Zurückweisung aller Versuche, Gebetstechniken zu entwickeln oder das „Geheimnis" des Gebets zu entdecken. Gebet, so wie Jesus es praktizierte und lehrte, war kein sprachliches Werkzeug, um Gott weich zu klopfen, keine Formel für Eingeweihte, um Gott zu etwas zu überreden.

58 Luther, Martin: *Zweite Vorrede auf den Psalter* (1528), in: *Luthers Vorreden zur Bibel*, herausgegeben von Heinrich Bornkamm, Insel, Frankfurt am Main 1983, S. 69.

Gebet bekommt seine Form durch Jesus, in dessen Namen wir beten. Unser Wissen, unsere Bedürfnisse, unsere Gefühle werden ernst genommen, aber sie bilden nicht die Grundlage. Gott, wie er sich in der Bibel, die wir lesen und über der wir meditieren, und in Jesus, an den wir uns wenden, offenbart, gibt unseren Gebeten sowohl ihre Form als auch ihren Inhalt. Im Gebet sind wir am meisten wir selbst. Es ist die eine Übung, in der wir wirklich vollkommen wir sein können, *müssen*. Es ist aber auch die Übung, in der wir über uns selbst hinauswachsen. In diesem „über uns hinauswachsen" werden wir nicht von der Summe unserer Erfahrungen geformt und definiert, sondern von Vater, Sohn und Geist, zu denen wir beten und durch die wir beten.

Gott hält keine Reden. Er nimmt an Gesprächen teil und wir werden zu Partnern in dem Gespräch. Wir treten in den Satzbau, die Grammatik des Wortes Gottes ein. Wir haben nicht den größten Anteil daran. Wir sorgen nicht für die Verben und Substantive. Doch wir sind zweifelsohne dabei. Wir sorgen hier für eine Präposition, dort für eine Konjunktion, sorgen gelegentlich für Stützwörter, hin und wieder für ein Adverb oder Adjektiv. Oft ist es nur ein Strichpunkt oder ein Komma, ein Ausrufezeichen oder ein Fragezeichen. Doch wir sind *Teil* des Satzbaus, wir stehen nicht außerhalb. Der Text geht davon aus, dass wir an dem teilnehmen, was aufgeschrieben ist, dass wir keine zufällige Laufkundschaft und keine Schaulustigen, kein Anhang und keine Fußnote sind. Es liegt in der Natur der Sprache zu verbinden, sie ist dialogisch, sie schafft Gespräch.[59] Gebet ist unser Eingangstor in die Grammatik der Offenbarung, die Grammatik des Wortes Gottes.

Die von Gottes Wort offenbarte Welt ist so viel größer als unsere von Sünden geprägte Welt, dass man von uns nicht erwarten kann, alles sofort zu erfassen. Die von Gottes Wort offenbarte Welt hat so

59 „Wir nehmen oft an, dass sich ein Übersetzungsproblem lösen lässt, indem wir die Wortbedeutung kennen und verschiedene Bedeutungen auf vernünftige Weise mit unserem Verstand miteinander verbinden. Doch so funktioniert es nicht. Die Schwierigkeit liegt darin, immer wieder zu entscheiden, wie unsere Beziehung zu den Worten aussehen sollte, auch wenn wir wissen, was sie bedeuten." Donoghue, Denis: *Ferocious Alphabets*, Little, Brown, Boston 1976, S. 14.

viel mehr an sich, in sich und hinter sich, als unsere Ich-zentrierte Welt, dass man von uns nicht erwarten kann, alles sofort zu verstehen. Aus diesem Grund *beten* wir, was wir lesen. Gebet ist der Weg, auf dem wir uns aus unserer bequemen, doch engen Welt des Ichs befreien und eintreten in die selbst verleugnende, doch weite Welt Gottes. Wir machen uns frei vom Ich und können ganz Seele sein – Gottes-bewusst, Gott-gestaltet.

Die Realität, wie Gott sie uns durch sein Wort in Jesus offenbart, ist fremd und unerwartet und enttäuschend. Es ist nicht die Welt, die wir erschaffen hätten, sofern wir den Auftrag dazu gehabt hätten. Es ist nicht die Art von Rettung, für die wir gesorgt hätten, wären wir Teil des Gremiums gewesen. Es ist nicht das System von Lohn und Strafe, das wir zum Gesetz gemacht hätten, hätten wir ein Stimmrecht gehabt. Ich mag den kühnen Humor von Teresa von Avila, die sich energisch dafür einsetzte, den Karmeliterinnenorden zu reformieren und dazu mit einem Ochsenkarren auf schlechten Straßen in ganz Europa unterwegs war. Einmal fiel sie von ihrem Karren auf eine schlammige Straße. Sie erhob ihre Faust gegen Gott: „Wenn du deine Freunde so behandelst, dann brauchst du dich nicht zu wundern, dass du so wenig Freunde hast.“[60]

Das ist richtig. Die Wirklichkeit, die Gott uns in seinem Wort offenbart, ist anders, ganz anders – Anders! – als alles, was wir uns je hätten erträumen können. Und Gott sei Dank dafür, denn wenn wir lange genug daran festhalten, Gebet für Gebet, dann finden wir uns in einer Wirklichkeit wieder, die weitaus größer, weitaus herrlicher und bei Weitem besser ist. Doch es dauert eine Zeit, bis wir uns daran gewöhnen. Gebet ist der Prozess, in dessen Verlauf wir uns daran gewöhnen, vom Kleinen zum Großen, von Kontrolle zum Mysterium, vom Ich zur Seele – zu Gott.

Es ist nicht leicht. Es war nicht leicht für Jesus, diese Nächte auf dem Berg, diese Nacht in Gethsemane, diese Stunden am Kreuz. Niemand hat je behauptet, dass es leicht sein würde. Gott hat nicht

---

60 Teresa of Avila: A Life of Prayer, abridged and edited by James M. Houston, Multnomah Press, Portland 1983, S. xxvii.

gesagt, dass es leicht sein würde. Doch so liegen die Dinge nun mal – so ist die Welt, so sind wir, so ist Gott. Willst du in einer wahren Welt leben? Hier hast du sie. Gott offenbart sie uns nicht nur in seinem Wort, sodass wir von ihr wissen, er führt die Offenbarung in uns fort, während wir beten und an ihr teilnehmen.

Wie notwendig es ist, handfest und bereitwillig auf den Geist zu reagieren, während wir den Text lesen, zeigt uns ein Tagebucheintrag von Julien Green vom 6. Oktober 1941:

> Die Geschichte vom Manna, das die Hebräer ernten und lagern, schürft seltsam tief. Dieses Manna verfaulte, wenn man es aufbewahrte. Und vielleicht heißt das, dass jede spirituelle Lektüre, die nicht vollzogen wird – durch Gebete und Taten – in uns schließlich zu einer Fäulnis führt. Man stirbt, den Kopf voller schöner Texte und das Herz völlig leer.[61]

Seien wir gewarnt: Es genügt nicht, die Bibel zu verstehen oder zu bewundern. Gott hat gesprochen; jetzt sind wir an der Reihe. Wir beten, was wir lesen, machen unser Leben zu einer aktiven Teilnahme an dem, was Gott in der Welt offenbart. Gott erwartet nicht von uns, dass wir diese neue Realität im Liegen erkennen. Wir tun gut daran, sie *nicht* im Liegen zu erkennen, denn Gott will, dass sein Wort unsere Füße in Bewegung setzt, dass wir gehen, laufen, singen.

Gott zwingt uns nicht, irgendetwas von alledem zu tun: Gottes Wort ist eine persönliche Anrede, die einlädt, bestimmt, herausfordert, zurückweist, richtet, tröstet, führt. Die aber nicht zwingt. Nicht nötigt. Wir erhalten Raum und Freiheit, um zu erwidern, um in das Gespräch einzutreten. Von Anfang bis Ende ist das Wort Gottes ein Wort im Dialog, ein Wort, das zur Teilnahme einlädt. Gebet ist unsere Teilnahme an der Schöpfung, Rettung und Gemeinschaft, die Gott uns in der Heiligen Schrift offenbart.

61 Green, Julien: *Tagebücher 1926 – 1942*, Paul List, München 1991, S. 708.

Contemplatio

Das letzte und abschließende Element der *Lectio Divina* ist die Betrachtung (Kontemplation). Innerhalb der *Lectio Divina* bedeutet Kontemplation, den gelesenen/meditierten/gebeteten Text in der alltäglichen, gewöhnlichen Welt zu leben. Das bedeutet, den Text in unsere Muskeln und Knochen, unsere mit Sauerstoff gefüllten Lungen und unser Blut pumpendes Herz zu verfrachten. Wenn wir aber dieses Wort in diesem umfassenden und alltäglichen Sinne verwenden, dann müssen wir es zunächst von seiner stereotypen Bedeutung befreien. Es ist ein weit verbreitetes Stereotyp, dass Kontemplation etwas ist, was Mönche und Nonnen in Klöstern tun. Ernsthafte Kontemplation bedeute, Familie und Häuslichkeit, Stadt und Geschäft zu verlassen, ein Gelübde der Keuschheit und des Gehorsams abzulegen, um dann in stiller Gebetshaltung und besinnlichem Studium, ungestört in der Gegenwart Gottes zu leben. Historisch betrachtet ist es richtig, dieses Wort auf ein solches Leben anzuwenden, allerdings nicht *nur* auf ein solches Leben. Obwohl im Laufe von über fünfzehnhundert Jahren viele, vielleicht sogar die meisten, der Männer und Frauen, die das Wort „Kontemplation" verwendeten, in einer solchen Umgebung lebten, spricht nichts dafür, dass für die Übung an sich ein Leben, abgeschieden von der „Welt", nötig wäre. Trotzdem fällt es uns schwer, unsere Vorstellungskraft von dem zu lösen, was wir mit den Schriften der Wüstenväter und -mütter in Ägypten verbinden, mit Teresa von Avila und ihrem Karmeliterinnenkloster auf dem Montecassino, mit Hildegard, wie sie ihre Nonnen in dem von ihr gegründeten Kloster in Bingen leitet, mit Bernhard, der in Clairvaux vor seinen Mönchen predigt oder, in unserer Zeit, Thomas Merton mit seinen Trappisten in Kentucky. In solchen Zusammenhängen wird das betrachtende Leben fast immer im Kontrast zum aktiven Leben gesehen, welches man als das Leben außerhalb eines Klosters definiert. Hans Urs von Balthasar, der katholische Theologe, der sein Leben auf das Studium und die Ausübung eines betrachtenden Lebens verwendete, versucht sein Bestes, um diese irreführenden Stereotypen zu überführen. Er bezeichnet Kontemplation als die

„Verbindung", die den Gottesdienst im Heiligtum und die Arbeit in der Welt zu einem Bündel schnürt, das zugleich weltlich und heilig ist: „Das Leben der Betrachtung ist unweigerlich auch ein Alltagsleben: kleiner Treue, kleinen Dienstes, im Geist der alles erleichternden und wärmenden Liebe verrichtet."[62]

Ich habe kein Problem mit der Kontemplation, wie sie in Klöstern praktiziert wird und ich kritisiere sie auch nicht. Ich bin sogar unendlich dankbar für die Männer und Frauen, die sich solch disziplinierter Aufmerksamkeit für unseren Herrn hingaben (und immer noch geben!). Ich möchte aber auch alles in meiner Macht Stehende tun, um die „Kontemplation" in unsere Alltagswelt einzuführen, in das, was Kathleen Norris als die „alltäglichen Mysterien: Wäsche, Liturgie und ‚Hausfrauenarbeit'" bezeichnet. Sie schreibt:

> Ich bin zu der Überzeugung gekommen, dass die wahren Mystiker des Alltäglichen nicht die sind, die in der Abgeschiedenheit die Heiligkeit betrachten, die in ruhiger Stille gottgleiche Erleuchtung erreichen, sondern vielmehr jene, die es schaffen, Gott in einem lärmerfüllten Leben zu finden, inmitten der Erwartungen anderer Menschen und den gnadenlosen Alltagspflichten, die das Ich auslöschen können. Es können junge Eltern sein, die Kindererziehung und Berufstätigkeit stemmen müssen ... [Wenn] sie weise sind, dann schätzen sie die seltenen Momente der Einsamkeit und Stille, die ihnen zufliegen und nutzen sie nicht zur Flucht, zur Ablenkung vor dem Fernseher oder ähnlichem. Stattdessen lauschen sie auf ein Signal von Gottes Gegenwart und sie öffnen ihr Herz für Gebet.[63]

Ich untermauere meinen Anspruch auf eine Demokratisierung der Betrachtung (Kontemplation) mit der Beobachtung, dass praktisch alle Kinder bis zum Alter von drei bis fünf Jahren natürliche „Betrachter" sind: selbstvergessen sind sie ganz bei der Blume am Wegesrand, versunken in die Beobachtung einer Ameise, die über einen Baumstamm klettert.

---

62 Von Balthasar, Hans Urs: *Das betrachtende Gebet*, Johannes, Einsiedeln [5]2003 (Ersterscheinung 1955), S. 123.

63 Norris, Kathleen: *The Quotidian Mysteries*, Paulist, New York 1998, S. 70.

Als Dichterin hält Denise Levertov Kontemplation für die Heimat all derer, die Wörter ernst nehmen und sie weist dabei auf die Definition für Kontemplation im Oxford English Dictionary hin. Der Ursprung liegt in „*templum*, Tempel, ein Ort der Beobachtung, abgegrenzt durch den Wahrsager." Das heißt, sagt sie, „nicht nur zu beobachten, zu achten, sondern diese Dinge *in der Gegenwart eines Gottes* zu tun."[64] Es heißt, die gesamte Umgebung wahrzunehmen – nachzusinnen über die Gegenwart des Menschen in einer Atmosphäre des Göttlichen. Das lexikalische Gebiet, mit dem Levertov ihren Anspruch untermauert, ist die Dichtung – sie ist Dichterin und arbeitet mit Worten. Als Leser, der mit den Worten der Bibel arbeitet, bin ich genauso entschlossen, die Worte der Bibel als ein *templum* zu bergen und diese Worte dann „in der Gegenwart eines Gottes" zu lesen. In meinem Fall ist das der Gott und Vater unseres Herrn Jesus Christus.[65]

Soll die *Lectio Divina* in der heutigen Gemeinschaft der Christen Fuß fassen, dann muss wieder erkannt werden, dass die Kontemplation für das Lesen und Leben der Bibel unabdingbar ist. Wir haben hier keine Wahl; sie ist notwendig. Die Fremdheit des Wortes und seine große Ferne von allem Gewöhnlichen kann sogar ein Vorteil sein, um seine ausgeprägte Schlagkraft wiederzubeleben: es versetzt unseren Ohren einen verbalen Schlag, schreckt uns auf aus unseren gehetzten, quälenden, selbstzerstörerischen Abhängigkeiten, die wir für gewöhnlich als Erfüllung und Streben nach dem Glück bezeichnen – die schwache Version des Himmels in unserer westlichen Kultur. So gebraucht, wirkt es wunderbar als Protestwort gegen vieles, was wir für bewundernswert und nachahmenswert halten: geistliche Techniken, psychologische Manipu-

64 Levertov, Denise: *The Poet in the World*, New Directions, New York 1973, S. 8 (Hervorhebungen durch den Autor).

65 Ich stehe hier nicht alleine. Die Zahl derer wächst, die ebenso entschlossen sind, das Wort und seine Bedeutung für jeden Christen zugänglich zu machen, ganz egal, wo er oder sie im Leben steht. Für mich kommt das deutlichste und umfassendste Zeugnis von Hans Urs von Balthasar in seinem Werk *Betrachtendes Gebet*.

lation, institutionalisierte Kontrolle, gebilligte Süchte, evangelikale Eile, messianische Gewalt, frommer Genuss.

Kontemplation bedeutet, sich der biblischen Offenbarung zu unterwerfen, sie in uns aufzunehmen und sie dann ganz einfach und ohne große Fanfarenklänge zu leben. Sie bedeutet nicht (und hier sind wir bei den stereotypen Missverständnissen) still, zurückgezogen, abgeschieden, gelassen oder gütig. Sie hängt nicht davon ab, ob wir unsere Tage als ölverschmierter Schrauber unter einem Auto verbringen oder auf unseren Knien in einem benediktinischen Chorgestühl. Es bedeutet nicht, alles zu wissen. Es bedeutet nicht, geistig und emotional ausgeglichen zu sein.

Menschen, die sich der Kontemplation widmen, geht der Hut hoch, sie treffen schlechte Entscheidungen, sprechen zum falschen Zeitpunkt und bereuen, was sie gesagt haben, sie fahren über rote Ampeln und bekommen Strafzettel. Sie werden depressiv, verwirrt, dick, verirren sich und manchmal kapieren sie gar nichts. „Schriftbetrachter" (kontemplativer Mensch) ist keine Auszeichnung, keine Ehrennadel.

Schriftbetrachter ist eine Bezeichnung, die jeder für sich in Anspruch nehmen kann und die wir alle in Anspruch nehmen sollten. Wir werden die Bibel nie richtig lesen und leben, wenn wir es nicht tun. *Lectio Divina* erwartet Schriftbetrachtung und setzt sie voraus. Wenn uns das Wort in Verbindung mit dem Adjektiv „gescheitert" besser gefällt, dann habe ich nichts dagegen. Gescheiterter Schriftbetrachter. Alle Schriftbetrachter sind gescheiterte Schriftbetrachter. Doch das Wort selbst, sei es als Adjektiv oder als Hauptwort, bleibt: Schriftbetrachter.

Schriftbetrachtung/Kontemplation bedeutet, alles zu leben, was wir lesen, nichts davon zu verschwenden oder zu horten, sondern es vielmehr im Leben zu verbrauchen. Es ist ein Leben, das von Gottes offenbarendem Wort geformt wird, Gottes Wort, wie es gelesen und gehört, meditiert und gebetet wird. Ein betrachtendes Leben ist keine Spezialform des Lebens; es ist das christliche Leben, nicht mehr, aber auch nicht weniger. Aber *gelebt.* Joseph Conrad erfasste den Kern des betrachtenden Lebens, als er hinwies auf

> dasjenige in uns … was eine Begabung und nichts Erworbenes … ist … unsere Fähigkeit zu staunen und uns zu freuen … das Empfinden von Mitleid, Schmerz und Schönheit … das verborgene Gefühl einer Gemeinschaft mit allem Erschaffenen – und … den zarten, doch unbezwingbaren Glauben an eine Solidarität, in der die Einsamkeit unzähliger Herzen verflochten ist … die … die ganze Menschheit miteinander verbindet – die Toten mit den Lebenden und die Lebenden mit den Ungeborenen.[66]

„Kontemplativer Mensch“ ist keine elitäre Schublade für Christen. Es ist so wichtig, dieses Wort aus der Versenkung zu holen, weil unsere Kultur mittlerweile nahezu jeden als „Christen“ bezeichnet, der kein Kommunist oder Krimineller ist. Wir brauchen ein unbeliebtes Wort, das das Bewusstsein weckt für das Eigentümliche im Leben jener, die im Glauben an Jesus Christus ihr Leben führen, ein verbales Werkzeug, das aufmerksam macht auf die Besonderheit eines vom Wort Gottes geformten Lebens. Vielleicht dient ein sperriges Wort wie dieses als Zeichen des Widerstands gegen die zersetzenden Kräfte der säkularen Welt, die die scharfen Kanten unserer Identität in Christus abtragen.

Kontemplation im Zusammenhang mit *Lectio Divina,* dem geistlichen Lesen der Heiligen Schrift, erkennt die organische Verbindung zwischen dem Wort „wirklich“ und dem Wort „gelebt“. Das kontemplative Leben ist die Erkenntnis, dass das Wort, das zu Beginn war, auch das fleischgewordene Wort ist und auch weiterhin das Wort ist, zu dem ich sage, *Fiat mihi*: „*Mir* geschehe nach deinem Wort.“

Dem Wort Kontemplation liegt die Annahme zugrunde, dass Wort und Leben in ihrem Ursprung das gleiche sind. Leben kommt aus dem Wort. Wort schafft Leben. Es gibt kein Wort Gottes, von dem Gott nicht will, dass wir es leben. Alle Worte haben die Fähigkeit zur Menschwerdung, weil alle Worte ihren Ursprung in dem fleischgewordenen Wort haben.

Genauso haben alle Worte die Fähigkeit zur „Entmenschlichung“, in unserem Fleisch und Blut kein Leben zu schaffen, zu

66 Conrad, Joseph: *Der Bimbo von der ‚Narcissus‘. Eine Geschichte von der See.* Neu übersetzt und mit einer Nachbemerkung von Wolfgang Kriege, Haffmanns, Zürich 1994, S. 8.

Lügen verdreht zu werden. Der Teufel ist, nach Ansicht einiger unserer besten Lehrmeister, körperlos – unfähig zu Fleisch, zu Leben zu werden. Die einzige Möglichkeit des Teufels, auf dieser Welt mitzuspielen ist es, uns als „Träger" zu verwenden. Der Teufel braucht Menschenfleisch, um sein Werk zu tun. Weil der Teufel vollkommen jenseitig, *unweltlich* ist, fehlt ihm auch die Befugnis für den Ausspruch „wie in der Hölle, so auf Erden", außer wir Menschen aus Fleisch und Blut sprechen seine Lügen aus und führen seine Illusionen vor.

Die absichtliche oder zufällige Weigerung, ein kontemplatives Leben zu führen, macht uns anfällig dafür, zu Trägern für die Lügen des Teufels zu werden, das Wort Gottes zu entmenschlichen, während wir unbekümmert und fromm aus der Bibel zitieren. Denn jedes Wort Gottes, das in der Bibel offenbart und gelesen wird, ist dazu da, in uns empfangen und geboren zu werden: Christus, das fleischgewordene Wort, fleischgeworden in unserem Fleisch.

Ein Wort ist nicht geistlich in dem Sinne, dass es nicht real ist. Alles an einem Wort ist real: Es beginnt mit einem Atemzug, wird durch das Zusammenziehen unserer Lungen in Bewegung gesetzt, mithilfe der Verengung von Kehlkopf und Rachen durch den Tunnel der Luftröhre geschoben und dann von dem wunderbaren Trio aus Zunge, Zähnen und Lippen bearbeitet, um schließlich ein Wort zu werden. Das ist noch nicht das Ende der Körperlichkeit, der Materialität eines Wortes. Luft, die sich aus einer Mischung von bestimmten Gasen zusammensetzt, vermengt mit einer Vielzahl von Schmutzstoffen in der Atemluft, leitet das Wort auf kleinen Pfaden zu unseren Ohren, diesen unglaublich kleinen Wunderohren, Meisterwerke der Ingenieurskunst, auf Pfaden, die genauso körperlich sind, wie jede beliebige Betonbrücke oder Asphaltstraße. Das Wort trifft auf eine Membran und aktiviert winzige akustische Instrumente, die den Ton in die Synapsen unseres Gehirns schicken, woraufhin wir unsere Sünden bereuen oder an Jesus glauben oder unseren Feind lieben oder Kranke besuchen. Jede dieser Handlungen ist körperlich: fleischgewordenes Wort. Meister Eckart (gest. 1327), ein deutscher Dominikanermönch, stellte in einer seiner Predigten den Begriff Schriftbetrachtung, Kontemplation, in diesen erdigen Zusammenhang: „Wäre der Mensch so in Verzückung, wie's Sankt Paulus war, und wüsste einen kranken Menschen, der eines Süppleins von ihm bedürfte, ich erachtete es für weit besser, du ließest aus Liebe von der Verzückung ab und dientest dem Bedürftigen in größerer Liebe."[67]

„Fleischgewordenes Wort" bedeutet nicht die Verwandlung vom Geistlichen ins Körperliche. Das Wort ist bereits körperlich; es bedeutet in das Fleisch *Jesu*. Spezifisches, hiesiges Fleisch mit einem Namen. Und wenn wir beten „Mir geschehe nach deinem Wort", dann meinen wir, dass es in unserem Fleisch passieren soll; eine wundersame Empfängnis in der Gebärmutter unseres Lebens, „Christus in mir", das Wort, genauso körperlich anwesend wie die Wege, auf denen wir gehen, das Wort, so offensichtlich und mysteriös, wie das Licht der Laterne, die wir halten.

Denis Donoghue, einer unserer besten Literaturkritiker, meinte einmal über William Carlos Williams, einen unserer allerbesten Poeten: „[wenn er] einen Fußabdruck [sah, dann] hatte er kein Interesse an der Bedeutung dieser Entdeckung als Wissen, Wahrnehmung, Vision oder sogar Wahrheit: Er wollte einfach nur den Fuß finden."[68] Genau das tun Menschen, die sich der Kontemplation widmen, sie schauen sich um und schauen nach innen und suchen den Fuß, der zu dem (Bibel-)Abdruck passt.

Contemplatio ist, anders als seine drei Begleiter, nicht etwas, das wir bewusst tun. Es passiert einfach, es ist ein Geschenk, es ist etwas, wofür wir empfänglich sind und dem wir gehorchen. In der Sprache unserer Tradition ist es „durchdrungen". Schriftbetrachtung „ist nichts, was wir produzieren oder praktizieren können. ... Wir können dafür bereit sein, wir können uns darauf vorbereiten, wir können sie allerdings nicht auslösen. ..."[69] Wir werden nicht

67 Aus: *Reden der Unterweisung* (10), zitiert nach: Meister Eckehart: *Deutsche Predigten und Traktate*, herausgegeben und übersetzt von Josef Quint, Hanser, München [7]1995, S. 67.

68 Donoghue, Denis: *The Ordinary Universe*, Macmillan, NewYork 1968, S. 182.

69 Louth, Andrew: *The Origins of the Christian Mystical Tradition*, Clarendon, Oxford 1981, S. 14.

zu Betrachtern der Bibel, indem wir sie als Objekt betrachten, sie gliedern und analysieren. Sie kann nur „das Wissen von der Liebe sein, von Verlangen und Freude, kann nur der Wille sein, der sich dem Locken der himmlischen Schönheit ergibt.“[70]

Kontemplation ist nicht ein weiteres Konzept, das wir unserem Lesen, Meditieren und Beten hinzufügen. Es ist vielmehr das Zusammentreffen von Gottes Offenbarung und unserer Erwiderung darauf, eine unbewusste Nachfolge Jesu, ein Jesus-stimmiges Leben. Es ist nicht das Nachdenken über Gott, nicht das ständige Überlegen, „Was würde Jesus tun?“, sondern der Sprung in den Fluss; nicht das Entwickeln von Strategien für ein erfolgreiches Leben, sondern einfaches Ich-sein, mein Christus-in-mir-Leben; nicht das Kalkulieren von Auswirkungen, sondern das Akzeptieren und die Unterwerfung unter Wie-im-Himmel-so-auf-Erden Bedingungen.

Das bedeutet, dass Kontemplation meist unbemerkt bleibt, unkommentiert, unbewusst. So vieles aus dem Wort Gottes wird in der Stille, im Verborgenen und im Geheimnis offenbart,[71] dass wir es möglicherweise nicht einmal bemerken, wenn wir unser ganzes Leben mit einem Schriftbetrachter verbracht haben. Es ist sogar noch unwahrscheinlicher, dass wir einen Schriftbetrachter erkennen, wenn wir in den Spiegel schauen.

Weil es so unmöglich ist, eine Bewertung zu treffen, zumindest eine Selbstbewertung, werden wir in eine große Freiheit entlassen, während wir die Heilige Schrift lesen und mit ihr ringen, sie genießen und empfangen. Wir wollen uns nicht verausgaben. Wir setzen uns keine perfektionistischen Ziele. Wir nehmen die Sache nicht in die eigene Hand. Wir bestehen nicht auf einen messbaren Fortschritt. Wir machen keinen Wettbewerb daraus. Nachdem wir gelesen und meditiert und gebetet haben und weiterlesen und meditieren und beten, treten wir einen Schritt zurück und seg-

70 Rowan Williams in seiner Besprechung von Augustinus (Williams, Rowan: *Christian Spirituality*, John Knox, Atlanta 1980, S. 74).

71 Für eine genaue, leidenschaftliche Darstellung hierzu siehe Virginia Stern Owens, *The Total Image*, Eerdmans, Grand Rapids 1980, S. 39–61.

nen, lieben und gehorchen und atmen „Mir geschehe nach deinem Wort". Entspannen und empfangen.

Noch einmal: *caveat lector.*

Lectio divina ist keine Methode, um die Bibel zu lesen. Sie ist die gepflegte, gut entwickelte Gewohnheit, den Text im Namen Jesu zu *leben.* Das ist der Weg, der einzige Weg dahin, die Heilige Schrift zu einer prägenden Kraft in der christlichen Kirche werden zu lassen und zu Salz und Sauerteig in der Welt. Dies gelingt nicht durch dogmatische Diskussionen und Formulierungen, nicht durch Strategien zur Unterwerfung der Barbaren, nicht durch Gemeindeprogramme zur Ausbildung von Laien in den „Prinzipien und Wahrheiten" der Bibel – nicht auf irgendeine andere Art, mit der die Bibel unter uns so selbstverständlich und energisch als ein unpersönliches Werkzeug oder Programm angepriesen wird. Es ist erstaunlich, wie viele Möglichkeiten wir, als Einzelne und als Gemeinschaft, mit Hilfe der Bibel ausfindig machen, um glaubendem Gehorsam im Empfang und der Nachfolge des fleischgewordenen Wortes aus dem Weg zu gehen.

Auf jeden Fall gilt: *Vorsicht.*

III

Die Gemeinschaft der Übersetzer

„Wie hören wir denn jeder seine eigene Muttersprache? … wir hören sie in unsern Sprachen von den großen Taten Gottes reden.“

APG. 2,8,11 (LUTHER 1984)

„Jede Übersetzung ist eine messianische Handlung, die uns der Erlösung näherbringt.“

FRANZ ROSENZWEIG

KAPITEL 8

„Die Sekretäre Gottes“

Die überwältigende Mehrheit der Männer und Frauen, die von Gott hören oder lesen, wie er sich in der Bibel offenbart, tut dies mit Hilfe einer riesigen Gruppe von Übersetzern. Ohne Übersetzer, von denen die meisten anonym bleiben, würde man nur wenig von Gott lesen und hören. Unsere Bibel ist das am meisten übersetzte Buch der Welt.

Die Identität Jesu – „König der Juden“ –, wie er da am Kreuz in Golgatha hing, war von Pilatus in drei, damals in Jerusalem vorherrschenden Sprachen angeschlagen worden: Aramäisch,[72] Lateinisch, Griechisch. Die Ironie ist nicht zu übersehen, wenn man bedenkt, dass Pontius Pilatus, der römische Gouverneur, der Jesus zum Tod am Kreuz verurteilt hatte, anordnete, genau jene Worte zu übersetzen, die Jesu Souveränität ankündigten, wenn auch nicht ganz auf die Art, wie er, Pilatus, es beabsichtigt hatte (Joh 19,19f.). Wir sehen Pilatus nicht wirklich oft in der Gesellschaft von Übersetzern, aber hier ist es der Fall.

Bibelübersetzung wurde einige hundert Jahre vor Jesus und der Zeit der Frühkirche notwendig, als Hebräisch, die ursprüngliche

72 Wenn im neutestamentlichen griechischen Text (und vielen Übersetzungen) „Hebräisch“ steht, dann kann man fast mit Sicherheit davon ausgehen, dass „Aramäisch“ gemeint ist, eine dem Hebräischen nah verwandte Sprache.

Sprache des Volkes Gottes, im Alltag nach und nach zuerst durch Aramäisch und dann durch Griechisch ersetzt wurde.

Übersetzung ins Aramäische

Die Übersetzung ins Aramäische spielte in der Zeit nach Israels Rückkehr aus dem babylonischen Exil im sechsten Jahrhundert v. Chr. eine entscheidende Rolle. Im Jahr 538 v. Chr. entließ der liberale persische Herrscher Kyros die Israeliten aus dem Exil und stellt ihnen frei, in ihre Heimat Palästina zurückzukehren. Aramäisch war die offizielle Sprache des Persischen Reiches. Im Laufe der Jahre waren die vielen lokalen Sprachen, die in diesem riesigen Reich heimisch waren („von Indien bis nach Äthiopien", wie es zusammenfassend zu Beginn des Buches Esther ausgedrückt wird), Sprachen, zu denen auch das Hebräisch der Israeliten gehörte, von Aramäisch an den Rand gedrängt worden, der offiziellen Sprache der Regierung und der Wirtschaft.

Zu dem Zeitpunkt, als Pilatus seine billige Übersetzung an das Kreuz von Jesus hängen ließ, war Hebräisch vermutlich in den meisten Gegenden keine Alltagssprache mehr, sondern war von Aramäisch ersetzt worden, dem gleichen Aramäisch, das auch Jesus und seine Schüler hauptsächlich verwendeten. Über dieses Aramäisch ist uns nur wenig bekannt, weil es in unseren Bibeln so selten gebraucht wird.

Im Alten Testament füllt Aramäisch ein paar Seiten in Esra (4,8–6,18 und 7,12–26), etwas über die Hälfte von Daniel (2,4–7,22), man findet zwei Worte in 1. Mose (31,47), ein Wort in den Psalmen (2,12) und einen Vers in Jeremia (10,11).

Nur einundzwanzig Worte oder Satzteile im Neuen Testament bleiben die einzigen Spuren, die vom reichen Reservoir der Sprache geblieben sind, die Jesus und seine ersten Jünger sprachen: zehn Worte oder Satzteile in den Evangelien und bei Paulus: *raka* (Mt 5,22), *satanas* (Mt 16,23), *talitha koum* (Mk 5,41), *ephphatha* (Mk 7,34), *pascha* (Mk 14,1), *abba* (Mk 14,36; Röm 8,15), *eloi, eloi, lama sabachthani* (Mk 15,34), *Messias* (Joh 1,41), *rabbouni* (Joh

20,16), *marana tha* (1Kor 16,22);[73] drei aramäische Ortsnamen: Golgatha, Gabbatha und Hakeldamach (Joh 19,13, 17; Apg 1,19) und acht aramäische Personennamen: Kephas, Bartholomäus, Bartimäus, Barnabas, Martha, Thomas, Thaddäus und Barabbas. Das ist alles.

Unter den Schriftrollen vom Toten Meer, von denen einige auf die Mitte des dritten Jahrhunderts v. Chr. datiert werden können, befinden sich einundsechzig Stücke, die ins Aramäische übersetzt sind. Dazu zählt auch das Fragment des biblischen Buches Hiob, was den „weit verbreiteten und vorherrschenden Gebrauch des Aramäischen" in den Jahren zwischen den Testamenten zu bestätigen scheint.[74]

Wir bekommen einen Einblick in den Beginn dieses Übergangs vom Hebräischen zum Aramäischen, wenn wir die Geschichte von Esra und Nehemia lesen. Wir schreiben ungefähr das Jahr 450 v. Chr.[75] Esra und Nehemia reisten aus dem Osten des persischen Reiches nach Jerusalem, um den entmutigten Juden, die aus dem babylonischen Exil zurückgekehrt waren, Mut zuzusprechen. Was als glorreiche Rückkehr in die Heimat und als triumphaler Wiederaufbau des zerstörten salomonischen Tempels geplant gewesen war, war kläglich gescheitert. Bei der Rückkehr war ihre Vorstellungskraft noch von Jesajas visionärer Predigt über das Exil elektrisiert:

---

73 *Mammon* („wem ihr dienen wollt", stammt aus der gleichen Wurzel wie „Amen"), ein Wort, das Jesus im Zusammenhang mit Geld verwendete, ist möglicherweise aramäischen Ursprungs. Schließt man es ein, so kommt man auf zweiundzwanzig.

74 Schürer, Emil: *The History of the Jewish People in the Age of Jesus Christ*, überarbeitet von Geza Vermes, Fergus Millar und Matthew Black, T & T Clark, Edinburgh 1979, Bd. 2, S. 22–23. [Zitat nur in der erweiterten englischen Ausgabe, nicht in der deutschen Originalausgabe, die 1970 nachgedruckt wurde (Schürer, Emil: Geschichte des jüdischen Volkes im Zeitalter Jesu Christi, Olms, Hildesheim 1970)].

75 Die zeitliche Festlegung von Esra-Nehemia wird von Gelehrten stark diskutiert. Wir können sie ungefähr dem Vierteljahrhundert zwischen 450 bis 425 v. Chr. zuordnen – in ganzen Zahlen, einhundert Jahre nachdem die ersten Rückkehrer aus Babylon eingetroffen waren. Siehe: I. W. Provan, V. P. Long und T. Longman III, *A Biblical History of Israel*, Westminster/John Knox, Louisville 2003, S. 285–303.

> Du sollst nicht nur die zwölf Stämme Israels wieder zu einem Volk vereinigen und die Überlebenden zurückbringen. Dafür allein habe ich dich nicht in meinen Dienst genommen, das wäre zu wenig. Nein – ich habe dich zum Licht für alle Völker gemacht, damit du der ganzen Welt die Rettung bringst, die von mir kommt!" (Jes 49,6)

Die übergroße Hoffnung, mit der sie in Palästina angekommen waren und erwartet hatten, das „Licht für alle Völker" zu sein, hatte sich schnell verflüchtigt. Viele ihrer Brüder und Schwestern im Exil, die in Babylon ein gutes Auskommen gefunden hatten, hatten sich sogar geweigert, mit ihnen zurückzukehren. Die Rückkehrer durchlebten jahrelange Dürreperioden und schlechte Ernten, hatten kaum Rohstoffe zur Verfügung und wurden von ihren samaritanischen Nachbarn im Norden grausam schikaniert. Es sah ganz danach aus, als würde die Gemeinschaft zugrunde gehen. Jahre des aussichtslosen Kampfes hatten den großartigen Bilderteppich der Vision Jesajas dünn werden lassen. Ihre Identität als das Volk Gottes hing nur noch am seidenen Faden.

Die rettende Hilfe kam mit Esra und dann Nehemia, die beide wichtige Posten in der persischen Regierung innehatten. Als sie vom verzweifelten Zustand ihrer Brüder und Schwestern in Palästina erfuhren, machten sie sich auf den Weg, um ihnen Mut zu machen. Es ist keine Übertreibung, wenn man behauptet, dass diese beiden Männer für das Überleben des Volkes Gottes genauso wichtig waren, wie es Mose für seine Zusammenführung war. Sie taten, was nötig war, um die Identität der Gemeinschaft als Gottes Volk wieder aufzubauen und sie brachten sie auf den Weg, auf dem sie heute noch unterwegs sind. Esra reformierte ihr geistliches Leben; Nehemia gab ihnen politische Einheit und baute ihre Verteidigung auf.

Esra erschien mit einer Abschrift des mosaischen Gesetzes, geschrieben in der Originalsprache, Hebräisch. Im Laufe der Jahrzehnte voller Armut und Schikane, war diesen Juden, die in Jerusalem gerade genug zum Überleben hatten, die Verbindung zu ihrer Vergangenheit verloren gegangen – hatten sie die Erinnerung an die von Mose angeführte Rettung verloren, hatten die Vertrautheit mit der Offenbarung am Sinai verloren, hatten die Beziehung zu den Bestrafungen in der Wüste verloren, hatten die Verbindung zu den Familiengeschichten von Abram und Sarai, Ruth und Boas, David und Abigail verloren. Esra wusste, dass er ganz von vorne beginnen musste. Er würde mit der Heiligen Schrift beginnen. Er ließ sich auf dem Stadtplatz ein Podest aus Holz bauen, rief die Menschen zusammen, stieg auf das Podest und begann, aus der hebräischen Schriftrolle vorzulesen, las ihnen die Geschichten vor, die ihnen erklärten, wer sie waren, woher sie kamen, ihre Identität und ihre Bestimmung.

Doch es gab ein Problem. Die Menschen, die die Verbindung zu ihrer Vergangenheit verloren hatten, hatten auch die Verbindung zu ihrer Sprache verloren. Obwohl vermutlich die meisten von ihnen noch Hebräisch verstanden, war es doch nicht mehr ihre erste Sprache, ihre Muttersprache. Während der rund 130 Jahre, die vergangen waren, seitdem ihre Vorfahren ins babylonische Exil geführt worden waren (586 v. Chr.), hatte Hebräisch in ihrem Leben kaum mehr eine Rolle gespielt. Sie hatten bereits als Kinder Aramäisch gelernt, die *lingua franca* des Persischen Reiches, so wie ihre Eltern und Großeltern über mehrere Generationen es auch gelernt hatten. Und Aramäisch sollte ihre erste Sprache bleiben, noch bis weit in die Zukunft hinein, bis in das Leben von Jesus hinein.

Ganz offensichtlich brauchte Esra bei seinen großen Bemühungen um eine Identitäts-Auffrischung Hilfe bei der Auslegung. Glücklicherweise waren die Leviten, die ja auch die Priester stellten, dafür verantwortlich, die Verbindung zu den alten mosaischen Wurzeln am Leben zu erhalten, immer noch versiert in Hebräisch. Während also Esra aus der hebräischen Schriftrolle vorlas, waren dreizehn Leviten an strategischen Posten inmitten der versammelten Gemeinde stationiert „und erklärten das Gesetz, damit das Volk es wirklich verstehen konnte“ (Neh 8,8). „Erklärten“ heißt vermutlich, dass hier nicht im strikten Sinne übersetzt wurde. Vielmehr sollten die Menschen durch Erläutern und Auslegen dieses lange vernachlässigten und jetzt ungewohnten Textes, aus dem

Esra vorlas, unterstützt werden. An diesem Tag passierte offenbar Folgendes: Die dem Exil entronnene Gemeinschaft in Jerusalem benötigte Verständnishilfe, während sie die Worte aus der hebräischen Schrift hörte, und dazu gehörte es auch, dass hin und wieder ein hebräisches Wort oder ein Ausdruck ins Aramäische übersetzt wurde, in jene Sprache also, die zu diesem Zeitpunkt bereits Hebräisch als die Umgangssprache in Palästina ersetzt hatte.

Doch „erklären" bedeutete mehr, als den Menschen nur die entsprechenden Wörterbucheinträge für das an diesem Tag Gelesene vorzusetzen. Die Übersetzungsarbeit der Leviten bezog das *Leben* der Menschen mit ein, ihre Herzen und Seelen, nicht nur ihren Verstand: zuerst weinten sie, dann feierten sie, „denn sie hatten verstanden, was man ihnen verkündet hatte" (Neh 8,9–12). Das ist der wahre Sinn echter Übersetzung: Verständnis vermitteln, das die ganze Person einbezieht, mit Tränen und Lachen, Herz und Seele, einbeziehen in alles, was geschrieben, alles, was gesagt ist.[76]

Diese dreizehn Personen werden ansonsten nicht mehr in der Bibel erwähnt. Und trotzdem bleiben sie nicht ganz anonym. Als Esras Assistenten retteten sie die Situation, indem sie die alltägliche Umgangssprache benutzten, um Esras Lesung aus dem Wort Gottes zu interpretieren und zu erhellen, und sie taten dies für ein Volk Gottes, das zu diesem Zeitpunkt kaum wusste, was „Volk Gottes" überhaupt bedeutete, geschweige denn, das *sie* damit gemeint waren. Diese Männer verdienen es, dass man sie hier und heute mit Namen nennt. Sie heißen: Jeschua, Bani, Scherebja, Jamin, Akkub, Schabbetai, Hodija, Maaseja, Kelita, Asarja, Josabad, Hanan und Pelaja (Neh 8,7). Die dreizehn Übersetzer schufen damals mündlich die nötige Verbindung – Aramäisch! – zwischen gestern und heute. Weil sie „erklärten", konnte das Volk verstehen, was gemeint war, und verwendete auch noch während der folgenden rund vierhundert Jahre Aramäisch, bis zu dem Zeitpunkt, an dem Jesus an

76 Heutzutage wird dieser komplexen und umfassenden Übersetzungsaufgabe viel Aufmerksamkeit geschenkt. Man bezeichnet sie als „Hermeneutik". Für eine gründliche Darstellung siehe Anthony Thiselton, *The Two Horizons*, Eerdmans, Grand Rapids 1980 und Paul Ricoeur, *Essays in Biblical Interpretation*, Fortress, Philadelphia 1980.

einem Kreuz in Jerusalem hing, bezeichnet als ihr König, in genau dieser Sprache: Aramäisch.[77]

Übersetzung ins Griechische

Die Übersetzung der hebräischen Bibel ins Griechische ist unsere erste vollständige Übersetzung. Während wir für die Übersetzung ins Aramäische nur über einzelne Schnipsel verfügen, hie und da Fragmente und – wie in der Erzählung von Esra und den dreizehn Leviten – Hinweise und Vermutungen, die sich aus dem Zusammenhang ergeben, ist die Übersetzung der Bibel ins Griechische vollständig. Es ist die komplette hebräische Bibel – und noch etwas mehr – lange vor Jesu Erscheinen und dem Herabkommen des Heiligen Geistes an Pfingsten.

Wie es sich zeigt, war diese griechische Übersetzung *die* Bibel der frühen christlichen Kirche, sie war ihre „autorisierte" Fassung. Wenn Paulus seine Briefe an die neu gegründeten christlichen Gemeinschaften schrieb und aus der Bibel zitierte, um die natürliche Beziehung dieser frühen Christen mit dem Volk Gottes glaubhaft zu machen und zu bestätigen, jenem Volk, das aus der ägyptischen Sklaverei gerettet worden war, in der Wüste und im gelobten Land zu einem Leben in Liebe und Gefolgschaft erzogen worden war und von den großen Prediger-Propheten Israels unterwiesen und herausgefordert worden war, dann zitierte er fast ausschließlich aus seiner griechischen Übersetzung. Als Markus sein bahnbrechendes Evangelium schrieb, bezog er sich an 68 Stellen klar auf das Alte Testament, wovon 25 der Bezüge exakte oder fast exakte Zitate aus der griechischen Übersetzung sind. Als Paulus und Silas die griechische Stadt Beröa erreichten und zusammen mit ein paar Juden in der Synagoge die Bibel lasen, „wobei sie täglich nach-

77 Über viele Jahrhunderte hinweg gab es nur eine mündliche Übersetzung ins Aramäische. Später irgendwann auch schriftliche Übersetzungen. Seinen Höhepunkt erreichte dieser Prozess in Babylon im fünften Jahrhundert n. Chr. mit offiziellen rabbinischen Targumim („Übersetzungen") ins Aramäische. Siehe F.F. Bruce, *The Books and the Parchments*, überarbeitete Aufl., Marshall Pickering, London 1991, S. 123–35.

forschten, ob dies mit der Heiligen Schrift übereinstimmt", dann lasen sie zweifellos in der offiziellen griechischen Übersetzung der „Bibel" (Apg 17,10–12). Als Walter Bauer viele Jahrhunderte später die Einführung zu seinem zum Standardwerk avancierten Lexikon des Griechischen im Neuen Testament schrieb, sagte er: „Von dem in seinem Schwergewicht jeder Bestimmung sich entziehenden Einfluss der LXX [der griechischen Übersetzung] auf unsere Literatur zeugt jedes Blatt des Wörterbuches."[78]

Genauso wie der Erlass von Kyros Aramäisch zur offiziellen Sprache des riesigen und vielsprachigen Persischen Reiches gemacht hatte und damit die Übersetzung ins Aramäische nötig geworden war, so wurde zweihundert Jahre später die Übersetzung ins Griechische nötig, als Alexander der Große ganz Persien eroberte und fast über Nacht (so sagt uns die Geschichtsschreibung) alle zu Griechen machte, zumindest was die Sprache betrifft. So wie Aramäisch zur *lingua franca* von Kyros' persischem Weltreich geworden war, so wurde Griechisch zur *lingua franca* von Alexanders griechischem Weltreich. Und aus dem gleichen Grund – um Regierungsgeschäfte zu führen und um Geschäfte zu machen mit einer derart bunt gemischten Bevölkerung, die so viele verschiedene Sprachen sprach (es war ein wahres Babylon) – musste eine gemeinsame Sprache her. Diesmal hatten die Griechen das Ruder in der Hand, deshalb war es Griechisch.

Doch noch etwas anderes war während dieser zweihundert Jahre passiert. In der Zeit zwischen Kyros und Alexander hatte sich die jüdische Gemeinschaft über die gesamte persisch/griechische Welt zerstreut. Die Zerstreuung, die unter den Babyloniern begonnen hatte, wurde von den Persern umgekehrt. Ihre Strategie war es, Völker im Exil in ihre Heimat zurückzuführen, sodass sie ihre

78 Bauer, Walter: *Zur Einführung*, in: Ders., *Griechisch-Deutsches Wörterbuch zu den Schriften des Neuen Testamentes und der übrigen christlichen Literatur*, [2]1928, S. xx. [Anm.: Diese *Einführung* ist nur in der 2. Auflage der deutschen Originalausgabe enthalten sowie, erweitert und überarbeitet, in der 3. Auflage der englischen Ausgabe.]

heiligen Stätten wieder errichten konnten.[79] Dieses Hin und Her schwächte jedes Gefühl von Zugehörigkeit und wühlte den riesigen „Zerstreuungs-Schmelztiegel" nur noch mehr auf. Die Griechen große Kolonisatoren, verstärkten die Ausbreitung noch. Unter ihrer Herrschaft lernten die Juden, früher bereits entwurzelt und später zurückgeführt nach Palästina, sich nahezu überall heimisch niederzulassen. Nach rund hundert Jahren griechischer Herrschaft gab es Juden in fast allen wichtigen Städten der mediterranen Welt und des Nahen Ostens. Wo auch immer sie landeten, gründeten sie eine Synagoge und nährten treu ihre Identität als das Volk Gottes aus dem Mutterboden der Heiligen Schrift (dem einzigen Boden, der ihnen geblieben war). Zwei Jahre nach Beginn seines Feldzuges, der ihn in zehn Jahren von Makedonien bis nach Indien führte, eroberte Alexander der Große Ägypten und gründete dort sofort eine Stadt, um sich selbst zu huldigen. Man schrieb das Jahr 332 v. Chr. In der für ihn typischen Hybris nannte er die Stadt Alexandria. Innerhalb weniger Generationen machten griechisch sprechende Juden ein Drittel der Einwohner aus und waren den Juden in Jerusalem zahlenmäßig überlegen. Die jüdische Bevölkerung vergrößerte sich auch weiterhin, nicht nur in Alexandria, sondern im gesamten griechischen Weltreich. Mit jedem weiteren Jahrzehnt entfernten sich die Juden weiter von der Sprache ihrer Bibel. Für die Lesungen in ihren Synagogen benötigten sie eine griechische Bibel.

Es ist daher nicht verwunderlich, dass die Initiative zur Übersetzung der Bibel ins Griechische aus Alexandria kam. *Der Brief des Aristeas*, ein Quäntchen historischer Tatsachen, das zu einer Legende ausgebaut wurde, erzählt diese Geschichte. Doch es ist wert, diese Legende zu erzählen, denn sie offenbart uns die jüdische Einstellung zur Übersetzung. Aristeas, so erzählt uns die Legende, hatte am Hofe des Ptolemaios II. (285–246 v. Chr.)

79 Anschaulich dokumentiert ist dies als Keilschrifttext in babylonischer Sprache auf dem Kyros-Zylinder. Deutsche Übersetzung in: Gehrke, Hans-Joachim/Schneider, Helmuth (Hrsg.): *Geschichte der Antike. Quellenband*, Metzler, Stuttgart/Weimar 2007, S. 59f (Q 57).

eine hohe Position inne. Ptolemaios II. war mit seiner mehr als zweihunderttausend Bücher umfassenden Bibliothek ein großer Förderer der Bildung. Aristeas erzählt in seiner Geschichte, dass Demetrios, der königliche Bibliothekar des Ptolemaios, den König darüber informierte, dass die Juden wertvolle Bücher besäßen, die einen Platz in dessen Bibliothek verdient hätten. Der König gab ihm die Erlaubnis dazu. Demetrios sagte, dass diese Bücher in einer merkwürdigen Sprache verfasst seien und übersetzt werden müssten. Der König gab deshalb den Befehl, einen Brief an Eleazar, den Hohepriester in Jerusalem, zu schicken und die Manuskripte zu erwerben, die mitsamt Übersetzern geliefert werden sollten. Der Hohepriester wählte sechs Älteste aus jedem der zwölf Stämme als Übersetzer aus. Als die zweiundsiebzig Ältesten in Alexandria eintrafen, verwöhnte der König sie mit einem opulenten Bankett und stellte sie mit schwierigen Fragen auf die Probe. Sie bestanden die Musterung und drei Tage später brachte der Bibliothekar Demetrios sie auf die Insel Pharos (bekannt für ihren Leuchtturm), vor der Küste bei Alexandria, und setzte sie in einem Gebäude, das extra für sie vorbereitet worden war, an die Arbeit. In zweiundsiebzig Tagen hatten die zweiundsiebzig Ältesten die Arbeit abgeschlossen. Man rundete zweiundsiebzig auf siebzig ab und die Übersetzung wird seitdem die *Septuaginta* genannt (siebzig in römischen Ziffern ist LXX).

Wie es Legenden an sich haben, entwickelte sich auch diese Legende weiter. Spätere Erzähler der Geschichte berichten, dass jeder der Zweiundsiebzig für sich alleine in einer separaten Zelle arbeitete und sie einander weder sahen, noch miteinander sprachen. Nach Ablauf der zweiundsiebzig Tage stellte man fest, dass alle Versionen Wort für Wort identisch waren.

Die Legende ist unterhaltsam, wie Legenden es auch sein sollen. Doch das Quäntchen an Tatsachen lässt sich nicht leugnen: Die Übersetzung der Bibel ins Griechische, die während der Regentschaft von Ptolemaios II. angefertigt worden war, entwickelte sich zur offiziellen Bibel der weit verstreuten jüdischen Gemeinschaften und schließlich der frühen christlichen Kirche.[80]

Der *Brief* hat für uns deshalb so große Bedeutung, weil er zeigt, welch enormen Respekt die jüdische (und später christliche) Gemeinschaft dieser Übersetzung und ihren Übersetzern entgegenbrachte. Sie glaubten daran, dass der gleiche Geist Gottes, der beim Schreiben der Bibel am Werk ist, auch bei der Übersetzung der Schrift am Werk ist. Etwa hundert Jahre nach dem *Brief* gab Philo, ein Jude aus Alexandria und Zeitgenosse Jesu, eine ähnliche Einschätzung bezüglich der Übersetzung ab, ohne sich dabei auf den *Brief* zu beziehen. Er bezeichnete die originale hebräische Niederschrift der Bibel und die Übersetzung der Bibel ins Griechische als „Schwestern". Juden, schreibt er, die sowohl Hebräisch als auch Griechisch beherrschen,

> erkennen ... mit Bewunderung und Ehrfurcht, dass sie [das Original und die Übersetzung] wie Schwesterschriften oder vielmehr gleichsam eine und dieselbe sind in den Dingen und den Ausdrücken dafür, so dass sie jene Männer nicht Übersetzer, sondern Oberpriester und Propheten nennen, denen es gelungen sei, ... mit Moses reinem Geisteshauche gleichen Schritt zu halten.[81]

Sowohl für Juden als auch für Christen waren das Original und die Übersetzung einander gleichgestellt, beides eine verbindliche Bibel.

Übersetzung ins Amerikanische

Zweitausend Jahre später fand ich mich plötzlich selbst in der Gesellschaft von Übersetzern wieder, ohne mir darüber im Klaren zu sein, dass ich ein Übersetzer war. Ich war Pastor in Amerika. Teil meiner Arbeit war es, die zwei- oder dreihundert Menschen,

80 Der *Brief des Aristeas* bezieht sich nur auf die Übersetzung der Thora, der ersten fünf Bücher Mose. Der Rest des Alten Testaments wurde Stück für Stück im Laufe der nächsten hundert Jahre erstellt. Mit Beginn des christlichen Zeitalters lag für die gesamte hebräische Bibel eine griechische Übersetzung vor.

81 Aus: Philo, *De vita Mosis*, zitiert nach Barrett, Charles Kingsley: *Texte zur Umwelt des Neuen Testaments*, J.C.B. Mohr (Paul Siebeck), Tübingen ^{2}1991, S. 332.

die meine Gemeinde ausmachten, zum Gottesdienst zusammenzurufen und mit ihnen das Abendmahl zu feiern. Ich predigte und leitete Bibelkreise, ich betete mit ihnen und für sie, ich besuchte die Kranken und arbeitete seelsorgerlich, ich taufte und konfirmierte, ich verheiratete und beerdigte. Wir alle sprachen fließend amerikanisches Englisch. Wozu brauchten diese Menschen, unter diesen Bedingungen, einen Übersetzer?

Und trotzdem merkte ich, wie ich mich oft mit Esras dreizehn Leviten in Jerusalem, in der Zeit nach dem Exil, identifizierte. George Steiner legt in seiner ausführlichen Abhandlung über die Übersetzung eindrücklich dar, dass Übersetzung innerhalb einer Sprache (intralingual) gleichgestellt ist mit der Übersetzung zwischen Sprachen (interlingual).[82] Am stärksten wurde mir bewusst, dass ich in Gesellschaft der Leviten war, wenn ich auf der Kanzel stand und versuchte, die Bibel in der Umgangssprache verständlich zu machen. Genau wie die Leviten Esra mit ihren „Erklärungen" unterstützten, um die Bibel in den Zeiten nach dem Exil, geprägt von der raschen Auflösung biblischer Kultur, verständlich zu machen, tat ich als Pastor im postmodernen Amerika etwas sehr Ähnliches, denn weder war meine Gemeinde vertraut mit ihrer Vergangenheit, noch mit ihrer Bibel, noch mit ihrer biblisch geprägten Identität. So, wie die Leviten das umgangssprachliche Aramäisch verwendeten, war auch der Großteil meiner „Übersetzung" mündlich, gab auch ich Interpretationen, das „Verständnis" der Bibel weiter, wie sie im Altarraum meiner versammelten Gemeinde vorgelesen wurde, und genauso steuerte ich hin und wieder die amerikanische Entsprechung für eine ungewohnte Redewendung oder Metapher bei.

Und dann passierte etwas, das mich in die Gesellschaft von Übersetzern brachte, ohne, dass ich mir dessen bewusst gewesen wäre. Es passierte in den frühen 1980er Jahren, in unserer kleinen Stadt, zwanzig Meilen entfernt von Baltimore. Eine Finanzkrise

82 Steiner, George: *Nach Babel. Aspekte der Sprache und des Übersetzens*, Suhrkamp, Frankfurt am Main 2004.

beunruhigte viele in meiner Gemeinde, deren Mitglieder zum Großteil der Mittelschicht angehörten. In vielen Städten Amerikas, auch im nahen Baltimore, flammten Rassenunruhen auf, was das Unbehagen noch vergrößerte. Die gesamte Gemeinschaft, in der ich lebte, war plötzlich um ihre Sicherheit besorgt. Nachbarn verriegelten ihre Türen zweifach und installierten Alarmanlagen. Männer und Frauen, die nie ein Gewehr in Händen gehalten hatten, kauften Gewehre. Rassenängste führten zur Verunglimpfung anderer Rassen. In den Gesprächen, die ich an Straßenecken und beim Friseur mitbekam, hörte ich paranoide Äußerungen. Zu meiner Bestürzung fand all das auch Einzug in meine Gemeinde, ohne auf großen Widerstand zu stoßen.

Meine Bestürzung wurde schon bald zu Ärger. Wie konnte diese Gemeinschaft von Christen die weltlichen Ängste und das hasserfüllte Misstrauen so unbedacht übernehmen – und dann auch noch so rasch? Über Nacht, so schien es, hatten sie ihre Häuser in bewaffnete Lager verwandelt. Sie lebten in Verteidigungshaltung, auf der Hut, ängstlich. Dabei waren sie Christen! Ich war seit zwanzig Jahren ihr Pastor, hatte ihnen die gute Nachricht gepredigt, dass Jesus diese Welt überwunden hat, hatte ihnen den Begriff „Nachbar“ mit Jesu Erzählung vom Barmherzigen Samariter nahegebracht, hatte sie mit Jesu Geschichte vom vorsichtigen Diener, der seine Talente vergrub, gegen den Status Quo verteidigt. Ich hatte sie in Bibelkreisen angeleitet, von denen ich geglaubt hatte, dass sie sie in der Freiheit festigen würden, dass damit ihre Füße fest stünden in, „aber nicht von“ der Welt um uns herum, für die Jesus starb. Und hier standen sie nun, vor meinen Augen, gelähmt vor Angst und „in Sorge vor dem Morgen“.

Nachdem sich mein Ärger und meine Bestürzung gelegt hatten, bastelte ich mir eine pastorale Strategie zurecht, von der ich hoffte, dass sie ihre Identität als ein freies Volk in Christus wiederbeleben würde, als ein Volk, das nicht die „Maßstäbe dieser Welt“ zum Maßstab nimmt, sondern kraftvoll und spontan im Geist lebt. Der Galaterbrief schien mir ein guter Ausgangspunkt zu sein. Ich war verärgert und dies war Paulus‘ ärgerlichster Brief, ausgelöst durch einen Bericht über christliche Gemeinschaften, die Paulus ein paar Jahre zuvor gegründet hatte, und die das Leben in der Freiheit für das Sicherheitssystem des alten jüdischen Regelwerks aufgegeben hatten. Meiner Meinung nach war meine Gemeinde reif für den Galaterbrief. Die sicheren und ruhigen Lebensbedingungen der Vorstadt hatten die scharfen Kanten des Evangeliums abgeschliffen und verwischt und nun standen sie wehrlos den Ängsten des Tages gegenüber. Ich war der Ansicht, dass die Parallelen zwischen unseren Gemeinden, der von Paulus in Galatien und meiner in Maryland, geradezu ein Glücksfall waren, und daraus wollte ich Kapital schlagen.

Ich wusste aber auch, dass es eine Zeit dauern würde. Ich beschloss, ein Jahr lang einen Kurs für Erwachsene über den Galaterbrief anzubieten und danach eine einjährige Predigtreihe über den Galaterbrief anzuschließen. Sie sollten eine Galater-Rundumbehandlung erhalten. Der Galaterbrief sollte ihnen aus den Ohren quellen. Nach diesen zwei Jahren sollten sie nicht mehr wissen, ob sie in Galatien oder in Amerika lebten. Doch sie hätten gelernt, was Freiheit bedeutet, die Freiheit, zu der Christus sie befreit hatte.

Ich kündigte den Erwachsenenkurs zum Galaterbrief in meiner Gemeinde an. Die Gruppe traf sich am Sonntagmorgen im Keller unserer Schulungsräume. Nackte Betonwände, Klappstühle, in Hufeisenform stehende Kunststofftische, eine Ständer mit alten Zeitungen – unser vorstädtisch presbyterianisches Äquivalent der Katakomben. Ich hatte die Nähe und Ungezwungenheit solcher Treffen immer geliebt, das Eintauchen in die Bibel, zu erleben, wie Überraschung und Erkenntnis einsetzten – Gottes Wort! – und die Atmosphäre von Ehrlichkeit und Offenheit, die sich scheinbar immer entwickelte. Wenn wir in die Welt von Gottes Offenbarung eintraten, schien es immer den Moment zu geben, in dem zunächst einer und dann noch einer bereit waren, sich zu offenbaren und vorsichtig hinter den Verkleidungen und Fassaden herzvorzukommen, mit deren Hilfe wir versuchen, uns Respekt und Ansehen in der Welt zu verschaffen.

Am ersten Sonntag kamen vierzehn Männer und Frauen, was für unsere Gemeinde ein ganz normales Ergebnis war. Ich war wie gewöhnlich etwas früher da, kochte eine Kanne Kaffee, machte Wasser heiß für den Tee, stellte Milch, Zucker und Styroporbecher auf, verteilte Bibeln auf den Tischen. Etwas Smalltalk in den ersten Minuten, in denen wir uns Kaffee besorgten, dann setzten wir uns an die Tische. Ich hatte stets den Eindruck, dass während der ersten etwa zehn Minuten die Bibeln auf den Tischen mit der liturgischen Amtshandlung des Kaffeeumrührens um Aufmerksamkeit rangen. An den meisten Sonntagen lagen am Ende die Bibeln vorne, doch an diesem Sonntag schienen jene Styroporbecher zu gewinnen. Hier saß ich also, legte in meiner Gemeinde das Fundament für eine großartige Erneuerung geisterfüllter Vorstellungskraft. Der Galaterbrief, der ärgerliche, leidenschaftliche, feurige Brief des Paulus, der seine Gemeinde davor bewahrte, in kulturelle Sklaverei zu verfallen, lag auf dem Tisch und keiner kapierte es. Mit einem freundlichen Lächeln im Gesicht, waren sie ganz damit beschäftigt, den Zucker in diesen Styroporbechern umzurühren und kümmerten sich nicht um die geisterfüllten Worte, die Paulus' Metaphern und Syntax durchzogen. Sie kapierten offensichtlich gar nichts. Und ich war beleidigt, tödlich beleidigt.

Ich weiß nicht, warum mich das an diesem Tag so sehr traf. Im Grunde passiert es andauernd: zwischen Eltern und Kindern, zwischen Freunden, Pastoren und Gemeindemitgliedern, Lehrern und Schülern, Trainern und Spielern. Wir erkennen etwas, das unser Leben komplett umkrempelt – tiefgründige Wahrheit, atemberaubende Schönheit, leidenschaftliche Liebe – und können es kaum erwarten, unsere Erkenntnis einer anderen Person aufzudrängen. Nach kurzem, höflichem Zuhören, macht sich diese Person, offensichtlich gelangweilt, entweder aus dem Staub oder wechselt das Thema. Es war genauso wie damals, als wir uns als Jugendliche total verliebt hatten und es nicht erwarten konnten, unserem besten Freund davon zu erzählen. Und die Antwort unseres Freundes war: „Ich weiß gar nicht, was du an ihm/ ihr findest". Wir hatten also gerade diese ganz besonders schöne Person entdeckt, jeder

Satz von seinen Lippen eine Melodie, jeder ihrer Schritte ein Tanz und unser Freund, unser *bester* Freund sagt: „Ich weiß gar nicht, was du an ihr findest?"

Genauso fühlte ich mich an jenem Sonntagmorgen in diesem presbyterianischen Kellerraum in Maryland. Da lasen sie Sätze, die eine Revolution auslösten – und sie rührten Zucker in ihren Kaffee.

Später, am Nachmittag, erzählte ich meiner Frau vom holprigen Start des Galaterkurses. Frustriert und wütend sagte ich: „Ich weiß, was ich tun werde. Ich bringe ihnen Griechisch bei – wenn sie es auf Griechisch lesen, dann wird ihnen das süßliche Lächeln bald vergehen. Wenn sie es auf Griechisch lesen, dieses Salto schlagende, Rad schlagende, Freiheit proklamierende Griechisch von Paulus, dann werden sie es kapieren." Sie sah mich mit ihrem lieben Lächeln an und sagte: „Ich kann mir gar keine bessere Möglichkeit vorstellen, um das Klassenzimmer leerzufegen."

Das Lächeln gab den Ausschlag. Ich legte das Griechischprojekt ad acta. Stattdessen verbrachte ich die ganze Woche mit Paulus' griechischem Text und versuchte, ihn so zu übersetzen, wie er in amerikanischem Englisch klingen würde. Ich versuchte mir Paulus als Pastor dieser Menschen vorzustellen, die sich ihre hart erkämpfte Freiheit in Christus gerade durch die Finger rinnen ließen. Welchen Ton würde er in der Sprache anschlagen, die sie verwendeten, wenn sie nicht in der Kirche waren? Ich hatte keinen Plan, kein Programm, kein ehrgeiziges Griechischprojekt. Ich wollte nur, dass sie es so hörten, wie die Galater es gehört hatten, wie Luther es gehört hatte, wie es so viele Männer und Frauen im Laufe unserer christlichen Jahrhunderte gehört und dabei erkannt hatten, dass Gott sie freisetzt, für ihn freisetzt.

Am kommenden Sonntag kochte ich wie gewöhnlich den Kaffee und machte Wasser für den Tee heiß, doch ich ließ die Bibeln weg. Statt der Bibeln verteilte ich auf den Tischen vierzehn Seiten mit meinen Übersetzungsversuchen – etwa 250 Worte auf einer Seite, doppelter Zeilenabstand. Dann las ich vor:

> Ich, Paulus, und meine Glaubensfreunde, die hier bei mir sind, grüßen die Kirchen in Galatien. Meine Berechtigung euch zu schreiben ist mir nicht von Menschen gegeben worden, und auch kein hoher Würdenträger hat mir den Auftrag dazu erteilt. Sie kommt direkt von Jesus, dem Messias und Gott, dem Vater, der ihn von den Toten auferweckt hat. Ich bin von Gott beauftragt. Und so grüße ich euch mit den großartigen Worten, Gnade und Friede! Wir wissen, was diese Worte bedeuten, weil Jesus Christus uns aus dieser bösen Welt errettet hat, indem er sich selbst als Opfer für unsere Sünden zur Verfügung stellte. Es ist der Plan Gottes, dass wir alle diese Rettung erleben. Auf ewig sei dem Herrn Ehre! Ja, wahrhaftig!
>
> Ich kann kaum glauben, wie wankelmütig ihr seid – wie rasch seid ihr zum Verräter an dem geworden, der euch durch die Gnade Christi zusammengerufen hat, indem ihr einer anderen Botschaft hinterherlauft! Der Unterschied ist wirklich nicht so klein; es ist eine vollkommen andere, eine fremde Botschaft, nicht einmal eine richtige Botschaft, es ist eine Lüge über Gott. Diejenigen, die unter euch diese ganze Unruhe verbreiten, stellen die Botschaft Christi auf den Kopf. Ich will ganz offen sein: Sollte einer von uns – sei es auch ein Engel aus dem Himmel! – etwas anderes predigen, als wir es ursprünglich gepredigt haben, dann sei er verflucht. Ich habe es bereits gesagt und ich sage es noch einmal: Sollte irgendjemand, ganz gleich, welchen Ruf er hat oder welche Auszeichnungen er vorweisen kann, etwas anderes predigen, als das, was ihr ursprünglich empfangen habt, dann sei er verflucht.

Und so ging es weiter. Woche für Woche arbeiteten wir die Seiten durch und versuchten, Paulus‘ Griechisch in das Amerikanisch zu übersetzen, das sie sprachen, wenn sie nicht in der Kirche waren, in die Worte und Phrasen, die sie verwendeten, wenn sie in der Arbeit waren, zu Hause mit ihren Kindern spielten, draußen unterwegs waren. Jede Woche brachte ich eine weitere Seite mit. Wir probierten aus, wie die Metaphern und Beschreibungen im amerikanischen Englisch klangen, machten Verbesserungen, warfen Klischees über Bord und versuchten dabei stets, die scharfen Kanten der paulinischen Sprache in unsere Umgangssprache hinüberzuretten.

Nach der zweiten Woche in diesem neuen Format stellte ich beim Aufräumen und Putzen fest, dass alle Styroporbecher noch halb voll mit kaltem Kaffee waren. Jetzt wusste ich, dass ich sie gepackt hatte. Es hatte mir noch nie solche Befriedigung verschafft, hinter Gästen aufzuräumen – diesen kalten Kaffee ins Spülbecken zu kippen und ihre Tassen in den Mülleimer zu werfen!

An jedem Sonntagmorgen in diesem Herbst sowie dem folgenden Winter und Frühling brüteten wir über einer neuen Kopie des übersetzten Textes. Nach neun Monaten hatten wir den Galaterbrief abgeschlossen. Ohne zu wissen, was wir taten oder welche Auswirkungen es auf unsere Kultur haben würde, waren wir zu Übersetzern geworden, „Sekretäre Gottes".[83] Im darauffolgenden Herbst startete ich in meiner Gemeinde eine neunmonatige Predigtreihe zu diesem Galatertext. Im folgenden Sommer begann ich mit dem Schreiben und hoffte, dass aus diesen zwei Jahren voller Gespräche und Gebet, Lobpreis und Lehre zum Galaterbrief, ein Buch werden würde. Während dieser zwei Jahre hatten Pastor und Gemeinde eng zusammengearbeitet und gemeinsam auf den großen Freiheitstext des Geistes gehört. Wir hatten uns selbst wiedergefunden und uns und unsere Kultur dem prägenden Wort Gottes unterstellt.

Einige Jahre nach der Veröffentlichung des Buches[84] erreichte mich der Brief eines Redakteurs. „Erinnern Sie sich an das Buch über den Galaterbrief, das sie geschrieben haben? Ich habe mir die Seiten, die Übersetzungen enthalten, kopiert und zusammengeheftet und seitdem trage ich sie mit mir herum. Ich lese sie immer wieder durch und lese sie meinen Freunden vor. So langsam haben wir genug vom Galaterbrief. Könnten Sie nicht auch noch den Rest des Neuen Testaments übersetzen?"

Ich widersprach und meinte, das sei unmöglich. Ich war Pastor – ich hatte zwei Jahre gebraucht, um eines der kürzeren Bücher des Neuen Testaments zu übersetzen. Und überhaupt, gab es nicht

---

83 So (*God's secretaries*) der Titel des Buches von Adam Nicolson über die Gruppe von Übersetzern, rund fünfzig Gelehrte und Pastoren, die in den sieben Jahren von 1604 bis 1611 die King James Bibel übersetzten. Harper Collins, New York 2003.

84 Traveling Light: *Modern Meditations on St. Paul's Letter of Freedom*, Colorado Springs: Helmers and Howard, 1988; zuerst veröffentlicht unter dem Titel *Traveling Light: Reflections on the Free Life*, Intervarsity Press, 1982.

schon genug wortgetreue und freie Übersetzungen? In der aktuellen abschließenden Geschichte der englischen Bibel errechnet David Daniell, dass in den Jahren 1945 bis 1990 mehr als zwölfhundert neue Übersetzungen der Bibel oder Teile davon aus dem originalen hebräischen oder griechischen Text ins Englische gemacht worden waren. Fünfunddreißig davon waren neue Übersetzungen der gesamten Bibel und achtzig waren neue Übersetzungen des Neuen Testaments. Seine Anmerkung, dass „dies enorme Zahlen" seien, ist eine enorme Untertreibung.[85]

Mein Redakteur ließ nicht locker. Nachdem wir uns einige Jahre in Briefen und Telefongesprächen ausgetauscht hatten, schien es, dass sich der Heilige Geist und wir (Redakteur und Verlag, meine Frau und ich) darüber einig waren, dass dies die Arbeit sei, die wir tun sollten. Ich kündigte die Pastorenstelle in meiner Gemeinde (nach neunundzwanzig Jahren) und machte mich daran, den biblischen Text in eine amerikanische Umgangssprache zu übersetzen.

Als ich an den hebräischen und griechischen Texten saß, um sie für die große Gemeinde jenseits meiner eigenen Gemeinde ins Amerikanische zu übersetzen, fand ich keine großen Unterschiede zu meiner fünfunddreißigjährigen Arbeit als Pastor, einem Leben, das von meiner Kirche dazu bestimmt worden war, den mir anvertrauten Menschen das Wort Gottes in der Bibel und den Sakramenten nahezubringen, sie zu begleiten und zu unterstützen auf ihrem Weg in ein Leben, das Gott, dem Vater, die Ehre gibt, in dem sie Jesus, dem Sohn, nachfolgen und in dem sie den Heiligen Geist in allen Kleinigkeiten empfangen, die das Leben in einer Familie und am Arbeitsplatz mit sich bringt, und ihnen dabei zu helfen, ein glückliches, verantwortungsbewusstes Leben in ihrem amerikanischen Umfeld zu führen. Als Pastor war es mir immer klar, dass ich auf das Umfeld achten musste. Allgemeinplätze und „große" Wahrheiten genügten nicht. Mein Umfeld war amerikanisch. Die

85 Daniell, David: *The Bible in English: Its History and Influence*, Yale University Press, New Haven 2003, S. 764f.

Sprache von *The Message* war deshalb zwangsläufig Amerikanisch. Ich machte mich an die Arbeit. Es sollte zehn Jahre dauern.

KAPITEL 9

„The Message“

Sprache ist in ihrem Innersten heilig. Ihr Ursprung liegt in Gott. „Am Anfang war das Wort. Das Wort war bei Gott, und das Wort war Gott selbst“ (Joh 1,1). Als Johannes die Schöpfungsgeschichte neu formulierte und dabei deutlich herausstellte, welch wichtige Position die Sprache (Wort und Worte) im innersten Wesen und Wirken Gottes einnehmen, fuhr er mit einer wirklich erstaunlichen Feststellung fort: „Und das Wort ward Fleisch und wohnte unter uns …“ (Joh 1,14; *Luther 1984*). Mit dieser Feststellung begann Johannes sein detailliertes Zeugnis über Jesus, dieses Wort, Jesus, der offenbart, wer er ist (wer *Gott* ist), Jesus, der Aramäisch spricht, die Umgangssprache seiner Zeit, um Gott zu offenbaren, das Wort, das am Anfang Gott war. Während Johannes sein Zeugnis aufschrieb, sein Evangelium, übersetzte er die Worte und Geschichten, die er von Jesus auf Aramäisch gehört hatte, ins Griechische. Dieses Wort, dieser Jesus, wanderte nicht über die Straßen Palästinas und kehrte in Dörfern ein, um abstrakte Vorlesungen über Göttlichkeit zu halten oder um an öffentlichen Plätzen von Gott geforderte Verhaltensregeln anzuschlagen oder um den Zustand der Welt zu erklären und damit unsere natürliche Neugierde zu befriedigen. Er war die Sprache und er sprach auch die Sprache, die Gott nicht nur dem äußerlichen Anschein nach offenbart, sondern von innen heraus, Gottes Herz, Gott, wie er vollkommen bei uns ist, persönlich und in Beziehung, als Vater, Sohn und Heiliger Geist. Und die Menschen verstanden ihn – „Und alles Volk hörte ihn gern“ (Mk 12,37; *Luther 1984*). Er sprach Gottes Sprache in ihrer Sprache. Wenn Männer und Frauen diese Worte empfingen, dann wurden sie von ihnen zu einer „neuen Kreatur“ *gemacht*. Sie wurden „wiedergeboren.“

Sprache kann Offenbarung sein und sie bleibt in ihrem heiligsten Kern schöpferisch und rettend, wenn wir Menschen sie verwenden und ihr zuhören. Doch sie bleibt es ganz besonders dann, wenn wir Sprache dazu verwenden, um anderen zu offenbaren, wer wir wirklich sind. Wir tauschen mit Worten nicht nur Informationen aus – bitten um eine Wegbeschreibung, erhalten oder vergeben Güter und Dienstleistungen, identifizieren einen Rotschwanzbussard und den gefransten Enzian – sondern um *uns selbst zu offenbaren*: um unsere Hoffnungen und Träume zu offenbaren, unsere Gedanken und Gebete, dieses riesige Innenleben, das wir unter dem Begriff *Seele* zusammenfassen, dieses unergründliche Geheimnis, wer wir als „Ebenbild Gottes“ sind.

Diese Heiligkeit der Sprache, sei sie gesprochen oder geschrieben, ist anfällig für Entweihung, und zwar in zwei Richtungen: nach oben und nach unten. Entweihung nach unten geschieht in der Form von Blasphemie, einer Sprache, die schändet und entweiht. Sprache ist heilig und deckt auf, was nicht gewogen und gemessen werden kann, und damit geht eine weitere Eigenschaft einher: Sie kann Geist und innere Welten aufdecken, seien sie göttlich oder menschlich. Wird sie zu leeren Phrasen, Klischees oder Verlogenheit abgewertet, dann ist dies ein Angriff auf das heilige Wesen eines Mannes oder einer Frau – oder Gottes. Damit wird die Realität, sei sie menschlich oder göttlich, auf etwas Kleineres reduziert, etwas Unpersönliches, eine Sache oder ein Bild, das wir manipulieren und benutzen können. Solche Sprache entspricht der Einstellung „Wenn ich schon ein Ameisenhügel sein muss, dann soll es bitteschön keine Berge geben.“

Entweihung nach oben passiert immer dann, wenn Sprache zu großen Ballons voller abstrakter Begriffe aufgeblasen wird oder ausgebreitet wird wie feine Gaze, bis sie vollkommen substanzlos ist. Pompöse Sprache ist ein Angriff auf das heilige Zentrum von Sprache, ebenso wie es Blasphemie und leere Phrasen sind. Es passiert dann, wenn wir Sprache dazu benutzen, um zu schmeicheln oder zu beeindrucken, wenn wir Sprache dazu benutzen, um uns aus Beziehungen mit anderen zurückzuziehen, seien es Personen der Dreieinigkeit oder unsere Eltern, Leiter, Berühmtheiten, Freunde und Nachbarn. Wenn wir Sprache dazu benutzen, um andere auf ein Podest zu stellen oder um ihnen eine Rolle zuzuweisen, dann müssen wir uns mit ihnen nicht mehr als Personen auseinandersetzen, sondern nur noch als Begriffe, Vertreter oder Funktionen. Es klingt, als würden wir sie in Ehren halten. Tatsächlich aber benutzen wir die Sprache, um sie aus unserem Umfeld, in dem wir unser gewöhnliches Leben führen, fernzuhalten. Dann haben wir alle Freiheit, sie zum Mittelpunkt unserer realitätsflüchtigen Fantasien zu machen, sie mit verachtender Kritik zu überziehen, sie zum Gegenstand gieriger Träume zu machen oder sie barsch abzuweisen. Das ist Sprachentweihung „nach oben".

Geht es um das Lesen der Bibel und das Erwidern darauf, dann ist die Gefahr des Missbrauchs nach oben viel größer, als die des Missbrauchs nach unten und zwar aus dem einfachen Grund, dass Missbrauch nach oben schwerer zu erkennen ist. Offensichtliche Blasphemie – ein zorniges „Verdammt noch mal" – erweckt mehr Aufmerksamkeit als unterwürfige Frömmigkeit, wie zum Beispiel der mit bebender Stimme gesprochene Satz „kostbarer und erhabener, heiliger und unvergleichlicher, allmächtiger Gott …". Ironischerweise stellt das Letztgenannte möglicherweise eine größere Sprachentweihung dar als das Vorhergehende.

Der Gedanke kommt uns zwar selten oder nie in den Sinn, doch es braucht nicht viel Fantasie, um zu erkennen, dass die ersten Menschen, die die Bibel lasen, gar nicht wussten, dass sie sie lasen. Sie hörten einfach nur Geschichten über ihre Vorfahren Abraham und Samuel oder sie lasen Notizen alter Predigten, die auf einem Stück Papier standen, oder sie sprachen über den Brief eines Mannes, von dem sie noch nie gehört hatten, der es aber wert war, gehört zu werden, wie einige ihrer Freunde meinten. Diese Worte brachten äußerlich keine Autorität mit. Beurteilten die Leser „das Buch nach seinem Einband", dann war es leicht möglich, dass sie wenig beeindruckt oder vielleicht sogar verächtlich darauf reagierten. Sie standen in der Gefahr, nach unten zu entweihen, wenn sie verachteten, was sie nicht verstanden oder eine Offenbarung, die ihnen in aller Vertrautheit mitgeteilt wurde, zum Gegenstand des neuesten frommen Klatsches und Tratsches machten. Doch bei einigen von ihnen dauerte es nicht lange, bis sie feststellten, dass diese Worte etwas über Gott offenbarten, das sie sonst nie herausgefunden hätten, und die Worte stellten ihnen eine Sprache zur Verfügung, mit der sie angemessen erwidern konnten und die Antworten aus ihrem Herzen kamen. Die Worte wurden gesammelt und in Ehren gehalten. Sie wurden zu dem Text, nach dem Christen leben. Das war eine gute Sache. So haben wir unsere Bibel bekommen.

Auf dem Weg dorthin wurde allerdings aus der Gefahr einer Entweihung nach unten eine Gefahr der Entweihung nach oben. Jetzt, wo die Bibel eine geachtete Autorität geworden war, war es möglich, sie als Sache zu behandeln, eine unpersönliche Autorität, die man benutzen konnte, mit der man andere definieren oder verdammen konnte und mit der man vermeiden konnte, auf Gottes Wort persönlich, in Beziehung und gehorsam zu reagieren. Es dauerte nicht lange und die Menschen benutzten die Bibel als Schutzschild, als Fassade, indem sie sie ehrten, als ein sprachliches Werk priesen, sie gegen alle Neuerungen als die einzige Wahrheit verteidigten, sie als Klassiker behandelten, als großartige Literatur und diese Worte nicht mehr als Gottes Wort an sie persönlich empfingen und darauf reagierten. Doch die Worte der Bibel sind, trotz ihrer Eindrücklichkeit, nicht in erster Linie Worte, die etwas auszeichnen oder definieren oder beweisen. Es sind vielmehr Worte, die Bedeutung tragen, die aufdecken, die die Seele formen, die errettetes Leben schaffen, die gläubiges, gehorsames Leben schaffen. Unpersönliche, starrsinnige, propagandistische, manipulierende Worte, ganz gleich, wie inbrünstig und korrekt sie sein mögen, blähen auf und entfernen sich vom Boden. Sie verlieren ihre Verankerung in den Herzen. Sie verlieren ihre Wurzeln im Alltag der Menschen. Sie dienen nicht mehr dem Hören und Erwidern auf das Wort, jene Worte, die Gottes Willen und seine Gegenwart offenbaren, jene Sprache, die uns dazu einlädt, uns selbst in Gebet und Lobpreis, in Gehorsam und Liebe zu offenbaren. Die Bibel zu *haben* und zu *verteidigen* und zu *feiern*, anstatt sie zu *empfangen*, sich ihr zu *unterwerfen* und sie zu *beten*, dahinter verbirgt sich eine Menge Nicht-Lesen.

Für all jene von uns, die die Bibel ernst nehmen, die in ihr das Wort Gottes sehen und den maßgebenden Text, nach dem wir leben wollen, ist Übersetzung eine der besten Verteidigungen gegen Entweihung nach oben, gegen die pompöse oder distanzierte Aufblähung der Sprache, die nichts mehr mit dem zu tun hat, wie wir uns in unserem alltäglichen Leben ausdrücken. Und weil der Pomp stets vor der Haustüre der Sprache „auf der Lauer" liegt, müssen Übersetzer wachsam sein und dafür sorgen, dass Sprache nicht den Kontakt mit dem alltäglichen Sprachgebrauch verliert, der Sprache, die wir verwenden, wenn wir mit unseren Kindern und Freunden sprechen. Wenn es dabei um die Sprache der Bibel geht, die Sprache, in der Gott sich uns offenbart, dann steht viel auf dem Spiel.

Die verbreitetste und einflussreichste Bibelübersetzung in die englische Sprache wurde von König Jakob von England in Auftrag gegeben und im Jahr 1611 veröffentlicht. Die Übersetzung trägt bis heute seinen Namen: die *King James Bibel*. Diese großartige Leistung, „das große Monument des englischen und nordamerikanischen Protestantismus",[86] hat von einer Reihe von Überarbeitungen profitiert, die auf der Entdeckung älterer und verlässlicherer Manuskripte beruhen.[87] Doch obwohl wir durch die Überarbei-

86 Nicolson, Adam: *God's Secretaries*, HarperCollins, New York 2003, S. 188.

87 Überarbeitungen wurden in den Jahren 1881 (RV) und 1901 (ASV) durchgeführt. Die RSV im Jahr 1954 und die NRSV im Jahr 1989 folgten der Tyndale-KJV-Tradition, entwickelten sich aber auch mehr und mehr zu eigenständigen und unabhängigen Versionen, da der Umgang mit antiquierter Sprache immer mehr an Bedeutung gewann.

tungen einen beeindruckend korrekten Text erhielten, konnten sie doch nicht verhindern, dass der Graben zwischen der Sprache der Bibel und der Sprache, die wir alltäglich sprechen, immer weiter wurde.

Archäologische Entdeckungen im Jahr 1897 und später im Jahr 1923 brachten schließlich frischen Wind in die Bibelübersetzungen. Übersetzer machten sich ans Werk und konnten mit beeindruckenden Ergebnissen aufwarten. Das Dorf Oxyrhynchus in Ägypten und das antike Königreich Ugarit in Syrien waren die Schauplätze von Entdeckungen, die eine völlig neue Dimension in die Ära der Bibelübersetzung nach King James einführten. Die beiden Orte sind Bibellesern nicht wirklich geläufig, doch sie sollten es sein, denn sie bringen eine sprachliche und kulturelle Welt zum Vorschein, die die Übersetzung der Bibel revolutionierte (ich denke, dieser Begriff ist hier durchaus angemessen).

Oxyrhynchus und Ugarit

Oxyrhynchus liegt in Ägypten. Ägypten war schon immer der Liebling der Archäologen und wurde von beinahe jedem umschwärmt, der sich für die antike Welt interessierte. Eine Welt voller Wunder: die Pyramiden von Gizeh, die geheimnisvolle Sphinx, der Karnak-Tempel, die kolossalen Statuen, die hohe Kunst der Hieroglyphen. Ein Ort voller Wunder und zu lösender Mysterien. Doch die Entdeckung, die das christliche Denken weitaus mehr berührte als alle vorangegangenen Wunder und Mysterien Ägyptens zusammengenommen, machte man auf einer Müllhalde in Oxyrhynchus am Nil, 260 Kilometer südlich von Kairo. Oxyrhynchus hat keine Tempel zu bieten, keine Pyramidengräber, keine Statuen von Horus und Osiris, nichts, was man fotografieren möchte und nichts, wofür es sich lohnt, ein Kamel zu mieten und es sich anzusehen. Nur eine Müllhalde, auf der zwei Männer ein paar Papierschnipsel ausgruben, der weggeworfene Inhalt des städtischen Mülleimers. Die Männer waren Briten: Bernard Grenfell und Arthur Hunt. Man schrieb das Jahr 1897. Auf den Papierschnipseln (Papyri), die sie ausgruben, standen griechische Wörter. Schon nachdem Grenfell und Hunt die ersten Worte auf diesen weggeworfenen Papierfetzen gelesen hatten, wussten sie, dass sie auf etwas Großes gestoßen waren, etwas *sehr* Großes. „Epoche machend" war der Ausdruck, den die amerikanischen lutherischen Lexikografen William Arndt und Wilfred Gingrich benutzten, um die Entdeckung zu beschreiben, und wenn sie sich überhaupt irrten, dann nur darin, dass sie untertrieben.[88]

Wie bereits gesagt, war Griechisch die vorherrschende Sprache der Welt, in der die siebenundzwanzig Dokumente geschrieben wurden, aus denen unser Neues Testament besteht. So wie Aramäisch die *lingua franca* des Persischen Weltreiches war, so war Griechisch die Verkehrssprache der Griechischen und Römischen Weltreiche, die auf das Persische folgten. Ganz gleich, welche Sprache man als Kind gelernt hatte – Ägyptisch, Lateinisch, Syrisch, Arabisch – wenn man in dem Zeitalter lebte, das Alexander der Große, ein großer Missionar für alles Griechische, eingeleitet hatte, dann sprach man zumindest etwas Griechisch. Geschäfte wurden auf Griechisch abgewickelt, Regierungserlasse waren auf Griechisch verfasst, die Unterrichtssprache war Griechisch. Natürlich galt das nicht für alle Orte, denn lokale Sprachen gab es auch weiterhin, aber für den größten Teil traf es zu.

Zu der Zeit, als Jesus in Bethlehem geboren wurde, war Griechisch bereits eine antike Sprache – Schriften aus über eintausend Jahren bildeten eine beeindruckende literarische Bibliothek: Homer und Xenophon, Pindar und Aischylos, Sappho und Euklid, Heraklit und Parmenides, Platon und Aristoteles. Große Epen, fesselnde Dramen, scharfsinnige Geschichtsschreibung, lyrische Dichtung, tiefgründige Philosophie, weitsichtige Wissenschaft. Dieses Griechisch war eine belastbare, elegante und geschmeidige Sprache und ermöglichte ungemeine Feinheiten.

88 Danker, Frederick William (Hrsg.): *A Greek-English Lexicon of the New Testament and Other Early Christian Literature*, University of Chicago Press, Chicago [3]2000, S. v. [in Dankers Vorwort zur englischen Ausgabe].

Um 500 v. Chr. hatte sich der Dialekt Athens (attisches Griechisch) als das vorherrschende Griechisch in der Region durchgesetzt und hatte verschiedene Dialekte der griechischen Welt verdrängt. Es wurde zum allgemeinen Dialekt, zum allgemeinen Kommunikationsmittel und zwar ganz besonders, was Wirtschaftsangelegenheiten und militärische Expeditionen betraf. Dieses attische Griechisch entwickelte sich auch zur dominierenden Literatursprache der klassischen Periode (500 bis 323 v. Chr.). Doch zu der Zeit, als Alexander der Große seinen militärischen und kulturellen Eroberungsfeldzug quer durch alle Länder von Griechenland bis Indien und von Syrien bis Ägypten führte, als Griechisch sich zur allgemeinen Sprache dieses riesigen und vielsprachigen Gebiets entwickelte, verlor es einen guten Teil seiner Eleganz. Da es für den internationalen Gebrauch adaptiert wurde – Militär, Handel, Diplomatie – wurde der Unterschied zwischen dem Ausgangspunkt dieser Entwicklung (wie er in der klassischen attischen Literatur konserviert ist) und seinem Endzustand (der Sprache des Volkes) offensichtlich. Der attische Dialekt Athens entwickelte sich in der Folge in das, was wir für gewöhnlich als *Koine* oder „Umgangsgriechisch" der hellenistischen Periode und des Neuen Testaments bezeichnen. Währenddessen verwendeten Philosophen, Dichter, Dramatiker und Historiker weiterhin das klassische Griechisch, „korrektes" Griechisch. Alle Schüler lernten, dass ernsthafte Schriftsteller sich von der Umgangssprache (*Koine*) fernhalten mussten, die nur für nicht-literarischen Gebrauch bestimmt war.

Das hatte zur Folge, dass es in den drei Jahrhunderten vor Jesus und der Gründung der christlichen Kirche zwei Register der griechischen Sprache gab: das klassische Griechisch, repräsentiert durch die großen Schriftsteller der Vergangenheit, und das Umgangsgriechisch, das im gesamten Weltreich verwendet wurde, um Alltagsangelegenheiten abzuwickeln. Wenn man vorhatte, historische Literatur, philosophische Schriften oder Dichtung zu verfassen, dann verwendete man das beste Griechisch, das es gab, klassisches Griechisch. Wenn man sich aber mit seinem Nachbarn unterhielt oder auf dem Markt einkaufte, verwendete man Koine, die Umgangssprache. Wenn man seine Gespräche hin und wieder durch Geschriebenes erweiterte, dann landeten diese nichtliterarischen Schriftstücke in einem Abfalleimer und schließlich auf der Müllhalde.

Die Situation ist also folgende: Nur, was in klassischem Griechisch verfasst worden war, überlebte. Die Schriften landeten in Bibliotheken und Regierungsarchiven oder in Form von förmlichen Inschriften auf Monumenten – also alles, was professionelle Schriftsteller, „echte" Schriftsteller, schrieben.

Die Zeit verging. Man sammelte und ehrte die Dokumente, die zu unserem Neuen Testament wurden. Schließlich vereinigte man sie mit der griechischen Übersetzung der hebräischen Bibel (der Septuaginta) und beides zusammen wurde der Text der christlichen Kirche – das maßgebliche Wort Gottes. Während das Römische Weltreich an Größe und Einfluss zunahm, wurde die Bibel nach und nach ins Lateinische übersetzt. Natürlich merkten die Übersetzer, dass das Griechisch von Paulus und Markus sich stark von dem Griechisch unterschied, das sie in der Schule gelernt hatten. Das Griechisch des Neuen Testaments klang für gebildete Menschen so barbarisch, dass es von der frühen Kirche verteidigt werden musste. Über die Jahrhunderte entwickelten sich zwei Theorien zur Erklärung des Unterschieds zwischen dem sonderbaren Griechisch im Neuen Testament und dem klassischen Griechisch. Eine Gruppe glaubte, dass es sich bei dem Griechisch des Neuen Testaments um eine Übersetzung aus dem originalen hebräischen Text handelte. Man nannte diese Gruppe die „Hebraisten": Ihrer Meinung nach war ein zugrunde liegender hebräischer Originaltext verantwortlich für die ungriechische Schreibweise. Die andere Gruppe – die „Puristen" – mutmaßten, dass das Griechisch des Neuen Testaments eine spezielle Sprache sei, die vom Heiligen Geist geschaffen worden war, zum Zwecke der Offenbarung Gottes. Das klassische Griechisch, das als Grundlage gedient hatte, war durch die reinigende Feuerkraft des Heiligen Geistes von seinen heidnischen Ursprüngen befreit worden.

Das griechische Neue Testament hat ein Vokabular von ungefähr fünftausend Wörtern. Fünfhundert davon glaubte man nur im Neuen Testament zu finden. Bis zu diesem Zeitpunkt waren sie noch in keinem existierenden säkularen griechischen Schriftstück erschienen. Die „Puristen" stürzten sich auf diese Statistik und brachten vor, dass der Geist das säkulare Griechisch modifiziert hatte, um ihm eine eindeutige, dem Heiligen Geist gemäße Form zu geben, und hatte es dann mit neu geschaffenen „Geist"- Worten bereichert, um seinen herausragenden Status als die Sprache der Offenbarung zu bestätigen. So, wie der Heilige Geist die Schreiber inspiriert hatte, Markus und Lukas, Paulus und Johannes und alle anderen, sorgte er auch für die Spezialworte, die nötig waren, um die Einzigartigkeit der Botschaft zu vermitteln. Diese Sprache, „biblisches Griechisch", gab es exklusiv nur in der Bibel und es war nie durch weltlichen Gebrauch entweiht worden. Der deutsche Theologe Richard Rothe ging sogar so weit, es die „Sprache des heiligen Geistes" zu nennen.[89]

Es gab nie einen Zweifel daran, dass das Griechisch des Neuen Testaments sich vom klassischen Griechisch unterschied. Doch wie sollte man die Unterschiede erklären? Die „Hebraisten" und die „Puristen" taten auf recht unterschiedliche Weise alles dafür, um eine Antwort zu liefern.

Bis zu jenem Apriltag im Jahr 1897, als Bernard Grenfell und Arthur Hunt das erste Stück Papier aus der Müllhalde in Oxyrhynchus fischten. Und dann noch eines und noch eines. Während sie die Stücke lasen, bekamen sie nach und nach eine Vorstellung davon, wie das Leben auf den matschigen Straßen, den überfüllten Märkten und den lauten Sportplätzen des antiken Alexandria ausgesehen haben musste. Schon früh stellten sie fest, dass viele der Wörter, die sie lasen, aus der Gruppe der rund fünfhundert „Geist"-Wörter stammten, die eigentlich einzig und allein im Neuen Testament erscheinen sollten. Während sie weiter entzif-

89 Zitiert in: Thumb, Albert: *Die griechische Sprache im Zeitalter des Hellenismus. Beiträge zur Geschichte und Beurteilung der* KOINH, De Gruyter, Berlin/New York 1974 (Erstauflage: Karl J. Trübner, Straßburg 1901).

ferten, was auf diesen unscheinbaren Schnipseln Papyruspapier geschrieben stand, konnten sie schließlich einen Nachweis für fast alle fünfhundert Worte finden. Die Worte stammten aus Testamenten, offiziellen Berichten, Briefen von Ehemännern auf Geschäftsreise, die an ihre Ehefrauen zuhause schrieben, einem Brief, den ein Sohn, der Soldat geworden war, an seine Eltern geschrieben hatte, einem Brief, in dem ein Vater seine Kinder ermahnte, die an einem anderen Ort lebten, Petitionen, Berichte, Einkaufslisten, Rechnungen und Quittungen – alles Schriftstücke, die nie zu einem Buch gemacht oder in einer Bibliothek katalogisiert werden. Es waren Schriftstücke, die man wegwirft, sobald sie ihren Zweck erfüllt haben. Gelehrte und Übersetzer, die an der Bibel arbeiteten, hatten keine Ahnung von der Existenz dieser Sprache und zwar aus dem guten Grund, dass diese es nie in die Nähe einer Bibliothek geschafft hatte. Alle diese flüchtigen, „unliterarischen" Schriftstücke waren in den Müllhalden begraben worden. All diese speziellen Wörter, die sonst in keinen schriftlichen Aufzeichnungen erscheinen, diese „Geist"-Worte, waren die ganze Zeit über in einer städtischen Müllhalde begraben gewesen, konserviert unter ägyptischem Sand. Allesamt waren es Wörter von der Straße, spontane, ungelehrte Ausdrücke, die aus der Unmittelbarkeit von Arbeit und Küche entstanden.

Die Gelehrten, die sich jetzt daran machten, diese unscheinbaren Papierschnipsel zu bearbeiten, sollten die Annahmen biblischer Übersetzer vollkommen neu ausrichten. Adolf Deißmann, ein junger deutscher Professor, war der Pionier. Er bewertete jedes neue Wort mit Bedacht, studierte seinen Kontext und lernte die Sprache, die Gott verwendet, um sich unter uns bekannt zu machen, verstehen und schätzen.[90] Ihm folgte ein großartiger Griechischexperte aus England, James Hope Moulton, der sich sofort daran machte, die endgültige Grammatik des Griechischen im Neuen Testament zu verfassen, wozu ihm die neuen Erkenntnisse

90 Er erzählt die Geschichte mit faszinierender Liebe zum Detail in seinem Buch *Licht vom Osten*, Mohr, Tübingen 1908.

aus den Papierschnipseln als Basis dienten, die „Papyri". Zusammenfassend beschrieb er seine Arbeit folgendermaßen:

> Die Schreiber des neuen Testaments waren sich dessen nicht bewusst, dass sie Literatur verfassten [sonst hätten sie klassisches Griechisch verwendet]. Der Heilige Geist sprach zweifelsohne die Sprache der Menschen, wie wir es auch von Ihm erwartet hätten ... Schon Grammatik und Vokabular stehen in klarem Widerspruch zu all jenen, die zulassen, dass die Bibel in irgendeiner anderen Form erscheint als der, die von den Menschen verstanden wird.[91]

Ein halbes Jahrhundert später bestätigte Professor C. F. D. Moule dies mit seiner Feststellung: „Die Ankunft der Papyri-Fragmente aus Ägypten auf den Schreibtischen der Sprachforscher markiert den Beginn einer neuen Ära in der Erforschung des Neuen Testaments."[92]

Eine Generation vor diesen Entdeckungen – Entdeckungen, die die Übersetzung der Bibel vollkommen revolutionierten – machte Bischof Lightfoot, einer der kenntnisreichsten Gelehrten des Neuen Testaments, in einer seiner Vorlesungen eine weitsichtige Randbemerkung: „Wenn wir nur Briefe finden könnten, die ganz normale Menschen einander schrieben, ohne jeglichen literarischen Anspruch, dann hätten wir damit die große Unterstützung, die wir brauchen, um die Sprache des Neuen Testaments allgemein zu verstehen."[93] Sie wurden entdeckt – und welch großartige Hilfe sind sie uns!

Die Veränderung, die diese Funde für die Bibelübersetzung und das Bibellesen brachten, ist kaum zu überschätzen. Im Rückblick ist es gar nicht einmal so überraschend, dass dies die Sprache ist, die in der Bibel verwendet wurde, denn das ist genau die Art von Gesellschaft, derer Jesus sich annahm und die er liebte, die Welt von Kindern und unbedeutenden Männern und Frauen, die ungehobelte Arbeiterklasse, die Welt der Armen und Entrechteten

---

91 Moulton, James Hope: *A Grammar of New Testament Greek*, 4 Bde., T. & T. Clark, Edinburgh [3]1908, Bd. 1 (Prolegomena), S. 5.

92 C. F. D. Moule, *An Idiom-Book of New Testament Greek*, Cambridge University Press, Cambridge 1959, S. 3.

93 Zitiert von Moulton, *Grammar*, S. 242.

und Ausgebeuteten. Trotzdem war es eine Überraschung: Unsere Bibel ist nicht in der Sprache der Gebildeten geschrieben, nicht in der geschliffenen Sprache der Gelehrten, Historiker, Philosophen und Theologen, sondern in der gewöhnlichen Sprache der Fischer und Prostituierten, der Hausfrauen und Zimmerleute. Sicher, das gilt nicht ausschließlich. F. F. Bruce warnt davor, das Ausmaß zu übertreiben, in dem die griechische Umgangssprache auf das gesamte griechische Neue Testament angewandt wird. Innerhalb des Neuen Testaments gibt es viele unterschiedliche Stile, die von wirklichen literarischen Arbeiten (Hebräer- und 1. Petrusbrief) bis zu umgangssprachlichen Unterhaltungen zwischen ganz gewöhnlichen Menschen (die Evangelien) reichen, wobei Paulus irgendwo in der Mitte anzusiedeln ist.[94] Aber jetzt, wo alles vor uns liegt, erscheint es völlig stimmig. Natürlich würden die Zeugen für Gottes Offenbarung an uns die Sprache verwenden, zu der wir den leichtesten Zugang haben. Professor Moulton hatte recht: „Der Heilige Geist sprach zweifelsohne die Sprache der Menschen, wie wir es auch von Ihm erwartet hätten."

Zwei repräsentative Beispiele: Im Vaterunser erscheint ein Adjektiv, das für gewöhnlich mit „täglich" übersetzt wird und für das es im klassischen Griechisch keine Entsprechung gibt (Mt, 6,11 und Lk 11,3). Es ist schwierig, ein besseres „Heiliger Geist"-Wort zu finden: „unser *tägliches* Brot gib uns heute", auf Griechisch *epiousion.* Für welche Art von Brot sollen wir also beten?

Ein Kommentator der Bergpredigt hält die vierte Bitte des Vater Unsers für den Knackpunkt: „die umstrittenste und schwierigste aller Bitten."[95] Es hängt sehr viel von der richtigen Übersetzung von *ton arton ton epiousion* ab, was gewöhnlich (und ganz korrekt) als „tägliches Brot" übersetzt wird.

94 Bruce, F. F.: *The Books and the Parchments*, überarb. Fassung, Marshall Pickering, London 1991, S. 55.

95 Allison, Dale C.: *The Sermon on the Mount: Inspiring the Moral Imagination*, Crossroad, New York 1999, S. 125.

Wieso ist diese Bitte also der Knackpunkt? Der Grund dafür ist einfach: Das gesamte Gebet wird untergraben oder steht zumindest recht schief da, wenn wir diesen Begriff falsch übersetzen. Es ist die einzige Bitte, in der es um etwas Materielles geht. Es gibt in dem Gebet sechs Bitten: die ersten drei Bitten drehen sich um die Ausbreitung Gottes und seines Werks – seiner Heiligkeit, seines Willens, seines Königreichs. Dazu passend dreht es sich in der folgenden Dreiergruppe um menschliche Bedürfnisse – Essen, Vergebung, Errettung. Die beiden Dreiergruppen werden durch die Phrase „wie im Himmel, so auf Erden" verbunden, was bedeutet, dass das Gebet seine Quelle im Himmel hat, dem Heimatland Gottes sozusagen, das Tun aber findet auf der Erde statt – *unserem* Heimatland. Gebet, das nicht „auf der Erde" verwurzelt ist, ist kein Gebet, wie unser Herr es uns beigebracht hat.

Die Bitte, die unmittelbar auf die Formel „auf Erden" folgt, ist die Bitte um Brot, als wollte sie die Erdigkeit des ganzen Gebetes unterstreichen. Brot hält eine einzigartige Position innerhalb der sechs Gebetsanliegen, denn es ist das einzige, das unausweichlich körperlich ist, materiell, etwas, das wir berühren und ertasten können, das Teil unserer Körperfunktionen wird. Alle anderen – Gottes Heiligkeit, Wille und Königreich, die Vergebung unserer Sünden und die Erlösung vom Bösen – sind „geistlich" und können nicht in einem Labor untersucht werden. Aus diesem Grund stehen sie auch in der Gefahr „vergeistlicht" zu werden, auf nicht irdische Weise verstanden und interpretiert zu werden. Bei Brot ist das anders. Brot hat mit unserem Körper zu tun, sei es bei der Herstellung, dem Kauf oder dem Essen. Wir können nicht auf den Markt gehen und Gottes Heiligkeit, Wille oder Königreich kaufen oder unsere Vergebung oder Erlösung. Aber wir können Brot kaufen. Wir können weder Heiligkeit, Wille und Königreich noch Vergebung der Sünden und Erlösung von dem Bösen kneten und backen, mit Butter bestreichen und essen. Aber wir können das mit Brot tun. Brot widersetzt sich hartnäckig der Vergeistlichung. Wir können Brot nicht vergeistlichen.

Oder können wir das?

Die meisten Menschen, die Matthäus und Lukas lesen und bei der vierten Bitte angelangt sind, lesen sie in ihrer direkten Bedeutung: tägliches Brot, Brot für den Tag, genug zu essen, obwohl sie gar nicht die genaue Bedeutung von *epiousion* kennen. Doch eine beträchtliche Anzahl von Männern und Frauen, in den allermeisten Fällen aus den Kreisen der Bibelgelehrten und Theologen, haben es nicht so gelesen. Weil *epiousion* nicht mit einem Wörterbuch oder aus einem anderen Zusammenhang heraus definiert werden konnte, bot es eine wunderbare Gelegenheit, einfaches gewöhnliches Brot als etwas ganz anderes zu deuten, als eine Art „geistliches" Brot. *Epiousion* war schließlich eines der „Bibelworte". Und da es genau in der Mitte des Vater Unsers auftauchte, musste es, so nahm man an, eine tiefere „geistliche" Bedeutung haben, ähnlich dem geistlichen Aspekt der anderen fünf Bitten, vielleicht sogar noch mehr, eine „Heiliger Geist"-Bedeutung.

Dieses einzigartige Wort schien förmlich nach einer Umdeutung durch fromme Gelehrte zu verlangen, und sie machten sich mit großem Eifer an die Arbeit und vergeistlichten Brot sofort auf viele unterschiedliche Arten. Schon im zweiten Jahrhundert nach Christus finden wir Beispiele dafür. In der frühen Kirche war es gang und gäbe, dass man abstritt, es halte sich bei der Bitte um einen Wunsch nach richtigem Brot. Es muss schon etwas ganz Besonderes sein, wenn man ein besonderes Adjektiv ganz alleine vor sich hat. Einige schlugen Brot des Lebens vor, Andere das Abendmahl (Eucharistie), das Manna vom Himmel, das Hochzeitsmahl des Lammes. Der Leiter der King James-Übersetzer, Lancelot Andrewes, berief sich auf Psalm 78,25 und schlug „Brot der Engel" vor. Origenes, der im dritten Jahrhundert in Alexandria lebte, ein Gelehrter und Theologe mit einem immensen Wissen, warf den „geistlichsten" aller Vorschläge in den Ring: *Himmelsbrot.* Origenes war aber auch ein Mann, der sich in seinem Körper nicht wohlfühlte. Um seinen Geist, ohne jegliche Ablenkung, auf Gott konzentrieren zu können, ließ er sich kastrieren. In seiner Schrift *Über das Gebet* geht er in großer Breite darauf ein, dass zunächst einmal das Wort *epiousion* (täglich) in keinem ihm bekannten griechischen Werk vorkommt und spekuliert danach, was seine ganz spezielle geistliche Bedeutung gewesen sein muss. Für jemanden mit einer Geisteshaltung wie der des Origenes schien es nicht glaubhaft zu sein, dass Jesus uns beibringen würde, für einen einfachen Leib Pumpernickel, hergestellt aus Mehl und Hefe und in einem Ofen gebacken, zu beten. Er musste Brot jenseits des einfachen Brotes gemeint haben. Eindeutig und nachdrücklich stellt Origenes fest: „‚das Brot' aber, um das wir bitten sollten, ... [ist] geistig zu verstehen ... ‚das lebendige und vom Himmel herabgekommene Brot.'"[96]

Siebzehnhundert Jahre nach Origenes überprüfte Albert Debrunner, Professor an der Universität Bern, an seinem Bibliotheksschreibtisch einige der Schnipsel aus der Müllhalde in Oxyrhynchus und entdeckte genau dieses Wort, *epiousion*, in einem antiken Haushaltsbuch, einer Einkaufsliste, die auch Kichererbsen und Stroh beinhaltete.[97] Im Jahr 1914, elf Jahre bevor Debrunner seine Erkenntnisse veröffentlichte, hatte Adolf Deißmann spekuliert, dass *epiousion* „dem Anschein nach ein Wort war, das seinen Ursprung im alltäglichen Handel und Warenverkehr der Menschen hat."[98] Mit dem Papierschnipsel aus Oxyrhynchus, der vor ihm lag, bestätigte Debrunner dies.

Es könnte also Folgendes passiert sein: Genau in dem Moment, in dem Jesus auf einem galiläischen Hügel seinen Jüngern beibringt, um das tägliche Brot zu beten (*arton epiousion* – oder seine aramäische Entsprechung), schreibt unten in Ägypten eine Mutter einen Einkaufszettel für ihren heranwachsenden Sohn und, während sie ihn auf den Markt schickt, betont sie noch einmal, dass das Brot frisch sein soll, Brot von *heute*: „Lass dir vom Bäcker

96 Origenes, *Vom Gebet*, in: *Des Origenes Schriften vom Gebet und Ermahnung zum Martyrium*, aus dem Griechischen übersetzt von Hofrat Prof. Dr. Paul Koetschau, Kösel/Pustet, München 1926, S. 101f.

97 Vgl. Foerster, Werner: *ἐπιούσιος*, in: Kittel, Gerhard (Hrsg.): *Theologisches Wörterbuch zum Neuen Testament*, Bd. II (Δ-H), Stuttgart 1954 (unveränderter Nachdruck der Erstauflage 1935), S. 587-595.

98 Deißmann, *Licht vom Osten*, S. 78.

kein trockenes Brot von gestern verkaufen, verlange ausdrücklich frisches (*epiousion*) Brot!“

Im Rückblick können wir uns die Situation gut vorstellen: Origenes, heute noch verehrt als einer der klügsten biblischen Gelehrten, den die Kirche jemals hatte, schrieb an seiner Interpretation der vierten Bitte des Vater Unsers. Seite für Seite sammelte er Beweise (neuneinhalb Seiten in meiner englischen Übersetzung) und stellte klar, dass es undenkbar sei, dass Jesus uns nur im Entferntesten dazu anweisen würde, für so etwas wie Brot zu beten. Brot, das wir toasten und mit Butter bestreichen und morgens zu unserem Kaffee essen. Und während er an seinem Schreibtisch saß, fromme und kluge Sätze verfasste, lag jenes Wort, das er so mühevoll entmaterialisierte, ein paar hundert Kilometer weiter südlich, westlich des Nilufers, vergraben in dieser dörflichen Müllhalde. Da war es also, dieses unscheinbare Adjektiv, und wartete geduldig auf seinen Auftritt, mit dem es auf die so oft übersehene, offensichtliche Tatsache hinweisen konnte, dass Brot, frisch gebackenes Brot, nach Hefe riechendes Brot, krustiges Brot, die zentrale Bitte des Vater Unsers ist und entscheidend dafür ist, dass „wie im Himmel, so auf Erden“, zur festen Basis unseres betenden Gehorsams in der Nachfolge Jesu wird.

Hans Dieter Betz lässt sich nicht darauf ein, trotz Origenes‘ Autorität und seiner beträchtlichen Gefolgschaft. In seinem maßgebenden Kommentar zur Bergpredigt überprüft er eingehend alle Versuche, die darauf hinauslaufen, das Brot, um das uns Jesus anweist zu beten, zu vergeistlichen. Sein Fazit: „Es gibt kaum einen Zweifel daran, dass [Jesus] sich auf echtes, nicht nur ‚geistliches‘ Brot bezieht …“[99]

Noch ein weiteres Beispiel. Gegen Ende des ersten Petrusbriefes wird Jesus als der „oberste Hirte“ unserer Seelen bezeichnet (5,3). „Oberster Hirte“ war eines jener fünfhundert „Bibelworte“, für das man keine Beweise für weltlichen Gebrauch finden konnte.

99 Betz, Hans Dieter: *The Sermon on the Mount*, Fortress, Minneapolis 1995, S. 399.

Es sah also so aus, als hätte Petrus das Wort speziell für Jesus neu erfunden. Schließlich hatte Jesus sich selbst als der gute Hirte bezeichnet (Joh 10,11). Was wäre also passender für Petrus, als das Wort „gut" auf ein höheres Niveau zu heben und zu „oberster" zu machen? Der Begriff „oberster Hirte" ist ein zusammengesetztes Wort, eine Kombination aus *archē*, Oberster, und *poimēn*, Hirte, woraus *archipoimēn*, oberster Hirte, wird. Im Kontext von Petrus' Brief macht es Sinn, dies als erhöhten Titel zu lesen: Jesus, der oberste Hirte, der Hirte aller Hirten, ein Superlativ in der Art von „König über alle Könige! Herr über alle Herren!" (Offb 19,16). Und dann fand man das Wort in einer ägyptischen Müllhalde, diesmal nicht auf einem Stück Papier, sondern auf einem Stück Holz, das man einer ägyptischen Mumie um den Hals gehängt hatte, eine Art Hundemarke, zur Identifizierung der Mumie. Die Aufschrift hatte einen grammatikalischen Fehler, Zeichen dafür, dass sie in aller Eile von jemandem geschrieben worden war, der nicht sehr gebildet war. Und dass sie dort in der Müllhalde lag war Zeichen dafür, dass sich Familie und Freunde keine angemessene Beerdigung leisten konnten – kein Vergleich zu den opulenten Pyramidengräbern, für die Ägypten so berühmt ist! Nein, hier handelte es sich um einen ägyptischen Landarbeiter, der die Aufsicht über zwei oder drei andere Hirten gehabt hatte, ein *archipoimēn*. Heute würden wir vielleicht Vorarbeiter oder bestenfalls Aufseher sagen.[100] Petrus erhöhte Jesus also ganz und gar nicht über die gewöhnliche Herde. Petrus gebrauchte vielmehr ein Wort, das Jesus in die Gesellschaft von Landarbeitern und billigen Beerdigungen brachte. Was würden wir auch sonst erwarten, wo wir wissen, dass Jesus sich „der Ärmsten der Armen" annahm und sich mit den Verachteten und Schwachen identifizierte.

Die Entdeckungen in Oxyrhynchus und an anderen ägyptischen Orten sind der unwiderrufliche Beweis dafür, dass die Sprache unseres Neuen Testaments in erster Linie die Sprache der Straße ist

100 Deißmann, *Licht vom Osten*, S. 100.

(obwohl, wie bereits gesagt worden ist, nicht durchgängig). Warum sollte man deshalb überrascht sein? Offensichtlich sind es manche. Als Augustinus zum ersten Mal die Bibel las, war er tief enttäuscht. Peter Brown erklärt:

> Aufgrund seiner Erziehung hatte er ein kultiviertes, geschliffenes Buch erwartet: Man hatte ihn sorgfältig darauf vorbereitet, mit gebildeten Männern zu kommunizieren und zwar auf die einzig angemessene Weise, in einem Latein, dass sich peinlich genau am Latein der klassischen Autoren orientierte. Slang und Umgangssprache waren einem solchen Mann gewissermaßen ein Gräuel, und die lateinische Bibel Afrikas, die ein paar Jahrhunderte zuvor von einfachen, namentlich nicht genannten Schreibern übersetzt worden war, war voll davon. Dazu kam noch, dass das, was Augustinus in der Bibel las, wenig mit der hohen spirituellen Weisheit zu tun zu haben schien, die Cicero ihn zu lieben gelehrt hatte. Sie war angefüllt mit erdigen, unmoralischen Geschichten aus dem Alten Testament, und sogar im Neuen Testament wurde Christus, die personifizierte Weisheit, mit langen, widersprüchlichen Stammbäumen eingeführt.[101]

Erst nach seiner Bekehrung erkannte er, dass dieses Wort Gottes keine erhabene Sprache war, wie sie Philosophen und Dichter verwenden, um über „höhere Dinge“ zu diskutieren, sondern vielmehr die Sprache, in der Männer und Frauen erkannten, dass der Heilige Geist inmitten des Alltagstrubels mit ihnen sprach.

Wir verhalten uns oft ähnlich wie Augustinus. Gedankenlos gehen wir davon aus, dass die Sprache, in der es um Gott geht, würdevoll sein soll, erhaben und zeremoniell. Doch sobald wir nur einen Blick auf Jesus werfen, lässt sich diese Annahme nicht mehr halten – seine Vorliebe für schlichte Geschichten und sein ungezwungener Umgang mit gewöhnlichen Menschen, seine Geburt in einem Stall und sein Tod am Kreuz. Jesus verkörpert das *Herabsteigen* Gottes in unser Leben, so wie es ist und in das Umfeld, in dem wir leben. Er verkörpert nicht den *Aufstieg* unseres Lebens zu Gott, vom dem wir hoffen, dass er uns wohlgesonnen ist, sobald er sieht, wie sehr wir uns bemühen und wie höflich wir beten.

---

101 Brown, Peter: *Augustine of Hippo*, University of California Press, Berkeley 1969, S. 42.

Und dann gibt es noch Ugarit in Syrien. Oxyrhynchus ließ uns eintauchen in biblische Sprache, einen Straßenjargon. Im ersten Jahrhundert hätte niemand auch nur im Traum daran gedacht, ihn für ein wichtiges Schriftstück zu verwenden. Es ist die gleiche Sprache, die wir verwenden, wenn wir uns über unsere Kinder ärgern oder einen Gebrauchtwagen kaufen. Die Entdeckungen, die man bei den Ausgrabungen in Ugarit machte, hatten eine ganz andere Wirkung. Ugarit ließ uns in die Kultur eintauchen, in der sich der biblische Glaube entwickelt hat – und was für eine Kultur es war! Im gelobten Land, in das Gott unsere Väter und Mütter führte, flossen bekanntermaßen „Milch und Honig". Doch wie uns die Ausgrabungen in Ugarit zeigen, flossen dort auch Gewalt, Sex und Magie.

Dreißig Jahre, nachdem die Mülleimer von Oxyrhynchus in Ägypten ausgegraben und durchsucht worden waren, pflügte ein Bauer beim Bearbeiten seines Feldes in eine Grabstätte. Es stellte sich heraus, dass die Grabstätte die Spitze eines Eisberges war, des antiken Königreichs Ugarit, das unter dreitausendjährigem syrischen Sand begraben lag. Innerhalb von ein oder zwei Jahren grub ein Team französischer Archäologen tausende von gebrannten Tontafeln aus, die mit einem unbekannten Keilschrift-Alphabet in einer unbekannten Sprache beschrieben waren. Es dauerte nicht lange, bis Sprache und Alphabet entziffert waren. Wie sich her ausstellte, war die Sprache dem biblischen Hebräisch sehr ähnlich. Die Tontafeln gaben ein detailliertes Zeugnis von der Kultur, in die die Hebräer eintauchten, als sie, nach ihrem langen Abstecher als Sklaven in Ägypten, in Kanaan ankamen. Einer der Männer, die das Alphabet und die Sprache Ugarits entzifferten, hatte sein Handwerk im Ersten Weltkrieg gelernt, wo er Jahre damit verbracht hatte, feindliche Codes zu knacken, eine nette Verbindung zwischen Antike und Gegenwart!

Mit der Übersetzung jeder weiteren Tafel öffnete sich die Tür zu der Welt, in der die Hebräer sich niedergelassen hatten, nachdem sie im „gelobten Land" angekommen waren, ein weiteres Stück. Israel musste sich als Volk erst noch zusammenfinden. In vielen fundamentalen Fragen passten sie nicht in die Kultur und Politik Kanaans. Kanaan bestand aus Stadtstaaten, die alle von einem eigenen König regiert wurden. Israel war lose aufgeteilt in Stämme, von denen jeder seine eigene Tradition und Identität hatte. Wenn nötig, trat ein „Richter“ auf den Plan und griff ein, wenn das Volk sich in einer Krise befand. Durch diese lose Organisation kamen sie nicht besonders gut miteinander aus. Sie waren noch ein Embryo-Volk Gottes und entwickelten sich gerade erst zum Volk Gottes. Doch Kanaan und die Kultur Kanaans waren jetzt ihr Zuhause und sollten es für ein paar hundert Jahre auch bleiben.

Schon vor der Entdeckung des Königreiches Ugarit und seiner riesigen Bibliothek war uns Kanaan bekannt – das Land, in dem Israel lebte und Gott verehrte, glaubte und rebellierte, Lieder sang und predigte – allerdings nur von außen, das heißt, von dem, was wir uns aus Andeutungen und Verweisen in der hebräischen Bibel ableiten konnten. Israels Bibel porträtierte die Kultur Kanaans meistens als Widersacher: feindselig eingestellt, heidnisch und eine machtvolle und unerbittliche Quelle der Verführung, weg von dem Leben der Erlösung und des Glaubens und hin zur „Hurerei“ (das grobe, aber akkurate Wort, das die hebräischen Propheten verwendeten) mit den „anderen Göttern“ Kanaans, die sich ihnen in großer Anzahl und Vielfalt darboten, wie sich herausstellte.

Nichts von diesen Informationen in Sachen Kultur war wirklich neu. Nachdem immer mehr Licht in die Sprachen, Religionen und die Politik Mesopotamiens und Ägyptens fiel, waren unsere Gelehrten schon seit zweihundert Jahren damit beschäftigt gewesen, eine ganze Menge über die Welt zu lernen, in der sich die biblische Geschichte entwickelt hatte. Wir wussten, woher die Hebräer gekommen waren und wussten viel über die Kulturen, die sie umgaben. Doch wir wussten kaum etwas über ihre Nachbarn, mit denen sie täglich verkehrten, während sie sich gleichzeitig zum Volk Gottes entwickelten. Ugarit gab uns diese Informationen und schärfte unser Verständnis und unsere Bewunderung dafür, wie

Israel es schaffte, „in, doch nicht von“ der Kultur Kanaans zu überleben und seine eigene Identität zu wahren.[102]

Zwei Dinge aus Ugarit sind von besonderer Bedeutung, wenn es um die Übersetzung der Bibel geht. Eines davon ist, dass Israel die Sprache Kanaans teilte, ohne davon überwältigt zu werden. Das andere ist die Tatsache, dass sie zwar ähnliche literarische Formen benutzten, der Inhalt sich aber trotzdem radikal unterschied: Israel schrieb treu die Familiengeschichten seiner Vorfahren auf, im Gegensatz zu den Kanaanitern, die ausgeschmückte Mythen über ihre Götter erfanden.

Sehen wir uns Kultur und Sprache genauer an. Israel benutzte die Sprache Kanaans, schrieb seine Dichtung im Stil und Rhythmus Kanaans, verwendete die Gottesbezeichnungen Kanaans. Doch sie nahmen die Kultur Kanaans und nutzten sie, um etwas ganz Eigenes und Einzigartiges zu schaffen – das bedeutet also, dass wir die Kultur Israels nicht in ihrem Reinzustand sehen, es ist keine Kultur, die vom Sex-und-Religionsheidentum Kanaans unbeeinflusst wäre. Die biblische Offenbarung und das Leben in der Erlösung entwickelten sich nicht isoliert von den kanaanitischen Nachbarn.

Zum Beispiel war *El*, die kanaanitische Bezeichnung für Gott, ein Begriff, den auch die Hebräer bedenkenlos verwendeten. Für die Kanaaniter war *El* der Obergott, der Vater der Götter, der zusammen mit seiner Frau Aschera eine riesige Nachkommenschaft an Göttern und Göttinnen zeugte. Die Hebräer hatten offensichtlich kein Problem damit, sich dieses im Grunde unreine Wort mit ihren Nachbarn zu teilen. In alten Mythen fanden die Hebräer auch schillernde Bezeichnungen, die die Kanaaniter für ihre Götter verwendeten, und nutzten sie bedenkenlos in Gebeten zu ihrem Gott: *Reiter auf den Wolken* (cf. Ps 68,5), *Du hast … den Seedrachen die Schädel zerschmettert … du hast dem Seeungeheuer*

102 Siehe Wright, G. Ernest: *The Old Testament against Its Environment*, Alec R. Allenson, Chicago 1950.

die Köpfe abgehauen (Ps 74,13f.). Psalm 29 und weitere Psalmen weisen in der Wortwahl enge Parallelen zu kanaanitischen Gedichten auf, die in Ugarit gefunden wurden. Noch bedeutender vielleicht als die Übernahme der kanaanitischen Gottesnamen und -bezeichnungen ist die Übernahme ugaritischer Gedichtformen durch Israel. Ein großer Teil der hebräischen Bibel ist in Gedichtform verfasst, und die Hebräer waren hervorragende Dichter. Nachdem immer mehr übersetzte Keilschrifttafeln vorlagen, wurde deutlich, dass die Hebräer einen großen Teil ihrer Dichtkunst von ihren kanaanitischen Nachbarn gelernt hatten. Einer der herrlichsten Aspekte der hebräischen Bibel, ihre kunstvoll verwendeten dichterischen Formen und Rhythmen zur Ehre Gottes, ist übernommen aus dem heidnischen Kanaan.

Doch während die Hebräer auf der einen Seite in der kanaanitischen Kultur vollkommen heimisch waren, bereit waren, die Sprache zu nutzen und ihre Formen anzupassen, konnten sie doch gut unterscheiden. Sie wussten, wann es nötig war „Nein" zu der Kultur zu sagen. Das wird offensichtlich, wenn wir erkennen, dass Israel inmitten einer Kultur, die viele Götter feierte, entschieden einem Gott treu blieb, der sich durch das gesamte Alte Testament hindurch als „eifersüchtig" darstellt. Das Verbot „Du sollst dir kein Bildnis noch irgendein Gleichnis machen" (2. Mose 20,4; *Luther 1984*) war in dieser Welt absolut einzigartig – im ganzen antiken Nahen Osten gab es nichts Vergleichbares. Die Kanaaniter betrieben eine Fließbandproduktion für Gottesbilder, doch im Schutt keiner israelitischen Stadt wurde bisher auch nur eine einzige Figur einer männlichen Gottheit gefunden. Andererseits findet man in jeder Ausgrabungsstätte eines israelitischen Hauses eine große Zahl von Figuren, die Muttergottheiten darstellen, was darauf hinweist, dass es innerhalb des Volkes weit verbreitet war, sich gefährlich an die Vielgötterei anzunähern. Einer der besten Deuter dieser archäologischen Funde, George Ernest Wright, vermutet, dass die Menschen diese weiblichen Figuren „weniger aus theologischen als aus magischen Gründen" in ihren Häusern hatten und „sie als

‚Maskottchen' [benutzten]"[103] – so wie auch bei uns immer wieder ein Hasenfuß oder ein Hufeisen auftauchen, vollkommen gedankenlos, ohne dass man bewusst gegen das zweite Gebot verstoßen will. Wichtig ist auch, dass die Hebräer inmitten einer Kultur, die angefüllt war mit weiblichen Göttinnen, nicht einmal ein Wort für „Göttin" hatten – obwohl weibliche Göttinnen bei ihren Nachbarn höchstes Ansehen genossen. Was Israel betraf, so billigten sie ihnen keine Macht zu – nicht einmal ein Wort!

Darüber hinaus zog man eine klare Grenze bei allen magischen Praktiken. Kanaan war voller Magie, Technologien, die dazu dienen sollten, Götter und Göttinnen zu Gefälligkeiten zu bewegen. Israel lehnte klar und deutlich alles ab, was nur im Entferntesten wie magische Religionstechnologie aussah – Gott steht nicht uns zu Diensten, wir dienen Gott. Das mosaische Gebot, ein Zicklein nicht in der Milch seiner Mutter zu kochen (2Mo 23,19 und 34,26), hat, so wie es da völlig ohne Zusammenhang auf der Seite steht, Bibelleser schon immer irritiert. Das Judentum tat später sein Bestes, um diesen Text ernstzunehmen, und entwickelte eine koschere Diät, die Milch- und Fleischprodukte strikt voneinander trennt. Allerdings ist es möglich (aber bei Weitem nicht sicher), dass der Text sich als unvermittelter Einzeiler erweist, mit dem alles abgewiesen werden sollte, was nur entfernt nach magischen Praktiken roch. Eine ugaritische Keilschrifttafel, in der es um einen Zauber geht, der im Zusammenhang mit Milch ausgesprochen wird, könnte ein Hinweis sein, dass das mosaische Verbot im Grunde bedeutet: „Haltet euch fern von kanaanitischem Zauber und Ritualen! Eure Aufgabe ist es Gott die Ehre zu geben, nicht ihn anzubetteln."[104]

Und dann Erzählungen. Die Entdeckungen in Ugarit werfen auch noch unter einem anderen Aspekt ein Licht darauf, wie wir unsere

103 Wright, George Ernest: *Biblische Archäologie*, Vandenhoeck & Ruprecht, Göttingen 1958, S. 113.

104 Vgl. Von Rad, Gerhard: *Theologie des Alten Testamentes. Band 1: Die Theologie der geschichtlichen Überlieferungen Israels*, Chr. Kaiser, München 1957, S. 36.

Bibel übersetzen und lesen. Dieser Aspekt hat mit der kanaanitischen Vorliebe für Mythen zu tun. Ein Mythos hat, im Gegensatz zu einer Erzählung, nichts mit Geschichte zu tun und hat keine Wurzeln in der Welt, in der wir leben. Es ist eine Geschichte über Götter, an Orten, die wir nicht kennen. Wir sind bestenfalls Zuschauer – die Götter bewegen sich in ihrer eigenen Welt. Alles wirklich Wichtige passiert zwischen Göttern und Göttinnen. Wie es sich zeigt, geht es dabei meistens um Kämpfe und um Geschlechtsverkehr. Gewalt und Sex halten die Dinge in Bewegung. Die Mythen Kanaans unterscheiden sich in dieser Beziehung nicht von anderen in dieser Welt. Neu für uns ist die Erkenntnis, dass diese Mythen zum Handwerkszeug der Nachbarn der Israeliten gehörten, der Menschen, die im Haus nebenan wohnten, den Händlern, mit denen sie verhandelten. In der kanaanitischen Religion ging es nur um Götter und deren Abenteuer. Wollte man daran teilhaben, dann betrieb man magische Manipulation – unpersönliche, beziehungslose, habgierige religiöse Technologien. Während die kanaanitischen Nachbarn ihre wunderreichen Mythen von Himmelsgöttern, Donnergöttern und Fruchtbarkeitsgöttern und -göttinnen, die irgendwo im Norden lebten, ausbreiteten, erzählten Israeliten Geschichten von ihren Vorfahren, deren Namen sie kannten und in deren Land sie lebten, Vorfahren, die auf Gott hörten und ihn verstanden, den Gott, der in ihrem Alltag gegenwärtig war und zu dem sie eine Beziehung hatten. Gott war präsent und handelte unter ihnen. Durch die gegenwärtige und die vergangene Geschichte, nicht durch legendäre mythische Orte lernten sie, mit Gott zu leben. Ihre Erzählungen waren in der Familiengeschichte ihrer Eltern und Großeltern verwurzelt. In der Folge schloss das auch sie mit ein.

Mit Mythen schafft man eine Fantasiewelt, in der wir uns Götter bildlich vorstellen können, sie auf eine Bühne stellen und sie bei der Arbeit beobachten können, um dann durch den Einsatz magischer Rituale und Gesänge zu versuchen, sie in unseren Dienst zu stellen. Es ist alles ziemlich offensichtlich. Es gibt nichts wirklich Mystisches. Genauso wenig besteht eine persönliche Beziehung –

wir sind den Göttern ziemlich gleichgültig. Wir greifen nur auf sie zurück, um sie auf die eine oder andere Weise zu bestechen oder zu manipulieren. Vielleicht kennst du die Namen der Götter und Göttinnen, sie kennen deinen nicht. Im Gegensatz dazu nehmen Erzählungen sich zurück, respektieren die Zurückgezogenheit und das Schweigen Gottes, lassen Gott wirken und sein, wie es ihm entspricht, akzeptieren das grundsätzliche Mysterium seines Wesens und vertrauen auf seine Güte und Fürsorge für unser Leben.

Baal ist bei weitem der schillerndste Gott der kanaanitischen Mythologie, und ihm wird die meiste Aufmerksamkeit geschenkt.[105] Meistens geht es um Blut und Verwüstung. In einer Szene hat Baal einen Kampf mit zwei verfeindeten Göttern, Jam (Meer) und Nahar (Fluss). Kothar, der Gott, der Dinge herstellt, bringt Baal zwei magische Knüppel, Jagrush (Verfolger) und Ayamur (Stürmer), um ihn zu unterstützen. Im Kampf erweist Verfolger sich als uneffektiv. Meer und Fluss müssen zwar einiges einstecken, sind aber nicht geschlagen. Dann nimmt Baal sich Stürmer, den zweiten Knüppel. Die Magie beginnt zu wirken und die Rivalen werden besiegt. Gerade als Baal ihnen den Garaus machen will, greift die Muttergottheit Aschera (möglicherweise Baals Mutter oder Großmutter) ein und hält ihn zurück: „Was tust du da? Es ist nicht deine Aufgabe, andere Götter umzubringen! Hast du kein Fünkchen Verstand?“

Die Götter sind wie Schuljungen, die sich während der Pause in eine Ecke verdrücken, bis die Schulleiterin erscheint, eine ernste, gestandene Frau, die Verwüstung stoppt, sie bei den Ohren packt und in ihr Büro zerrt.

In einem ähnlichen Mythos geht es um Baals Ehefrau, Anat, die sich auf einen Rachefeldzug gegen die Schergen von Baals großem Rivalen Mot (Tod) macht. Das Massaker findet auf einem riesigen Areal statt, das sich von der Küste des Meeres bis zum Sonnenauf-

105 Siehe Pritchard, James B.: *Ancient Near Eastern Texts*, Princeton University Press, Princeton, N. J. 1955, S. 129–42; und Gaster, Theodor H. *Thespis: Ritual, Myth, and Drama in the Ancient Near East*, Anchor, Garden City, N. Y. 1961, S. 153–244.

gang erstreckt. Köpfe rollen wie Fußbälle über den Boden. Abgetrennte Hände fliegen in die Luft und füllen den Himmel wie ein Schwarm Heuschrecken. Anat bindet sich die Köpfe zwischen und um ihre Brüste, hängt sich die Hände um die Taille und schreitet, bis zu ihren Hüften in Blut, durch das von ihr angerichtete Gemetzel. Und, als wäre das noch nicht genug – an ihren Brüsten prangen blutige Schädel und ihre Hüften sind geschmückt mit blutigen Händen – füllt sie einen Tempel mit Männern, verschließt die Tür und attackiert sie, indem sie sie mit Stühlen, Tischen und Schemeln bewirft. Schon bald steht sie bis zu den Knien in Blut – nein, bis zum Hals! „Ihre Leber schwoll an mit Gelächter; ihr Herz war voller Freude." Als das Morden vorbei war, wurde sie wieder ganz feminin. Sie holte sich eine Schüssel mit Wasser und wusch sich im „Tau des Himmels", verschönerte sich mit Kosmetika – Lidschatten und Rouge – und besprengte sich mit teurem Parfum. Was für eine elegante Dame! Schließlich war sie die Göttin der Liebe und des Krieges. Die Ägypter, die Pornografen des Nahen Ostens, verbesserten die ursprüngliche Legende noch, indem sie Anat provokativ nackt auf einem galoppierenden Pferd reiten ließen, Schild und Lanze in der Hand.

Es gibt noch eine Menge mehr Mythen dieser Art. Es sind die Mythen, die die kanaanitische Fantasie prägten und füllten. Die Spannweite reicht von blödsinnig bis pervers (ugaritischer Porno-Kanal mit staatlicher Förderung).

Zur gleichen Zeit, in der gleichen Umgebung, der gleichen Kultur und mit der gleichen Sprache, erzählten die Hebräer ihre Geschichten in einer Erzählform, die nichts mit Mythen zu tun hat. Nur Menschen machen Geschichte und die Geschichte der Hebräer fand vor Ort statt, Familiengeschichte. Repräsentativ ist die Erzählung von Abraham und Sara und den drei Fremden (1Mo 18,1–15).

Als eines Tages die drei Fremden vor seinem Zelt erscheinen, begrüßt Abraham sie und lädt sie ein: Sara bäckt frisches Brot, Abraham läuft los, um ein Kalb zu holen und weist seine Diener an, es zu braten. Nachdem alles fertig ist, stellt er Milch und Sauerrahm heraus und bedient sie, während seine Gäste das köstliche Mahl im Schatten einer Eiche verzehren. Es kommt zu einem Gespräch. Die Männer fragen Abraham: „Wo ist deine Frau Sara?" „Dort im Zelt", sagt Abraham. Dann sagt einer der Gäste: „In einem Jahr komme ich wieder, und dann wird Sara einen Sohn haben." Sara, die sich hinter dem Zelteingang versteckt hält, lauscht heimlich. Als sie das hört, kann sie nicht mehr an sich halten und lacht. Sie ist eine alte, neunzigjährige Frau; ihr Mann ist ein alter hundertjähriger Mann. Ganz sicher ein Witz. Sara lacht. Daraufhin offenbart der Erzähler, ohne sein Handeln zu erklären, einen der Gäste als „der Herr". Gott erwidert auf Saras Gelächter mit einer feierlichen Feststellung: „Sollte dem Herrn etwas unmöglich sein?"

Wo haben die Hebräer gelernt, solche Geschichten von Gott zu erzählen – reduziert, unauffällig, eingebettet in den Alltag? Ganz offensichtlich nicht von ihren Nachbarn, mit denen sie in der gleichen Kultur lebten. In dieser Erzählung tritt Gott anonym und unauffällig in das Leben von Abraham und Sara ein. Der Schauplatz, der Eichengrund bei Mamre, ist schlicht. Die Handlung basiert auf Gastfreundschaft, wie sie in der Wüste alltäglich ist. Die Unterhaltung ist direkt und nicht ausgeschmückt. Unserer Meinung nach hat Sara ganz recht, wenn sie darüber lacht, was einer der Männer sagt – der erst später ohne großen Paukenschlag als Gott offenbart wird. Was Gott hier ganz ohne rhetorische Ausschmückung sagt, hat mit dem gewöhnlichen Leben zu tun: Empfängnis, Schwangerschaft, Geburt. Die „Unmöglichkeit" dessen, was gesagt wird, wird durch die Gewöhnlichkeit dessen, was geschehen wird, aufgelöst. Israel erzählte seine Geschichten über Gott nicht, indem es über Gott als solchen schrieb, sondern indem es ihn beschrieb, wie er, oft unerkannt, häufig anonym, präsent ist unter echten Männern und Frauen, die zu einer bestimmten Zeit an einem bestimmten Ort leben, im Kontext ihrer Vorfahren und der Städte und Täler und Berge, in denen sie alle aufgewachsen sind.

Es gibt noch eine Menge mehr Erzählungen dieser Art. Dies sind die Erzählungen, die die Vorstellungskraft Israels geformt haben – still, alltäglich, das Übernatürliche verborgen im Natürlichen, die Gegenwart Gottes offenbart an den Plätzen und unter den Menschen, die unser alltägliches Leben ausmachen. Der gesamte biblische Text steht in deutlichem Kontrast zu den Mythen Ugarits – doch auch zu dem bunten Allerlei aus religiöser Psychologie, Persönlichkeitsentfaltung, mystischen Experimenten und frommem Dilettantismus, das der Grundlagentext vieler gegenwärtiger Religionspraktiken ist.

Viele Menschen ziehen eine Bibelübersetzung vor, die ihnen gewählte Prosa und Dichtung bietet. Der Grund dafür ist klar: Sprache, die den heiligen Gott beschreibt, heilige Ideen und heilige Dinge, muss eine erhabene Sprache sein, gewählt und zeremoniell. Sie möchten die Sprache der Bibel so erlesen wie möglich erhalten und möchten sie so gut es geht von der sündhaften Welt fernhalten. Sie möchten sie auch gedruckt auf Dünndruckpapier und in schönes Leder gebunden. Der Grund dafür ist klar: Die Kultur, in der Gott am Werk ist, muss vor der lauten, verschmutzenden Welt geschützt werden. Eine Bibel sollte eine Kultur der Ehrfurcht und Majestät reflektieren.

Allerdings will der Heilige Geist davon nichts wissen. Die Inspiration wird in einer rauen, holprigen und erdigen Sprache geliefert, die uns Gottes Gegenwart und Handeln dort offenbaren, wo wir es am wenigsten erwarten, erwischt uns dort, wo wir bis zu den Ellbogen in der schmutzigen Gewöhnlichkeit unserer Kultur stecken (Ugarit!) und wenn uns geistliche Gedanken so gar nicht in den Sinn kommen (Oxyrhynchus!). Das bedeutet nicht, dass man in unserer Bibel Respektlosigkeit oder Schnoddrigkeit findet. Und es heißt auch nicht, dass es in unserer Bibel nicht großartige Schriftsteller gibt. Die Bibel ist durchzogen von Ehrfurcht und Respekt und Verehrung. Geheimnis auf jeder Seite. Heiligkeit ist allgegenwärtig. Doch die Umgebung ist heidnisch und ein großer Teil der Sprache kommt direkt von der Straße.

William Tyndale, der beste der frühen Übersetzer der Bibel ins Englische (die erste gedruckte Ausgabe seines Neuen Testaments wurde 1526 veröffentlicht), wusste das bereits lange vor der Entdeckung der Papyri von Oxyrhynchus und den Tontafeln von Ugarit. Ich glaube, er wusste es, weil er wusste, wie das Evangelium funktioniert, wusste, dass die Sprache der Botschaft zum Charakter und zum Leben des Botschafters passen musste. Er sagte, er übersetze, damit „der Junge, der den Pflug führt" die Bibel lesen könne. Sein Evangeliums-Instinkt zeigte ihm, was die Papyri und Tontafeln vierhundert Jahre später bestätigten, dass nämlich (wie James Hope Moulton es ausdrückte) „nicht nur der Inhalt der Bibel einzigartig ist, sondern auch die Sprache, in der sie geschrieben und in die sie übersetzt wurde."[106] Tyndale meinte nicht die Einzigartigkeit, die eine „Heiliger Geist"-Sprache vermitteln würde, wie man einst vermutet hatte. Er sah vielmehr, dass die Sprache der Bibel einzigartig umgangssprachlich war, die Sprache des Alltags. Auch Martin Luther, Zeitgenosse von Tyndale und der Großvater aller Übersetzer der Reformation (sein Neues Testament wurde 1522 übersetzt), stellte für die Übersetzung des biblischen Textes folgenden Grundsatz auf: „Man muss die Mutter im Hause, die Kinder auf der Gasse, den einfachen Mann auf dem Markt danach fragen und denselbigen auf das Maul sehen, wie sie reden, und danach übersetzen; da verstehen sie es dann und merken, dass man deutsch mit ihnen redet."[107] Die Kraft seiner Bibelübersetzung ins Deutsche kommt zu gleichen Teilen aus dem, was er auf den Straßen lernte und dem, was er in der Bibliothek tat. Um beispielsweise die Opferrituale im mosaischen Gesetz zu verstehen, bat er den örtlichen Metzger, Schafe aufzuschneiden, damit er deren Eingeweide studieren könne.[108]

106 Moulton, *Grammar*, Bd. 3 (*Syntax*), S. 9.

107 Luther, Martin: *Ein Sendbrief D. Martin Luthers vom Dolmetschen und Fürbitte der Heiligen*, in: Luther, Martin: *Ausgewählte Schriften*, herausgegeben von Karin Bornkamm und Gerhard Ebeling, Insel, Frankfurt am Main 1982, Bd. 5, S. 148.

108 Zecher, Henry: *How One Man's Pen Changed the World*, in: Christianity Today vom 2. Oktober 1983.

Doch trotzdem, und ganz im Gegensatz zu den bahnbrechenden und spracherneuernden umgangssprachlichen Übersetzungen von Luther ins Deutsche und Tyndale ins Englische, ist die King-James-Bibel mit ihrer glatten, majestätischen Klangfülle – ein Englisch, das am allerwenigsten die Sprache repräsentiert, in der die Bibel zuerst gesprochen, gehört und geschrieben wurde – auch nach vierhundert Jahren noch immer die meist gekaufte und am weitesten verbreitete Übersetzung in der englischsprachigen Welt. Die King-James-Übersetzer benutzten Tyndales Text als Grundlage und übernahmen ungefähr drei Viertel in unveränderter Form.[109] Was sie allerdings mit diesem Plagiat taten, gleicht einem Missbrauch – sie nähten Spitzenmanschetten an Tyndales Sätze. Um meinen vorherigen Ausdruck zu verwenden, sie „entweihten nach oben". Geschickt und gründlich verschoben sie das Sprachregister: von der kantigen Sprache des Jungen am Pflug zum geschliffenen Ausdruck des königlichen Hofes. Schließlich waren die meisten Übersetzer Teil der Seilschaften um König Jakob. Viele von ihnen waren Bischöfe, die ein angenehmes und abgesichertes Leben innerhalb der Elite der damaligen Zeit führten. Adam Nicolson, Autor einer gründlichen Studie über die King-James-Übersetzer und ein außerordentlicher Bewunderer ihrer Arbeit, stellt deutlich klar:

> Die King James Bibel ... ist nicht das Englisch, das man auf der Straße hört, damals nicht und auch heute nicht ... Diese Gelehrten übertrugen die Sprache der Bibel nicht in das Englisch, das sie kannten und das sie zu Hause sprachen. Die Worte der King James Bibel sind ein Englisch, das fast schon einer Fremdsprache gleicht, ungefähr wie eine Fremdsprache, die man ins Englische übersetzt. Anders ausgedrückt, es war also wichtiger, das Englisch göttlich zu machen, als die Worte Gottes in Prosa zu übertragen, wie jeder Engländer sie aufgeschrieben hätte ... Tyndale hatte eine schlichte Übersetzung für den einfachen Mann gemacht, mit der man der mittelalterlichen Kirche und ihrer machtbewussten Elite ins Gesicht schlagen konnte ... [Er] suchte

109 Neue, computerbasierte Statistiken gehen von 83 Prozent für das Neue Testament und 76 Prozent für das Alte Testament aus. Siehe Daniell, David: *The Bible in English: Its History and Influence*, Yale University Press, New Haven 2003, S. 448.

> nach dem Unmittelbaren, dem Klaren in der Bibel, das fähig war, die dicke, schwere Schicht mittelalterlicher Gelehrtheit und jahrhundertealten Staubs abzuschütteln.[110]

Die siebenundvierzig King-James-Übersetzer, die in den prunkvoll eingerichteten großen Universitäten und königlichen Höfen arbeiteten und sich größtenteils auf Tyndales Arbeit verließen (Arbeit, die er fünfundachtzig Jahre zuvor alleine, als gejagter Exilant, auf der Flucht vor dem König von England gemacht hatte), zerstückelten sein Werk im Grunde. Sie verdrehten seine schlichte Sprache in die majestätische Pracht der King James Bibel. Tyndale machte das Englisch seiner Zeit zum Englisch der Bibel und übersetzte daher: „Der Herr war mit Joseph und er war ein froher Kerl." Die King James Übersetzer übersetzten „nach oben" und machten daraus „und der Herr war mit Joseph und er war ein wohlhabender Mann" (1. Mose 39,2). Die King James Übersetzer lieferten eine Version der Bibel, die zum literarischen Klassiker der westlichen Welt wurde, doch Tyndales Junge am Pflug blieb dabei auf der Strecke.

Es steckt schon eine gute Portion Ironie in der Tatsache, dass sie für so viele Menschen die Bibel der Wahl ist, über all die Jahre hinweg, bis auf den heutigen Tag (ob sie sie wirklich lesen oder nicht, ist nicht bekannt).[111]

Die Entdeckungen in Ugarit und Oxyrhynchus offenbarten eine Welt der Alltäglichkeit und eine Sprache der Alltäglichkeit, die Bibelleser in unsere eigene Alltäglichkeit eintauchen lässt. Gemeinsam bewirken sie, dass die großen Barrieren, die ein persönliches, in Beziehung stehendes Lesen der Bibel verhindern, abgebaut werden, insbesondere die Annahme, dass sie in einer auserwählten Sprache geschrieben ist, einer religiösen Sprache, die heiligen

---

110 Nicolson, *God's Secretaries*, S. 211–12.

111 Die Kirche und die Welt mussten vierhundert Jahre auf einen Übersetzer warten, der Tyndales Leidenschaft für eine Bibel in der Sprache des "Jungen am Pflug" teilte. James Moffatt, ein schottischer Pastor und Professor, angestachelt von den kurz zuvor entdeckten Papyri, produzierte die erste umgangssprachliche Übersetzung ins Englische seit Tyndale (1913 das Neue Testament; 1926 die komplette Bibel).

Orten und Ritualen entstammt, einer Sprache, die sich aus Worten zusammensetzt, die in ehrfürchtigem Ton geflüstert wurden.

Die Überraschung in Oxyrhynchus hat mit der Sprache zu tun, in der das Neue Testament verfasst ist – keine „Heiliger Geist"-Sprache, sondern die Sprache der Straße, mit der der Heilige Geist „Seele und Geist [scheidet], auch Mark und Bein" (Hebr 4,12; *Luther 1984*).[112] Nahezu jeder kann die Bibel lesen und verstehen, wenn sie in die Sprache übersetzt ist, in der sie geschrieben wurde. Wir müssen nicht klug oder gebildet sein, um sie so zu verstehen, wie sie ihre ersten Leser verstanden haben. Sie ist in der Sprache geschrieben, die wir auch verwenden, wenn wir einkaufen gehen, spielen oder beim Abendbrot um eine Extraportion Kartoffeln bitten und sie muss auch in genau diese Sprache übersetzt werden.

Die Überraschung in Ugarit ist die Kultur, in der unsere hebräischen Vorfahren, die Kinder Israel, lebten und starben. Vor der Entdeckung von Ugarit wussten wir nur sehr wenig über die kanaanitische Kultur, in der unsere hebräischen Vorfahren lebten. Mangels Information war es also leicht, sich vorzustellen, wie die Hebräer, das gerettete Volk Gottes, Ägypten verließen, während der vierzig Jahre ihrer Wüstenwanderschaft zu einem Leben in Gehorsam und Heiligkeit erzogen wurden und schließlich in Kanaan ankamen, gewappnet und dazu ausgestattet, sich eine eigene heilige Kultur aufzubauen. So ist es nicht passiert. Und so passiert es auch heute nicht.

Die Entdeckungen in Oxyrhynchus und Ugarit haben viel mehr mit dem Sprachregister zu tun als mit der Präzision des Textes, obwohl es manchmal auch um präzisen Ausdruck geht. An erster Stelle verhindern sie dieses schleichende und scheinbar unschuldige Sakrileg der Erhöhung, für die alle Sprache, ganz besonders

112 Natürlich ist nicht alles in der Sprache der Straße geschrieben. Der Hebräerbrief im Neuen Testament ist in einem eleganten und geschliffenen Griechisch verfasst und Jesaja im Alten Testament ist erlesene Dichtung. Es gibt noch viele weitere Ausnahmen – doch es sind *Ausnahmen*, der größte Teil unserer Bibel ist in der Sprache gewöhnlicher Menschen geschrieben.

aber die biblische, anfällig ist und die die Wurzeln des biblischen Textes heimtückisch aus dem Boden löst, auf dem wir leben.

Wenn es etwas gibt, was *The Message* vielleicht wirklich auszeichnet, ist es die Tatsache, dass sie unter den Händen eines im Dienst stehenden Pastors entstand. Während des Großteils meines Erwachsenenlebens trug ich Verantwortung dafür, die Botschaft der Bibel mit den Leben der Männer und Frauen zu verbinden, mit denen ich arbeitete. Ich tat es auf der Kanzel und vom Rednerpult, in Hauskreisen und auf Wanderfreizeiten, durch Gespräche in Krankenhäusern und Pflegeheimen, über einer Tasse Kaffee in der Küche und auf Strandspaziergängen. *The Message* wuchs aus dem Boden meiner fünfunddreißigjährigen Tätigkeit als Pastor. Während ich daran arbeitete und nach den richtigen Worten und Ausdrücken suchte, war ich mir oft bewusst darüber, wie stark mich diese fünfunddreißig Jahre Pastorenleben beeinflussten. Ich übersetzte für die Heiligen und Sünder, die versuchten, sich im Wirrwarr und Durcheinander dieser Welt zurechtzufinden. Ich identifizierte mich mit den ersten Schreibern und Lesern/Zuhörern der Bibel, denen es zuallererst darum ging, ein Leben in Gemeinschaft mit der Dreieinigkeit zu führen, während sie auf den staubigen Straßen Galiläas und Judäas unterwegs waren und versuchten, sich durch das sexuelle Chaos Korinths zu navigieren. Theologie, also ein zusammenhängendes Verständnis für Gottes Offenbarung in unserem Leben, ist später dran. Ich arbeitete für jene, die erkannt hatten, dass es nötig ist, hier und jetzt zu leben – und für Gott. Ich übersetzte, „dass es lesen könne, wer vorüberläuft" (Hab 2,2, *Luther 1984*).

Während ich daran arbeitete, konnte ich sehen, wie dieses Wort Gottes, welches Leben prägen und verändern soll, auch tatsächlich Leben prägte und veränderte. Die Samenworte der Bibel wurden in den Boden meiner Gemeinde und meines Umfelds eingepflanzt und sie keimten, wuchsen und reiften. Als es an der Zeit war, mit der Arbeit zu beginnen, aus der schließlich *The Message* entstand, hatte ich oft den Eindruck, zur Erntezeit durch eine Obstplantage zu laufen und dabei reife Äpfel, Birnen und Pflaumen von schwer beladenen Ästen zu pflücken. Es gibt kaum eine Seite in der Bibel, die ich nicht auf die eine oder andere Weise lebendig werden sah, zunächst in den Männern und Frauen, Heiligen und Sündern, deren Pastor ich war und dann, als ich mich umsah, bestätigt fand in meinem Land und meiner Kultur. Oder, um ein anderes Bild zu verwenden, wenn Eifer für die Heilige Schrift und Eifer für eine gemeinsame Sprache zusammentreffen, dann fliegen Funken. Manchmal wird aus den Funken eine Übersetzung. Bei mir war es so.

Ich begann mein Berufsleben nicht als Pastor. Zunächst war ich Lehrer und unterrichtete mehrere Jahre lang an einem theologischen Seminar die biblischen Sprachen Hebräisch und Griechisch. Eigentlich hatte ich vor, den Rest meines Lebens als Professor und Wissenschaftler zu verbringen, zu unterrichten, zu schreiben und zu forschen. Doch mein Berufsleben schlug einen Haken und ich wurde Pastor einer Gemeinde. Mein Arbeitsplatz war jetzt nicht mehr ein Klassenzimmer voller Heiliger und Sünder, sondern eine Gemeinde voller Heiliger und Sünder.

Plötzlich fand ich mich in einer ganz anderen Welt wieder. Der erste erkennbare Unterschied war, dass hier niemand wirklich an der Bibel interessiert war. Bis vor kurzem hatten mich Menschen noch dafür bezahlt, sie darin zu unterrichten. Viele der Menschen, mit denen ich jetzt arbeitete, wussten praktisch nichts über die Bibel, hatten sie nie gelesen und wollten auch gar nichts darüber lernen. Viele andere hatten sie jahrelang gelesen, doch durch die Vertrautheit hatte sie ihnen nichts mehr zu sagen und war zu einer Ansammlung erstarrter Klischees verkommen. Gelangweilt hatten sie sie zur Seite gelegt. Dazwischen gab es nicht viel. Nur sehr wenige interessierten sich dafür, was ich für das wichtigste Element meiner Arbeit hielt, nämlich die Worte der Bibel in ihre Köpfe und Herzen zu bekommen, die Botschaft zum Leben zu erwecken. Sie fanden Zeitungen, Videos und Groschenromane interessanter.

Ich, auf der anderen Seite, hatte es mir zur Lebensaufgabe gemacht, diese Menschen zum Hören zu bewegen, zum richtigen

Hören und zwar auf die Botschaft dieses Buches. Ich wusste, dass ich hier genau am richtigen Ort war.

Ich begann damit, meiner Gemeinde die Bibel zu erklären, sie zum Kauf von Studienmaterial – zunächst Wörterbücher und Konkordanzen – zu bewegen. Es gab so vieles, was man wissen musste! Und ich hatte ihnen so viel zu sagen!

Inmitten all dieser Aktivitäten erkannte ich plötzlich, dass die ersten Menschen, die die Bibel gehört oder gelesen hatten, kein Wörterbuch und keine Konkordanz benötigt hatten. Wenn Jesaja predigte, dann musste man kein Seminar organisieren und einen Professor anstellen, um zu verstehen, was er sagte. Wenn das Evangelium von Markus bei einer Gemeinde eintraf, hielt man es nicht für notwendig, einen sechsmonatigen Studienkreis am Mittwochabend zu organisieren. Diese Bücher stammten alle aus dem normalen Leben und dem normalen Wissen der Menschen, von denen manche, vielleicht sogar viele, Analphabeten waren. Sie waren sicher nicht unintelligent, nur hatten sie eben keine schulische Ausbildung. Wieso also überfrachtete ich ihr Lesen mit meinem Wissen *über* die Bibel?

Ich veränderte also meinen Unterrichtsstil. Anstatt sie über ugaritische Wörter zu informieren, die Licht auf den hebräischen Text warfen, anstatt die Feinheiten der synoptischen Variationen in den Geschichten und Worten Jesu zu bearbeiten, anstatt die Sprache des Paulus den hellenistischen Philosophien und Mysterienkulten gegenüberzustellen, rief ich einfach nur ein paar Leute zusammen, um den Text, wie wir ihn haben, zu *lesen*. Ihre erste Reaktion lautete fast immer: „Wir verstehen das nicht. Sag uns, was das bedeutet – schließlich warst du auf dem Seminar." Doch ich hielt dagegen. Mithilfe unserer Vorstellungskraft und begleitet vom Gebet lasen wir den Text gemeinsam und versuchten einen Zugang zu den Worten zu finden, so wie sie auf den Seiten vor uns standen. Manchmal stellte ich Fragen, gab Hinweise und leitete etwas an, um herauszufinden, was vorhanden war, machte ihnen Mut, voranzuschreiten und den biblischen Text so zu lesen, wie sie morgens ihre Zeitung lesen. Nachdem wir uns ungefähr eine Stunde mit einer Seite Text beschäftigt hatten, hatten sie praktisch alles Wichtige vorgebracht, was man auch in Kommentaren finden konnte. Ich war nicht abgeneigt, immer wieder kleine Bissen lexikalischen oder archäologischen Wissens einzustreuen, um das Ganze etwas anzureichern. Doch die meiste Zeit überließ ich es ihnen, den Text zu lesen.

Was in diesen Versammlungen klar hervortrat, war der Begriff *Verständlichkeit* – die Überzeugung, dass die Bibel, so wie sie ist, lesbar ist. Sie ist keine Sammlung von Geheimwissen, das nur einer akademischen Elite zugänglich ist. Sie ist einfach geschrieben, für einfache Männer und Frauen.

Ich lebte in zwei Sprachwelten, der Welt der Bibel und der heutigen Welt. Ich hatte immer gedacht, das seien die gleichen Welten, aber diese Menschen sahen es anders. So wurde ich aus der Not heraus zum Übersetzer und stand tagtäglich zwischen diesen beiden Welten. Ich half ihnen, die Sprache der Bibel zu hören, die Gott nutzt, um zu erschaffen und uns zu erlösen, uns zu heilen und zu segnen, über uns zu richten und zu herrschen und sie auch in der heutigen Sprache zu hören, der Sprache, in der wir tratschen und Geschichten erzählen, Wegbeschreibungen geben und Geschäfte führen, Lieder singen und mit unseren Kindern sprechen.

Währenddessen arbeiteten sich diese alten biblischen Sprachen, diese kraftvollen und lebendigen hebräischen und griechischen Originale, unbemerkt in meine Ausdrucksweise hinein, gaben den Worten und Formulierungen Schärfe und Energie, weiteten die Vorstellungskraft dieser Menschen, mit denen ich in der heutigen Sprache arbeitete – die heutige Sprache aus den Sprachen der Bibel zutage gebracht.

Verlust durch Übersetzung

Meine Frau und ich hatten uns einmal in Jerusalem verlaufen. Ich hatte beschlossen, an diesem Tag nur Hebräisch zu sprechen. Mein Hebräisch ist Buch-Hebräisch, Klassenzimmer-Hebräisch,

Bibel-Hebräisch. Ich hatte Hebräisch noch nie als lebende Sprache erfahren. Wir waren schon seit einigen Wochen in Israel und an jenem Morgen war ich aufgewacht und mir wurde klar, dass dies meine Chance sei. Ich wollte sehen, ob ich einen ganzen Tag lang in der Sprache zurechtkam, die mir so wichtig war. Jetzt allerdings war es später Abend in Jerusalem und meine Frau und ich hatten uns verlaufen. Wir hatten nach einem Restaurant gesucht, das uns empfohlen worden war. Wir hatten die Adresse, konnten es aber nicht finden. Wir hatten keine Ahnung, wo wir waren. Ein Pärchen kam auf uns zu, das jüdisch aussah. In stockendem, schwerfälligem Hebräisch bat ich um Hilfe – entschuldigte mich für die Unannehmlichkeit, doch hoffte, dass sie uns wenigstens in die richtige Richtung dirigieren konnten. Sie hörten geduldig und höflich zu. Als ich fertig war, grinsten sie mich beide weit an: „Wir sind aus Detroit!" Und dann zeigten sie uns den Weg – aber auf Englisch. Nachdem sie eine Kostprobe meines gesprochenen Hebräisch gehört hatten, vertrauten sie offenbar nicht darauf, dass ich ihr Hebräisch gut genug verstehen würde, um den Weg zu dem Restaurant zu finden.

„Wir sind aus Detroit" ist natürliche und spontane Sprache, doch kaum buchstabengetreu. Zu viel geht in der Übersetzung verloren, wenn sie buchstabengetreu ausgeführt wird. Das Paar hätte buchstabengetreu auf Hebräisch antworten können, das sie fließend beherrschten. Und wenn sie bereit gewesen wären, sehr langsam zu sprechen und oft zu wiederholen, dann hätte ich die Hilfe bekommen, um die ich gebeten hatte. Wir bekamen aber viel mehr. Ihr „Wir sind aus Detroit" stellte die Sprache auf eine ganz andere Ebene: Sie drückte Willkommen aus, Freude daran, uns zu helfen, kein Fünkchen Herablassung wegen meines merkwürdigen und unzureichenden Hebräisch. Wir bekamen mehr als nur die Richtung zu dem Restaurant; wir wurden beschenkt, wenn auch nur kurzzeitig, mit Freundschaft. Diese beiden gaben sich nicht damit zufrieden, Sprache auf den bloßen Austausch von Informationen zu reduzieren. Sie ignorierten unseren Wunsch nach Wegweisung nicht, doch sie offenbarten auch etwas von sich selbst, unser gemeinsames Menschsein, ihre einsetzende Gastfreundschaft.

„Wir sind aus Detroit“ ist mein Bezugspunkt, von dem aus ich erforsche, wie Übersetzung funktioniert. Zunächst einmal gibt es Übersetzung nicht nur zwischen Sprachen. Sie ist vielmehr mit eingeschlossen, wann immer Sprache verwendet wird. Sie ist nicht auf den Vorgang beschränkt, wenn beispielsweise Deutsch ins Englische übersetzt wird. Es braucht tagtäglich eine Menge Übersetzung, nur um das amerikanische Englisch, das ich spreche, in das amerikanische Englisch zu übersetzen, das du hörst. Ich tat es jeden Sonntag von der Kanzel aus, und jeden Tag, während ich meine Kinder großzog, und mir wurde bald klar, dass ich nichts als selbstverständlich voraussetzen durfte. Jeder von uns verwendet Worte auf andere Weise. Und häufig kommt es zu Missverständnissen. Sprache ist mehrdeutig. Wir müssen uns oft wiederholen und geduldig erklären. Während wir den Worten anderer Menschen in unserem Umfeld zuhören und ihnen erwidern, Eltern und Kindern, Lehrern und Schülern, Staatsoberhäuptern und Bürgern, Pastoren und Gemeinden, Trainern und Spielern, Ehemännern und Ehefrauen, sind wir laufend damit beschäftigt zu übersetzen, versuchen mit allen Mitteln, uns richtig zu verstehen zu geben: Körpersprache, Tonfall, unsere Geschichte mit diesem Menschen, die momentanen Umstände, in denen wir uns befinden und natürlich, allerdings nie isoliert, die buchstabengetreue Bedeutung der Worte und die grammatikalische Struktur der Sätze.

Das Ganze ist so komplex, dass wir erkennen müssen, dass eine buchstabengetreue Übersetzung fast immer unzureichend ist, ausgenommen es handelt sich um die Übersetzung wissenschaftlicher Daten und Informationen. Warum ist das so? Weil buchstabengetreue Übersetzung alle nonverbalen Ebenen ausschließt, die immer dann am Werk sind, wenn Sprache verwendet wird. Außerdem ist es eine gedankenlose Wiederholung von Redewendungen, Bildern und Satzstrukturen, die es in der Zielsprache gar nicht gibt.

Übersetzen ist eine komplexe Handlung, die sich zwischen zwei Polen bewegt. Der eine Pol stellt die Frage: „Was hat er gesagt?". Der andere Pol fragt: „Was hat sie gemeint?"

Wird „Was hat er gesagt?" isoliert für sich genau beantwortet, dann erhält man eine buchstabengetreue Übersetzung. Finde die deutsche Entsprechung für das englische Wort und fertig. Nötig sind ein Wörterbuch und eine Grammatik sowie Kenntnis der Literatur und Kultur der zu übersetzenden Sprache.

Für „Was hat sie gemeint?" ist Vorstellungskraft nötig, häufig dichterische Vorstellungskraft, die die „Welt" des englischen Textes in die „Welt" des Deutschen bringt, und dazu muss der Text in einer anderen Sprache neu erschaffen werden. Um dies zu übersetzen, ist viel mehr nötig als ein Wörterbuch und eine Grammatik. Wir müssen mit dem „Leben", das übersetzt wird, vertraut sein, aber auch mit dem „Leben", in das übersetzt wird. Sebastian Brock zieht „Was hat sie gemeint" in der Übersetzung vor: „Im Fall der freien Übersetzung könnte man sagen, dass das Original zum Leser gebracht wird, doch beim buchstabengetreuen Übersetzen muss der Leser zum Original gehen. Oder, um es anders auszudrücken, im ersten Fall bleibt der Leser, wo er ist, im zweiten ist es das Original."[113] Jede Sprache ist eine komplexe und lebendige Kultur, eine Kultur reduziert auf Worte und in Sprache verbreitet. Wenn wir ausschließlich nach Wörterbuch übersetzen, dann geht in der Übersetzung die gesamte Kultur verloren. Henry Wadsworth Longfellow, einer der großen amerikanischen Dichter des neunzehnten Jahrhunderts und Professor für Sprachen an der Universität von Yale, übersetzte Dantes *Göttliche Komödie* ins Englische. Einer seiner Kritiker beklagte sich, dass er die *Komödie* in das englische Wörterbuch und nicht in die englische Sprache übersetzt hätte.[114] Es ist die Kultur – die Art zu leben und zu denken, zu glauben und sich zu verhalten, die Annahmen und Anspielungen – die so

113 Brock, Sebastian: „The Phenomenon of Biblical Translation in Antiquity", in: *Studies in the Septuagint: Origins, Recensions, and Interpretations*, Hg. Sidney Jellicoe, New York: KTAV, 1974.

114 Ahern, John: „Vulgar Eloquence", *NY Times Review of Books*, January 1, 1995.

weit wie möglich übersetzt werden muss. Genauso wie „Wir sind aus Detroit.".

Während meiner Tätigkeiten als Pastor und Schriftsteller, Lehrer und Prediger, sammelte ich viele Eindrücke und Zeugnisse über das Wesen der Übersetzung und ich stellte fest, wie unbefriedigend „Buchstabentreue" am Ende ist und welch willkommene Ausrede sie darstellt, um die offensichtliche Absicht von gesprochenen oder geschriebenen Worten zu umgehen. Doch erst als Eltern und Großeltern sammeln die meisten von uns die offensichtlichen Beweise für diese Feststellung.

An einem Abend hatte sich unsere Familie um den Abendbrottisch versammelt. Die Enkel durften aufstehen und spielen gehen. Ein paar Minuten später kam der siebenjährige Hans in vollem Galopp ins Esszimmer gerannt, gefolgt von seinen beiden jüngeren Schwestern. Sein Vater sagte: „Hans, im Haus wird nicht gerannt." Hans verkürzte seine Schrittlänge um etwas zwanzig Zentimeter und sagte: „Ich renne nicht, ich jogge" – eine Fallstudie für Buchstabentreue, die unter Kindern weit verbreitet ist, um damit der wahren Bedeutung aus dem Weg zu gehen. Doch Erwachsene sind davon nicht ausgenommen.

Ein alter Kalauer wird früher oder später immer ins Spiel gebracht, wenn es um Übersetzung geht: „Du bist ein Übersetzer? Du bist ein Verräter!" (auf Italienisch, *Traduttore? traditore!*) (Anm. d. Übers.: Der Sinn dieses Wortspiels erschließt sich nur im Original: Übersetzer = *translator*; Verräter = *traitor*). Übersetzung ist Betrug. Jede Übersetzung an sich ist eine falsche Übersetzung. Jede Sprache ist einzigartig. Jede Sprache hat einzigartige Aspekte, die sich nicht in eine andere Sprache übertragen lassen. An diesem Maß gemessen, ist jede Übersetzung eine Verfälschung des Originals, eine Verwässerung, eine Reduzierung. Wenn die Sprache, die wir übersetzen, also Gottes Wort ist und Übersetzung im Grunde eine Verzerrung, dann sollten wir es besser sein lassen.

Oh?

Während der Zeit, in der die King-James-Bibel übersetzt wurde, vertrat man tatsächlich diese Meinung. John Smyth war im

Jahr 1608 Pastor der *Brethren of the Separation* der *Second English Church* in Amsterdam, einer Gemeinde, deren Mitglieder ehemalige Bauern aus Lincolnshire waren, Exilpuritaner auf der Flucht vor der Verfolgung in England. Smyth und seine Gemeinde waren der Meinung, dass jede Übersetzung, wie gut sie auch sein mag, immer fehlerhaft ist und deshalb, per definitionem, nicht verwendet werden kann. Sie mussten die Bibel im Original hören. Wenn Gott in Hebräisch, Griechisch und Aramäisch gesprochen hatte, dann waren dies die Sprachen, in denen er gehört werden sollte. Und so las Smyth in ihren Treffen stundenlang Bibelpassagen auf Hebräisch, Aramäisch und Griechisch vor, Sprachen, von denen seine Gemeinde nicht die geringste Ahnung hatte.[115]

Solch stures Beharren auf das „wörtliche Original" ist natürlich eine Parodie dessen, was bei den meisten von uns durch gesunden Menschenverstand ausgeglichen wird. Doch wenn es um Übersetzung geht, ist „wortwörtlich" bei vielen immer noch das Ideal.

Die Vorliebe für die Buchstabentreue hat eine lange Geschichte. Doch ich bin zu der Überzeugung gelangt, dass es eine ungeprüfte Vorliebe ist. Meine Erfahrung als Vater, ergänzt durch meine Erfahrung als Pastor, macht mich vorsichtig angesichts der Gefahren der Buchstabentreue, denn sie ignoriert die allen Sprachen eigene Mehrdeutigkeit, sie nimmt die Ursprungssprache als Geisel und schickt sie, gefesselt und angekettet, auf einen Gewaltmarsch in eine Sprache, die kein lebender Mensch spricht. Es werden gleichsam die Nervenbahnen der Sprache durchtrennt – genau die Eigenschaften werden herausgeschnitten, die einer Sprache ihre Einzigartigkeit verleihen: ihre Fähigkeit aufzudecken, was wir andernfalls nie kennenlernen würden. Die Extremform der Buchstabentreue besteht darauf, jedes Wort in eine feste, unbewegliche Position zu zwingen, allen Sätzen eine Zwangsjacke zu verpassen. Langsam verstand ich, warum Luther, der Großvater der reformatorischen Übersetzer, den Kritikern, die seine umgangssprachliche

115 Siehe Nicolson, *God's Secretaries*, S. 181.

Übersetzung heftig anfeindeten, nicht freundlich gesinnt war. Er nannte sie „Esel und Buchstabilisten.“[116]

In den vergangenen Jahren hat sich William Griffin daran gemacht, einige christliche Klassiker aus dem Lateinischen ins Englische zu übersetzen. Er beschreibt, dass er zu Beginn seiner Arbeit

> fest entschlossen war, buchstabengetreu zu übersetzen, und natürlich wollte ich es besser machen, als alle meine Vorgänger. Doch schon bald musste ich feststellen, dass ich einknickte. Das einzig tugendhafte daran schien die Treue zu sein. Weit und breit waren keine geglückten Sätze zu entdecken. Doch Treue ohne wortgewandte Sätze kann bei einer Übersetzung tatsächlich eine armselige Tugend sein ... Wie viele vor mir hatte ich immer gedacht, dass freies Übersetzen völliger Irrsinn sei. Weshalb? Weil meine intellektuellen Zieheltern dieser Meinung waren und ich nie Gelegenheit gehabt hatte, ihnen zu widersprechen. Was sie mir in ihren vielen Reden aber nie gesagt hatten, war, dass jede Übersetzung in gewisser Weise ein Irrweg ist. Da ich dem Fehler ohnehin nicht entgehen konnte, beschloss ich kurz darauf, ihn lieber bei der freien Übersetzung zu machen, als bei der buchstabengetreuen Übersetzung.[117]

Griffin gibt im weiteren Verlauf eine höchst amüsante, doch wirklich lehrreiche Entschuldigung für die freie Übersetzung ab, wodurch er die Verachtung, die der freien Übersetzung von den eher Buchstabengetreuen für gewöhnlich entgegengebracht wird, zumindest dämpft, auch wenn er sie nicht völlig aus der Welt schaffen kann.

Der afrikanische Theologe Kwame Bediako lockert den Zugriff der Buchstabentreue auf unser Denken noch weiter, indem er zeigt, wie afrikanische Übersetzungen mit großer Freude neue und frische Formen freisetzen, anstatt die Verantwortung für den Erhalt der einzigartigen Besonderheiten des biblischen Hebräisch und Griechisch zu übernehmen. George Steiner, der meiner Meinung

116 Luther, Martin: *Ein Sendbrief D. Martin Luthers vom Dolmetschen und Fürbitte der Heiligen*, in: Luther, Martin: *Ausgewählte Schriften*, herausgegeben von Karin Bornkamm und Gerhard Ebeling, Insel, Frankfurt am Main 1982, Bd. 5, S. 149.

117 William Griffin, „In Praise of Paraphrase“, *Books and Culture* 8, Num. 5, Sept.–Okt. 2002.

nach mit mehr Einsicht und Wissen über Übersetzung schreibt als irgendjemand sonst, bestätigt die Stichhaltigkeit von Bediakos Standpunkt, wenn er schreibt, dass Übersetzung „dem Original eine neue Resonanz verleiht, ein längeres Leben, eine breitere Leserschaft, einen substanzielleren Platz in Geschichte und Kultur."[118] Vor dem Hintergrund der vielen afrikanischen Sprachen, in die die Bibel übersetzt wurde, merkt Bediako an, dass jede dieser afrikanischen Muttersprachen ihre eigene, einzigartige Syntax und ihren eigenen Charakter hat und so auf ihre eigene Weise ihren Beitrag dazu leistet, dass die unerschöpflichen Reichtümer des Wortes Gottes noch umfassender gehört werden. Anstatt das reine Wort Gottes zu verdünnen, macht jede neue Übersetzung es noch vollkommener, sorgt für neue Schauplätze und Zusammenhänge, bietet Bilder, die noch einen weiteren Zugang zur Transzendenz geben. Jede Übersetzung bricht die Sicht auf den „unsterblichen, unsichtbaren, allein allwissenden Gott" (Original: *„Immortal, invisible, God only wise"*, engl. Kirchenlied) in neue Worte, und vergrößert damit unseren Vorrat an Einsicht und Anbetung und versorgt uns mit einer neuen Verkündigung des Evangeliums in unserem gewöhnlichen Leben als weltweite Gemeinschaft der Heiligen. Bediako merkt an, dass die christliche Bibel mit solcher Leichtigkeit und Häufigkeit in so viele „Muttersprachen" übersetzt wurde, weil die ursprünglichen biblischen Schreiber sich weigerten, eine „heilige" Sprache zu verwenden. Im Verlauf seiner Ausbreitung entwickelte sich das Christentum im Grunde zu einer „volkstümlichen Religion". Er dokumentiert dies mit den Erfahrungen in Afrika: „Wir Afrikaner fühlen uns im Evangelium von Jesus Christus so vollkommen zu Hause. Jeder von uns, der Zugang zu einer Bibel in seiner Muttersprache hat, kann wahrhaftig behaupten, dass er Gott in seiner eigenen Sprache zu uns sprechen hört!"[119] Jacques Derrida unterstützt Bediakos Position aus einer

118 Steiner, George: *Errata. Bilanz eines Lebens*, aus dem Englischen von Martin Pfeiffer, Hanser, München/Wien 1999, S. 133.

119 Bediako, Kwame: *Jesus in African Culture: A Ghanaian Perspective*, Presbyterian Press, Accra 1990, S. 43–44.

ganz anderen Perspektive, wenn er schreibt, dass „die Übersetzung wirklich ein Wachstumsschub für das Original sein wird, das sich vervollkommnet, *indem* es sich erweitert." Er bezeichnet Übersetzung als einen Ehevertrag, mit dem Ziel „ein Kind zu zeugen, dessen Same Wachstum und Geschichte vergrößert."[120]

Übersetzung ist Interpretation. Ausnahmslos. Sie ist Interpretation, weil Wörter stets mehr Bedeutung vermitteln, als das Wörterbuch ihnen zuschreibt. Wörter haben Geschichten, sind mit Gefühlen verbunden, haben von Erzählungen beeinflusste Bedeutungen. Und für Interpretation braucht es – mal mehr, mal weniger – Umschreibung.

Erste Erfahrungen mit freier biblischer Übersetzung machte ich mit J. B. Phillips' *Letters to Young Churches*, eine freie Übersetzung der Briefe des Neuen Testaments. Ich bekam mein Exemplar im Jahr 1948, ein Jahr nach seiner Veröffentlichung in England. Ich besuchte damals die High School. Zur der Zeit war ich ein treuer und gewissenhafter Bibelleser, doch durch die freie Übersetzung von Phillips erreichte mein Bibellesen eine persönliche Tiefe, die es nie zuvor gehabt hatte. Meine einzige Bibel war damals die King-James-Bibel in der *Scofield Reference Edition*. Sie präsentierte mir den biblischen Text nicht nur in majestätischem, klangvollem Englisch, sondern versorgte mich auch mit umfangreichen Fußnoten, die mich anwiesen, wie ich das Gelesene interpretieren sollte. Ich las die Fußnoten genauso achtsam wie den Text, sogar noch achtsamer. Ich studierte die Scofield King-James-Bibel, weil ich auf der Jagd nach Inspiration war, oder um Fakten für Möchtegern-Diskussionen zu sammeln, in denen ich meinen Freunden den Wind aus den Segeln nehmen oder sie bekehren wollte. Las ich andächtig, dann las ich, ohne meinen Verstand einzuschalten, ließ die inspirierten Worte mit ungefähr der gleichen Aufmerksamkeit auf mich einwirken, wie ich sie damals dem intravenösen Schlauch

120 Zitiert in: Graham, Joseph F. (Hrsg.): *Difference in Translation*, Cornell University Press, Ithaca 1985, S. 188–202.

geschenkt hatte, den man mir anlässlich einer Blinddarmoperation im Krankenhaus gelegt hatte. Die Medizin tropfte direkt in meine Venen, unter Umgehung des Gehirns. Vieles von dem, was ich später schätzen und ehren lernte als das Wort Gottes, als formende Kraft in meinem Leben – der alltägliche Ton, die umfassende Erzählung, die erdige Dichtung, die persönliche und betende Einbeziehung – ging in der Übersetzung verloren.

Doch Phillips gab mir eine Bibel, die ich *lesen* konnte – und ich las und las und las. Er führte mich in die Welt der Bibel ein, nicht nur in ihre Worte. Er tauchte mich in ihre wundervollen Sätze, half mir, die Wirkung der Metaphern zu spüren. Er beschrieb seine Erfahrungen beim Übersetzen folgendermaßen: „Ich fühlte mich oft wie ein Elektriker, der ein altes Haus neu verkabelt, ohne die ‚Hauptleitung abschalten' zu können."[121] Später erfuhr ich, dass die ersten Leser seiner Übersetzung junge Leute in meinem Alter waren, Mitglieder der Jugendgruppe der Londoner Gemeinde, in der Phillips Pastor war. Übersetzung war ein pastoraler Akt, sein Versuch, die Sprache der Bibel in die Sprachwelt seiner Londoner Jugendlichen zu versetzen. Es dauerte nicht lange, bis sie ihren Weg über den Ozean machte und weiter westlich, bis nach Montana, in die Sprachwelt, in der ich und meine Freunde lebten. In den folgenden Jahren übersetzte er auch den Rest des Neuen Testaments und einen ersten Teil des Alten und ich kaufte begierig jeden neuen Band. Jedes weitere Buch vergrößerte und vertiefte meinen Sinn für und meine Teilnahme an dem, was „biblisch" ist – eine unmittelbare Welt, in der man leben kann, keine entfernte Welt, die man entziffern und verstehen muss.

Ich las weiter. Ein paar Jahre später las ich die Bibel auf Hebräisch und Griechisch und fand, dass die Unmittelbarkeit und Heimeligkeit, zu der Phillips mich eingeladen hatte, sich in Stil und Ton dieser ersten Niederschriften der Bibel bestätigten und dass die einzige Möglichkeit, diesen Stil und diesen Ton an die Men-

121 J. B. Phillips, *Letters to Young Churches: A Translation of the New Testament Epistles*, New York: Macmillan, 1953, S. ix.

schen, mit denen ich lebte, weiterzugeben, die freie Übersetzung war. Dank dieses Pastors und Übersetzers trug mich der biblische Text hinaus aus der kleinen, engen Welt des „Textverständnisses" und hinein in die große, weite Welt der Offenbarung Gottes, wie sie der Text bezeugt. „Biblisch" bedeutete fortan für mich, zu leben, sich etwas vorzustellen, zu glauben, zu lieben, sich auszutauschen in dieser Welt. Es bedeutete, in diesem deutlich beschriebenen und lebensprallen Kontext zu leben, der in Jesus (der die Sprache der Straße sprach) zu seiner vollen Blüte kommt und zu dem ich durch das Alte und Neue Testament der Bibel Zugang erhalten hatte. Es ging mir nicht darum, Texte zusammenzuschustern, um ein Dogma oder ein Vorgehen zu beweisen oder zu unterfüttern. „Biblisch" bedeutete nicht mehr, dass ich mich lediglich auf die Bibel berief oder durch die Bibel meine Position stärkte. Es stand für eine Welt – „die neue Welt in der Bibel" (Barth) – eine Welt, in der das meiste im Unsichtbaren passiert, aber sichtbare Effekte hat, eine Welt, in der ich ein vollwertiger Teilnehmer war – *beteiligt*.

Im Rückblick wird mir klar, dass Phillips mich durch seine Übersetzung nicht nur einlud und mir half, mich in Gottes Offenbarung zu Hause zu fühlen, sondern dass er mir auch zeigte, wie ich es tun konnte. Er warf den Samen aus, der sechzig Jahre später als *The Message* geerntet werden würde.

Ich wollte das, wovon ich profitiert hatte, auch anderen zukommen lassen. Ich wollte alles tun, um Männern und Frauen zu zeigen, dass die Bibel *lebbar* ist – dass Gottes Wort an jeden Einzelnen ergeht, dass es einlädt, befiehlt, herausfordert, zurechtweist, richtet, tröstet, anleitet – aber nichts erzwingt. Nicht manipuliert. Diese biblischen Seiten geben uns Raum und Freiheit, damit wir in eine Unterhaltung eintreten können. Viel mehr als alles andere lädt uns die Bibel zur Teilnahme an der Arbeit und Sprache Gottes ein.

Ich wollte meinen Freunden helfen, die lebendige Verbindung zwischen dem gelesenen Wort und dem gelebten Wort zu erkennen. Ich wollte den Straßenjargon Jerusalems – „wir sind aus Detroit!" – auf amerikanischen Straßen etablieren. Ich wollte mithilfe amerikanischer Syntax und Worte vermitteln, dass alles in diesem Buch lebbar ist, dass die wichtigste Frage nicht lautet: „Was heißt das?“, sondern: „Was bedeutet das und wie kann ich es leben?“ Ich wollte eine Gruppe von Menschen sammeln, die in Beziehung, nicht beziehungslos lasen, die lernten, die Bibel zu lesen, um ihr wahres Selbst zu leben, die nicht lasen, um an Informationen zu kommen, die ihnen dabei halfen, ihren Lebensstandard zu verbessern. Ich wollte mich gegen das Konsumverhalten stellen, das die Bibel dazu benutzt, religiöse Daten zu sammeln, mit deren Hilfe wir unsere eigenen Götter sein können, und ich wollte es dann durch ein Verhalten ersetzen, das darauf ausgerichtet ist, auf Gott zu hören und ihm gehorsam zu sein, ich wollte uns aus unserer Sorge um uns selbst herausreißen und uns in die weite Freiheit stellen, in der Gott an der Rettung der Welt arbeitet. Ich wollte diesen ursprünglichen Ton wiederfinden, diese prophetische Stimme, die auch im Evangelium hörbar ist, die uns wachrüttelt, damit wir die Schönheit und Hoffnung sehen, die uns mit unserem wahren Leben verbindet.

Ich wollte dies zunächst für mich selbst, dann für meine Gemeinde und alle anderen, die *The Message* lesen und hören. Allerdings ist mir klar, dass ich damit nicht alleine bin. Viele, sehr viele Männer und Frauen sind mir in dieser Arbeit vorangegangen. Und viele weitere werden die Arbeit fortsetzen. Übersetzung geschieht auf vielen verschiedenen Ebenen: Studienbibeln, Referenzbibeln, Überarbeitungen früherer Übersetzungen, Übersetzungen, die sich mehr für formale Gottesdienste eignen, Übersetzungen, die die ganze sprachliche Bandbreite abdecken, von formal bis umgangssprachlich. Alle, oder zumindest die meisten, sind der lesenden und anbetenden christlichen Gemeinde von Nutzen. *The Message* entspringt einer spezifischen Umgebung und Zeit in unserer amerikanischen Kultur und ist nicht dazu gedacht, andere erstklassige Übersetzungen, die derzeit verfügbar sind, zu ersetzen. Sie soll vielmehr eine Ergänzung sein. Ich bin mir sehr bewusst darüber, dass ich mich in einer großen Gesellschaft von Übersetzern befinde – Lehrer in Klassenräumen, Pastoren auf der

Kanzel, Eltern am Abendbrottisch, Schriftsteller in allen Sprachen, auf der ganzen Welt, getaufte Christen an Arbeitsplätzen und in sozialen Zusammenkünften aller Art und Größe – wir alle tun die gleiche Arbeit, wir arbeiten gemeinsam daran, das Wort Gottes zu übersetzen, diesen Text zu lesen und dann zu leben, das Buch zu essen, und diese Bibel dann in die Sprache zu übertragen, die man auf unseren Straßen hört und spricht.

Zum Autor

Eugene H. Peterson, Jahrgang 1932, gründete 1962 eine presbyterianische Gemeinde in Maryland, USA, die er als Pastor 29 Jahre lang leitete. Von 1993 bis 1998 war er Professor für *Spiritual Theology* am renommierten Regent College in Vancouver, Kanada. 2002 erschien seine Bibelübersetzung *The Message*, an der er zehn Jahre gearbeitet hatte.

Gleich ob er die Bibel aus dem Hebräischen und Griechischen übersetzt oder geistliche Bücher schreibt, Eugene H. Peterson geht es dabei um ein Ziel: dass die Heilige Schrift in die Herzen und Hirne, Arme und Beine sowie die Münder der Menschen gelangt.

Peterson ist Autor von über 30 Büchern und erhielt mehrere Ehrendoktortitel. Seine Frau Jan und er haben drei Kinder und sechs Enkel. Heute leben Petersons im Ruhestand in Montana.

Auf Deutsch sind bisher die folgenden Bücher von Eugene H. Peterson erschienen:

Der verlorene Hirte – Wie Gott geistliche Leiter aus der Wüste führt. Wuppertal 2000 (Originaltitel: *Under the unpredictable plant*)

Die Seele geht zu Fuß – Glauben in einer beschleunigten Welt. Meditationen zu Psalmen. Gießen und Basel 2006 (Originaltitel: *A long obedience in the same direction*)

Mit den Pferden laufen – Verlockung zu einem leidenschaftlichen Leben. Gießen und Basel 2003 (Originaltitel: *Run with the horses*)

Wer den Himmel sucht, muss die Erde lieben – Gott im Alltag finden. Gießen und Basel 2002 (Originaltitel: *Leap over a wall*)